JN117123

［特別連続講義 全六講と学生の視点］

日本の矯正・保護を動かす「外の力」とは

［編著］

西田 博

（一般社団法人 更生支援事業団 代表理事）

小西 暁和

（早稲田大学 法学学術院 教授）

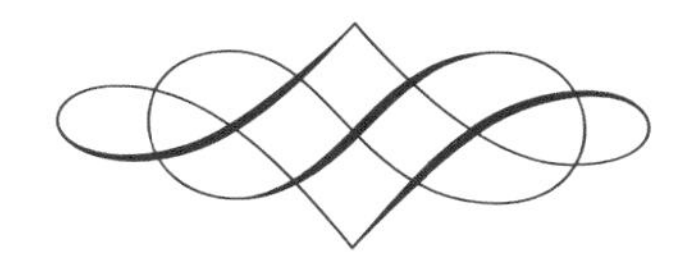

introduction

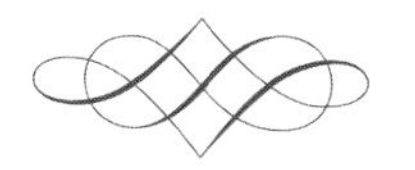

「外の力」が行刑にもたらすもの

西田 博
（一般社団法人 更生支援事業団 代表理事）

矯正・保護においては、外部の各分野の個人、団体から多くの支援が寄せられている。更生支援事業団ではこういった「外の力」との協働を活動の重要な柱としているところ、長期間にわたる未曾有のコロナウイルス禍で活動を大幅に制限されていた。

そんな折、早稲田大学法学部小西ゼミとのコラボプロジェクトとして特別連続講義の話が寄せられ、カウンターパートとなる小西暁和教授、小西ゼミの学生の代表との打合せも重ねられて、大橋哲法務省矯正局長（当時）からも助言をいただき、様々な「外の力」の講師の方々から話をお聞きする貴重な機会を得られることとなった。

「外の力」は、社会やそこで生活する市民の矯正・保護に対する意識を変える力となっていると思われるが、保護においては、保護司制度、更生保護施設の存在、更生保護女性会やBBSの活動などがあって「外の力」が従来から大きな力となってきたものの、矯正では、受刑者等に対する面接指導等のための篤志面接委員制度や篤志の宗教家が活動する宗教教誨師制度など限られた枠内での「外の力」が多く、それが徐々に変わり、新たな形で各方面に裾野を広げ始めたのは近年になってからのことである。

ここでは何人かの講師の方にも関係する幾つかの節目と思われるものを紹介させていただくので、そういった観点からも本書を読み進めていただければ幸いである。

◆ 従来からある地域に根ざした「外の力」

20年前、私は盛岡少年刑務所の所長として岩手県に赴任し、刑務所の運営が地元・地域という「外の力」に支えられていることを改めて強く感じた。赴任するとお世話になる関係先に挨拶に伺うこととなるが、驚くことに、相手方は、半数以上が検察庁や保護観察所といった関係機関ではなく、保護司、篤志面接委員、宗教教誨師など民間の方々であり、その中でも、刑務所後援会の会長と岩手県立杜陵（とりょう）高等学校への訪問は印象深いものであった。

刑務所に後援会があることも驚きだったが、会長は、刑務所とは何の縁もない大きな農家の方で、私がお伺いする時刻には正装で待っていてくださり、不躾にお聞きすると、少年刑務所は少年が多くいたことから、親代り、親類のつもりでずっと後援しており、自分は何代目かの会長であるとのこと、また、岩手県立杜陵高等学校では、教頭先生から、盛岡少年刑務所には同校の通信制課程があって、場所が刑務所に変わるだけで教諭が校内と同様に特に意識せず授業に行っているとのことであった。

それぞれ知識としては持っていたものの、実際に接してみると、刑務所というものは地元・地域に密着しており、多様な「外の力」による支援をずっといただいていることを改めて実感した。

刑務所等では、篤志面接委員や宗教教誨師などからの支援は戦前から変わることなく受けてきているが、それが刑務所側の定めた一定の枠内でのものである一方、後援会の支援は独自のやり方があって刑務所側の干渉は特に受けず、また、県立高校の通信制課程も、刑務所内の規則には従うものの、高校側のルールが基本であることに変わりはなく、近年増えてきている「外の力」と類似しているものであった。

◆ PFI手法を用いた刑務所運営事業による新たな「外の力」

盛岡少年刑務所での勤務を終え、PFI 手法を用いた刑務所運営事業（以下、「刑務所 PFI 事業」）の制度設計などを担当することとなり、違う観点から「外の力」を知ることとなった。

これまで「塀の中」だけで完結することを前提としていた刑務所運営を、一部とはいえ、外部に委託することとなって常に外部の目が「塀の中」にあり、加えて、刑務所 PFI 事業の基本構想に「地域との協働」を掲げて、刑務所運営に地元・地域への対応が大きな比重を占めることとなったことから、常に「外の力」を意識し、これとどう折り合って行くかが課題になった。

日本独自の刑務所 PFI 事業の運営などを検討するに当たり、先行事例を知るための欧米への民営刑務所等調査に行ったが、この課題についても、諸外国にある「外の力」に触れることとなって大いに参考になった。

当時、世界で最も新しい民営刑務所のあったオーストラリア、警備度の異なる多くの民営刑務所が稼働していたイギリス、同じ建物、設備、構造でありながら公営刑務所と民営刑務所を同時期に二つ作って比較運営していたカナダなど幾つかの国に出張したが、すべての国で共通する興味深いことにも気付いた。それは、医療、心理、教育、職業訓練といった自分たちの専門分野を重視するいわゆるスタッフ官職が多いことと、ボランティアとして多くの地元住民が施設内に出入りしていることであった。

そもそも法制度が異なることから比較は難しいが、職員の半数近くがスタッフ官職ではないかと感じられ、保安警備を担う刑務官などライン官職が圧倒的に多い日本とは施設内の雰囲気が違っていたし、受刑者の教育や職業訓練ほかいろいろな処遇プログラムに、スタッフ官職とともに司法省以外の他の組織の者や地元のボランティアといった「外の力」が大きく活用されているのも新鮮であった。

同様のことに刑務所PFI事業の運営開始とともに触れることとなった。それは、契約の相手方である民間企業からの提案にあった、心理学や社会学に根ざした専門的な新しい処遇技法に関するもの、例外なく受刑者全員にパソコンの操作技能を得させようとするものなど専門家やボランティアの手によるものであったが、その中でも地元自治体や地元住民が参加するものに興味深いものが多かった。

たとえば、島根県浜田市旭町に開設された島根あさひ社会復帰促進センターで提案され実施されている「文通プログラム」、これは、一定のルールの下で独居老人等地元住民が受刑者と文通するものであるが、詳細は省くとして受刑者には相応の処遇効果が見込まれるものであって、地域の問題であった独居老人の安否確認などをしつつ地元が処遇を担うというもので、まさに「外の力」と「塀の中」との「協働」と言えるものであった。

刑務所PFI事業は、地元住民が雇用を得て毎日「塀の中」に入り、受刑者処遇の一部も担うだけでなく、認定こども園が刑務所の敷地内に作られて地元住民と刑務官の子供とが一緒に過ごすなど地元・地域の日常生活の一つとして刑務所が存在するというそれまでとは違う「外の力」も創り出すこととなった。

◆ 再犯防止へ向けての「外の力」

再犯防止に関する「外の力」も多くのものが生まれている。再犯防止については、従来からも盛んに取り組みがなされてきたが、刑務所等の過剰収容、再犯者による重大犯罪の発生など多くの問題が顕在化した10数年前から、改めて活発に議論されて保護との連携も進められ、多様な切り口から「外の力」による取り組みがなされている。

再犯防止推進法が成立して施行され、国だけでなく地方自治体にも再犯防止に向けての計画策定が義務付けられ、矯正・保護とは無縁だったことの多い地方自治体からのアプローチも始まっている。

また、再犯者に無職者が多く、刑務所等再入所者の7割が再犯時無職だったことなどに着目して、前科・前歴のため就職が困難な刑務所出所者の就労を支援しようとする職親プロジェクトなどの活動があり、雇用することによって奨励金等の受給もできる協力雇用主制度も整備されて、民間企業による取り組みも始まっている。

刑務所等で受刑する一定の受刑者に焦点を当てた「外の力」も生まれてきた。

まず、種々の障害のある受刑者について、刑務所等出所後の再犯を防止すべく障害者施設への帰住等福祉へ繋ぐこととし、そのために連携する厚生労働省や社会福祉法人など、更には、刑務所等への収容を回避して直接福祉へ繋ぐ「入り口支援」と言われる検察なども加わった動きもあり、また、特有の問題があって特性に応じた処遇が求められる女子受刑者に対して専門家と連携し、施設が所在する地域の医療、福祉、介護等とのネットワークを作って専門職種の助言・指導を得る「女子施設地域連携事業」を支援する地方公共団体、看護協会、助産師会、社会福祉協議会といった「外の力」も現れている。

そして、刑務所等で行われる施設内処遇における各種処遇プログラムへの「外の力」の参画がある。刑務所 PFI 事業における教育、職業訓練等民間事業者によるものもあるが、薬物事案関係者に対する処遇プログラムへのダルクの支援、その他 NPO など多くの個人、団体による支援など従来では考えられなかったものもある。

処遇プログラムの策定、実施は、処遇を担う国の枢要な業務であることを考えれば、こういった「外の力」の参画は画期的なことであり、各種処遇プログラムの開発・策定に止まらず、行われる処遇の効果検証も考えられ、国には大きな刺激になっているのではないだろうか。

テレビ、新聞といったメディアのことも触れなければならない。従来は刑務所等の事故や職員による不祥事が発生した際の報道が多かったが、現在は、矯正・保護における特定の分野の特集や刑務所内での処遇、再犯防止など焦点を絞って深く切り込んだ報道もあり、厳しくも温かい的確な指摘、批判がなされることとなって、社会、市民への強力な広報となっている。

◆「外の力」の移り変わりと今後

このように、「外の力」に新たな形が加わって裾野を広げ始めたことは、矯正の分野においてわかりやすく現れている。矯正においても、刑務所等や受刑者等に対して「外の力」による支援がなされてきたが、従来のそれは「塀の中」の文化・風土が根底にあり、一定の枠内に限定された支援・活動であった。

しかし、裾野の広がりを見せて多方面からなされる現在の「外の力」は、最小限度の規則等必要とされる縛りは受けるものの、「塀の中」の文化・風土とは一定の距離を置き、独自の考え方が貫かれていることに大きな特徴がある。

それは、受刑者等は、いつかは「塀の中」を離れて社会に帰ってその一員となることを考えれば、刑務所等の運営や受刑者処遇に有効で重要である大切な意義を持っているように感じられる。

地方自治体は自治体自身の行政目的やその地域で生活する住民の考えから離れるこ

とはないし、刑務所PFI事業に参画する民間事業者や協力雇用主など就労支援を行う企業は業績が悪化することとなってまでの活動は行わない。

障害のある受刑者等を受け入れる社会福祉法人、女子刑務所での事業を支援する看護協会、助産師会、社会福祉協議会といった団体も自らの考え方、手法を、対象が受刑者だからといって変えることはないのである。

こういった、ぶれない「外の力」の特質が、矯正・保護には重要で不可欠であるのかもしれない。厳しくとも冷静な評価・批判を率直にされるだろうし、是正や改善が必要な場合には、その中に貴重なヒントもあるだろうし、何より地味で目立たない中で苦労している矯正・保護に携わっている多くの関係者への見方が変わって理解が進み、その大きな支えになるものと思われる。

矯正・保護を支援する「外の力」が存在し、いろいろな形で成果を上げていること、他方で、その支援には様々な困難があって苦労を伴っていることなどを多くの方々にお伝えすることはこれからも続けていかなければならない。

そんなことを考えていると、日本ダルクの近藤恒夫代表の突然の訃報に接した。初めてお会いしたのは私が法務省矯正局長だった時で、圧倒的な存在感、なんとも言えない独特の雰囲気を持つ方であり、自分から最も距離があると思っていた方が大きな「外の力」であることを肌で感じたことは鮮明に記憶している。今回の特別連続講義でもその第２回で講話をいただくこととしていたところ、急遽体調不良となって来ていただけず、久しぶりの「近藤節」を聞けることはなかった。この偉大な「外の力」を失ったことは矯正・保護にとっても大きな損失ではないだろうか、ただただ残念でならない。御冥福を心からお祈りしたい。〔＊注〕

近藤代表の話はお聞きできなかったものの、このたび、さまざまな「外の力」の講師の方々の貴重な話を改めてお聞きできて、それを社会に巣立つ学生の皆さんに伝えられ、そして、こうやって書籍化し記録として残せることとなった。これらは、矯正・保護の今後にとって大きな力になるものと強く確信している。

＊注：近藤恒夫氏の「外の力」としての経緯、ご活動については、「当事者が刑務所の中で指導者になる」（『刑政』2019年９月号 公益財団法人 矯正協会発行）に詳しい。ご参照いただけたら幸いである。

contents

※お肩書きはご講義いただいた時点のものとなっております。

1 st viewpoint

【国の視点】

行刑に社会の風を吹かせるために

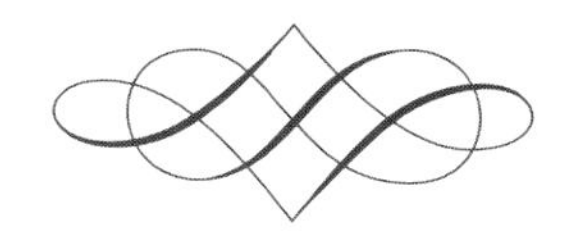

opening comment

◇**小西暁和**（早稲田大学 法学学術院 教授）

■ 本連続講義の企画について

矯正・保護の第一線でご活躍されておられる皆様方から、直接、お話をお伺いする機会が学生にはなかなかないということもございまして、このたび、更生支援事業団様のご尽力のもと、この連続講義を開催させていただくこととなりました。

本連続講義においては、今後、当事者の自助グループ、また、保護司の方々、あるいは、医療・福祉の方々、そして、民間事業者、メディアの方々といった、さまざまな観点で、お話をお伺いするという、そうした方向で実施する計画を進めてまいりました。

そして、今回、その第1回目ということで、西田博さん。矯正行政の第一線の領域において、長年、ご活動をされ、2013年には法務省矯正局長としてご就任されました。これまで検察官が局長になられることが長く続いてきたなかで、矯正分野に長く携わってこられた、矯正のプロパーである西田さんが、初めて矯正局長になられました。また、2014年12月に退任された後も、新たに設立された一般社団法人更生支援事業団の代表理事として、現在においても、矯正・保護の領域における活動に関わっておられます。そのような西田博さんからお話をお伺いするということで、本連続講義をスタートいたしたいと思います。

そして、続いて、現在の法務省矯正局長、大橋哲さん。2020年に矯正局長になられて、現在、日本全国の矯正施設を統括されているという、大変お忙しいなか、本日、おこしいただきました。

是非、学生の皆さんも、このおふたりの先生方からのお話をお伺いして、積極的にディスカッションをして、これからの日本社会を担っていく皆さんの学生らしい斬新な視点から、何か新たな視座を提示してもらえると、この場を設定した意味があるのではないかと考えております。

■ 行刑の大きな転換期に

なお、本日、お話をしていただく、西田さん、大橋さんは、我が国における、行刑の大きな転機の時期に、その第一線で活躍されてこられたおふた方ではないかというふうに、私自身、考えております。

おそらく今日のお話のなかにも出てくるかと思いますけれども、2001年、02年に起きた、いわゆる「名古屋刑務所事件【※：各章末〈補足解説〉ご参照（以下同様）】」を契機として、行刑改革という機運が、我が国においても、高まっていきました。その流れのなかで、2003年には、行刑改革会議【※】という、我が国の行刑を新たに、どういう方向で変えていくのかという、有識者の方々等からなる会議での提言「行刑改革会議提言」を受けて、日本の矯正行政において大きな改革が進んでいった方向性を、まさに引き継いでこられたおふた方ではないかというふうに考えております。

そのようななかで、現在も、日本における刑務所等の矯正施設の運営が大きく変化してきているという、その流れをつくってこられたおふた方から、今日、こうして、直接、お話をお伺いできるというのは、本当に貴重な機会ではないかと考えております。

では、前置きが少し長くなってしまいましたが、まず、はじめに、西田博さんからお話をお願いしたいと思います。

keynote lecture 1-1

塀の外へ

西田 博

（一般社団法人 更生支援事業団 代表理事）

■「塀の外へ」への想い

こんにちは。皆さんにとっては、あまり聞き慣れない話を、これから聞かれると思いますけど、むかしほど、聞き慣れない話ではなくなってきていると思いますので、少し、私の話を聞いていただいて、そのあと、今現在の法務省矯正局長の話を聞いてもらいたいと思います。

テーマは「塀の外へ」。「塀」というのは、刑務所のシンボルである外塀のことを示していて、「外」というのは、地域、一般社会のことと考えて、今日はお話をさせてもらいたいと思います。

皆さんは、刑務所の塀は、実際、見ることがあるかもしれないし、テレビとかでも見ることがあるかもしれないですけど、むかしと違って、今はとても、刑務所の中のことについても報道されるようになってきまして、世の中の刑務所をとりまく雰囲気も、変わってきていますので、そのあたりのことについて少し聞いてもらいたいと思います。

■ 塀の中と地域社会との関係

まず、刑務所というのは、良くも悪くも、絶対に、地域、一般社会との関係が切れないものです。この事実を、私、１年だけ刑務所長をやりましたけれど、その１年だけでも、つくづく痛感しました。

なので、どうやって、地域、一般社会と付き合うかということが、やはり、刑務所にとっては、とても大きなテーマとなっています。

□「地域（一般社会）」との関係_1

刑務所等矯正施設の平穏で円滑な運営

↓

「地域（一般社会）」とどう付き合うかが大きなテーマ

ここで少し誤解があってはいけないので、これから、私、「地域」という言葉を使いますけど、地域というのは、刑務所、少年院等の矯正施設が所在している地域も含めた、一般社会のことを指して話をしますので、その点ご理解ください。

まず、「地域」との関係には、どんな関係性があるのか、ここに並べてみました。

□「地域（一般社会）」との関係_2

- 受刑者が帰住し生活を再開するのは「地域」
- 勤務職員とその家族は「地域」の一員
- 刑の執行のための作業は「地域」で確保
- 食糧、日用品等物品の調達先は「地域」
- 処遇を支える外部協力者は「地域」住民

まず、わかりやすいのが、人が犯罪、事件を起こすのは、当然、「地域」ですよね。で、事件を起こして受刑者となり、そして、彼らが刑をつとめて、帰る先も「地域」なんです。彼らが、生活を再開するのも「地域」なんです。

そしてまた、「刑務所に勤務している職員とその家族」も、実は「地域」の一員なんですね。だから、田舎の市町村に行くと、一番大きな町内会が、刑務所の官舎だったりするようなところもあるというような事です。

それから、次に、「刑の執行のための作業は『地域』で確保」。日本の受刑者というのは、99.5パーセント以上が、懲役受刑者ということで、刑務作業をするのが、刑の内容になっています。だから、国は、その作業を用意しないといけないということになります。その時に、その作業は、やはり、「地域」のどこかから、工場とか、そういうところから、刑務作業をもってこないといけないわけです。

それから、「食糧とか日用品の物品の調達先」も当然、「地域」になります。特に、わかりやすいのが、食糧で、たとえば、1000人収容の刑務所があったら、毎日毎日、明けても暮れても、学校のように休みはないし、土曜も日曜もない、年末年始もない、毎日、受刑者の分だけでも1000人分の給食をつくらないといけません。そこで、その食材を調達するのも、実は、周辺のところ、「地域」で調達をしないといけないということになります。

それから、最近、多くなっている、「処遇を支えてくれている外部協力者」についても、「地域」のいろいろな方々が協力してくれることになります。

そんなふうに、本当に、切っても切れないような仲が、刑務所と地域との関係だということを、まず少しご理解いただきたいと思います。

実は、私は、このなかで、今もそうだし、むかしもそうなんですけれども、一番、大事にしてきたのが、「矯正施設に勤務している職員」なんですね。

今の矯正局長には叱られるかもしれませんけど、私は、受刑者が別に大事じゃないと言うつもりはないんです。けれども、やはり、受刑者よりも、職員のことを大事に、大切に考えるべきじゃないかと、私はずっと思ってきました。

というのは、受刑者を処遇して、きちんとした教育をするのも職員だし、きちんと治安を守って、保安警備をまっとうするのも職員ですから、そのような職員が、地域で、きちんと自信と誇りをもって生活できるようにすることが、私は、まずは大事じゃないかと思って、勤務していました。

■「塀の外へ」の意味することの変遷

次に、地域と矯正との関係は、具体的に、どのようなかたちで今まできたのかを、このようにまとめてみました。

□「地域」と矯正の関係の推移
地域から隔離された「NIMBY」
→『外』の目を矯正に入れる
→『外』の力が矯正の中に
→矯正の力を『外』に
矯正施設と「地域」の連携・協働

段階的にいうと、まず、最初、先ほど、行刑改革会議といったお話がありましたけども、それまでは、やはり、「地域から隔離された迷惑施設」だったんですね、矯正施設というのは。「ニムビー（NIMBY：Not In My Back Yard）」という言葉が、最近、流行っていますけれども、まさに、ニムビーそのものといった施設だったんです。

それが、いろんな事情があって、名古屋刑務所事件、それから、再犯防止……いろんなことがあって、「『外』の目を矯正に入れる」ようになりました。外の人が、どんどんどんどん、施設の中を見にくる。また、国のほうも、定期的に募集参観等を実施して、施設の中を見てもらうようなことを始めました。

そうすると、今度は、就労支援とか、いろんなことで、「『外』の力が矯正の中に」入ってくるようになりました。そして、いろいろな有名な企業が、受刑者を採用したりというようなことがあるんですけれども、それだけじゃなくて、メディアのほうも、どんどんどんどん、中のほうに入ってきて、見てもらって、それを報道してくれるようになりました。

最初は、やはり、メディアが入ってくるということには、抵抗があったんですね。メディアに出る時は、何か不祥事があった時くらいだったものですから、これまでは、ずっと。それでも、やはり、間違ったことを報道されるくらいだったら、きちんと説明をしたほうがいいだろうということで、そういった意味でも、メディアも入ってこられるようになりました。そして、今度は、私が辞める頃くらいから、徐々に、最後の、「矯正の力を『外』に」、『外』に出るようになりました。

そういったかたちで推移しています。一つずつ簡単に説明をしていきます。

□ 地域から隔離された「NIMBY」

矯正施設は典型的な迷惑施設
「NIMBY（Not In My Back Yard）」
「事故を起こさず、ひっそり」が重要
受刑者も勤務職員も「隠花植物」

まず、しばらく前までは、矯正施設というのは、典型的な迷惑施設と言われていて、日本全国いろんなところから移転運動がありました。「どっかへ行ってくれ」という。

そういった意味もあるかもしれませんけれども、私が拝命して、夜勤とかをやっている頃というのは、刑務所は、事故も起こさずに、ひっそりと、平穏であったら、それがいいんだと、それだけでいいんだっていうことでした。受刑者もそうですし、そこに勤務している職員も、社会の陰で、ひっそりと、一生懸命にやっているような、それだけにすぎないような状況でした。

□『外』の目を矯正に

・行刑改革（名古屋刑務所事件など）
・再犯防止
・地域再生、地域活性化……

↓

〈施設運営の透明化　誤解の解消〉

それが、次に、先ほど小西先生が言われたように、行刑改革会議、行刑改革があり、再犯防止があり、それから、地域再生、地域の活性化に刑務所を使おうよ、というような動きが出てきたりして、それで、『外』の目が、どんどん矯正に入ってくるようになりました。

ここで少し、脱線しますけども、先ほど小西先生が言われた、行刑改革会議というのは、実は、今日、来られている現矯正局長の大橋局長と、私と、もうひとりの三人が、その事務局に矯正局から出されて、その当時、矯正局と行刑改革会議、二つの仕事をやったことをすごく覚えています。

三人で、それぞれに担当、パートがあったんですけども、大橋局長は、非常に難しい、とても頭を使わないといけないようなところをやっていました。私は、「その他」をやっていて、気をつかうようなことばかりをやっていました。三人とも、半年くらい、従来の普段やるべき仕事と、行刑改革会議の事務局の仕事の、両方をやらないといけなくて、結構、忙しかったことを覚えています。まだ、若かったですから、なんということはなかったんですけど。

脱線しましたけど、こういった、いろんな要素があって、『外』の目が、どんどんどんどん、矯正に入ってくるようになりました。とくに、再犯防止ということが、本当に大きくなってきて、今はもう、再犯防止という言葉を出したら、何でも許してくれるようなことになっているんじゃないかと思います。

□『外』の力が矯正に

NPO、民間企業、個人などが、

再犯防止　就労支援　改善処遇　施設運営（PFI事業【※】など）

それで、「『外』の力が矯正に」という次の段階ですけども、これは、もう、多種多様な方法、手段で、いろんな方々が、個人、NPO、民間企業、団体が、矯正のなかに、どんどん入ってきています。また、それを、受け入れるように、役所のほうも、なってきているんだと思います。

再犯防止にも、就労支援にも、改善処遇にも、また、PFI事業とか施設の運営も、どんどん外注をして、いろんな意味で、『外』の力が、矯正に入ってくるようになってきています。

それで、ここから先の具体的な動きは、現職の矯正局長に、話をしてもらうようにしますけれども、矯正の力を、今度は、次の段階として、『外』に出していく。

□矯正の力を『外』に

矯正施設と「地域」の連携・協働

いろんな力を、実は、刑務所も、少年院も、鑑別所も持っています。それを、『外』に出して、むしろ、『外』が入ってくるとか、こっちが行くとか、というのではなくて、両方がうまく連携をして、まさに、地域の中に、小学校が近くにあるというような感じとまったく同様に、刑務所、少年院が、身近にあるというようなことに、これからは、なっていくんじゃないだろうかというふうに思います。

私の話は、もう古い話ばかりですので、ここらあたりでやめて、これから、少し新しい、新鮮な話を大橋局長にいただきたいと思います。

keynote lecture 1-2

「塀」の外から中へ 中から外へ

大橋 哲

（法務省 矯正局長）

■「外から中へ」の経緯

皆さん、こんにちは。矯正局長の大橋でございます。私は、昭和 59 年に早稲田大学法学部を卒業し、法務省に入って、37 年間、法務省で勤務しています。先ほど、小西先生からお話がありましたとおり、法務省の矯正のプロパーということで、昨年から矯正局長をさせていただいております。

西田元局長からお話がありましたけども、私のほうからは、もう少し具体的に、今、矯正局がどんなことをやっているのかということを、「『塀』の外から中へ　中から外へ」というテーマで、お話したいと思います。

西田元局長からありましたとおり、行刑改革会議が立ち上げられたのですけれども、そのきっかけは、名古屋刑務所事案です。これは、平成 13 年 12 月、平成 14 年５月と９月に名古屋刑務所で発生した特別公務員暴行陵虐致死傷事案です。名古屋刑務所に非常に処遇の困難な受刑者が収容されて、その受刑者をなんとかしようとした結果、刑務官が受刑者に暴行を行い、死亡案件が２件、負傷案件が１件発生し、８名の刑務官が起訴されました。そのうち７名が特別公務員暴行陵虐致死傷罪で有罪となりました。

それをきっかけに、国会でもこの名古屋刑務所事案が取り上げられ、刑務所改革、行刑改革をしなければいけないということで、平成 15 年３月に有識者 15 名により行刑改革会議が法務省内に設置されました。

行刑改革会議では第１から第３までの分科会が設置され、私は第２分科会、主に、外部交通、不服申立て、透明性の確保というところを担当しました。西田元局長が第３分科会を、第１分科会は、同じく後に、局長になりました富山聡さんが担当をしました。

その行刑改革会議が、同じ年の平成 15 年 12 月に「行刑改革会議提言　～国民に理解され、支えられる刑務所へ～」という提言をまとめました。その提言の「はじめに」では、「刑務所の『塀』が余りに高く、その外から中へも、中から外へも、情報が往き来しなかった」と書かれており、刑務所が非常に閉鎖的な状況だったことが暴行陵虐事件の元になったのではと指摘がされています。

そして、この提言に基づいて、我々は、現在まで、行刑改革を続けている状況にあります。

■ 100年近く続いた監獄法の改正

この行刑改革会議の提言でもありましたとおり、監獄法の改正を進めるべきだということとなりました。

我が国は、明治41年に制定された監獄法をずっと使ってきました。監獄法改正の動きは、戦後からずっと続けていまして、刑事施設法案というかたちで、これまで3回、国会に提出はしましたけども、3回とも国会の解散によって廃案になっています。その時の法律案ももとにして監獄法の改正に踏み切りました。

行刑改革会議では受刑者処遇が中心に議論されましたので、まず、監獄法の受刑者の部分が改正され、「刑事施設及び受刑者の処遇等に関する法律」として平成18年に施行されました。その後、「刑事収容施設及び被収容者等の処遇に関する法律」に改められて平成19年に施行され、監獄法はすべて改正されました。

行刑改革会議、監獄法改正を経て、新たな法律のもとで、様々な新たな受刑者処遇を展開していくということが、大きな矯正の転換点になっています。

■ 再犯防止に関する新法の成立

もう一つの大きな転換点が、平成28年12月に「再犯防止等の推進に関する法律」、再犯防止推進法と言いますけれど、これが議員立法で作られ、施行されたことでした。

この法律に基づいて、「刑事司法のあらゆる段階におけるひとり一人の特性に応じた立ち直りに向けた息の長い指導・支援の実施（入口支援、出口支援、地域社会における支援）」、それと、「地方公共団体における地域の状況に応じた施策の実施等による国・地方公共団体・民間のさらなる連携」といったことが進められるようになりました。

入口支援、出口支援というのは、ちょっと耳慣れない方もいるかもしれませんけども、入口支援というのは、福祉的支援が必要な人が罪を犯した場合に、刑務所に送らないで、刑務所に入る前の段階で、社会において支援することにより、再犯を防止しようということです。

出口支援というのは、福祉的支援が必要な人が刑務所を出てきた時に必要な支援をすることで、再犯を防止しようということです。

そして、矯正施設に収容されている間のみならず、社会復帰後も、地域社会において安定した生活を営むことができるように、地方自治体や民間と連携した切れ目のない、息の長い支援を実施することが求められているということです。

これが、監獄法改正とともに、大きな転換点になっています。現在も、この再犯防止推進法に基づいて様々な施策が実施されています。

再犯防止推進法のなかでは、国に再犯防止推進計画を作る義務が課せられていて、計画では７つの重点分野が定められています。

□ 国の再犯防止推進計画における７つの重点分野

- 就労・住居の確保等
- 保健医療・福祉サービスの利用の促進等
- 学校等と連携した修学支援の実施等
- 犯罪をした者等の特性に応じた効果的な指導の実施等
- 民間協力者の活動の促進等広報・啓発活動の推進等
- 地方公共団体との連携強化等
- 関係機関の人的・物的体制の整備等

監獄法改正以来、これまでに進めてきた施策が中心ですけども、「地方公共団体との連携強化」というような新しいものも盛り込まれています。

この再犯防止推進法の施行前から犯罪対策閣僚会議決定でつくられていた政府目標もあり、令和３年までに刑務所を出てから２年以内の再入率を16パーセント以下にするというような数値目標のもと、これを確実に達成して、「国民が安全で安心して暮らせる『世界一安全な日本』を実現する」ということも計画の内容となっています。

今、平成30年の出所者の２年以内再入率は、16.1パーセントまで下がってきていますので、もう少しで16パーセント以下を達成するという状況です。［脚注１］

■ 処遇の充実に「外の力」を

「塀」の外から中へという動きは、まず、受刑者処遇において、外の人たちの力を借りていこうということから始まりました。いろいろな専門的な知識、技能を持っている専門職の方々、あるいは、民間団体の方々などの力を借りて、受刑者処遇を充実させていこうということです。

監獄法を改正した新たな法律においては、「作業」「改善指導［※］」「教科指導」が矯正処遇の三本柱とされており、そのうちの改善指導については、それまでは、矯正職員自身で塀の中で頑張って何とかしようと様々な指導などを実施してきましたけども、行刑改革会議の提言にもありましたとおり、塀の外との連携が非常に重要ということで、積極的に塀の外の人の力を借りていこうということです。

［脚注１］令和３年版再犯防止推進白書によれば、令和元年の刑務所出所者の２年以内再入率は、15.7パーセントであり、目標を達成しています。

まず、着手したのが「RNR の原則【※1】」に基づいたアセスメントや改善指導プログラムの導入です。

RNR は、リスク、ニーズ、レスポンシビティということですが、本人の再犯の可能性が高いのか、低いのかというリスク、また、本人が、変えられるもの、何を変えたらいいのかというニーズを把握し、それに対応した改善指導プログラムを導入するということを始めました。

RNR 原則については、諸外国で、再犯防止に効果があるというエビデンスのあるもので、これを我が国も導入していこうということになりました。

最初に取りかかったのは、性犯の再犯防止指導です。リスクとニーズを把握するためのアセスメントツールをつくり、プログラムについては、認知行動療法を取り入れました。この時には、カナダのプログラムを参考にしています。

このプロラムを実施する際に、大学や臨床心理士などの専門家に、プログラムの実施をしていただいたり、スーパーバイズしていただいたりしました。臨床心理士等を刑務所で雇用したりといったことも進めてきました。

その後、薬物依存離脱指導、暴力防止、アルコール依存などについても認知行動療法を活用しています。

このように、いろいろなプログラムの実施を進めましたけれど、プログラム実施の効果がどうなのかということで、性犯の再犯防止指導の効果検証を２回やっています。この２回の効果検証では、統計的に見て、全体として再犯防止の効果があるという結果になっています。この効果検証も外部の専門家の力を借りながら実施をしています。

また、性犯以外の受刑者のアセスメントについても、受刑者一般に対応するようなリスクアセスメントツールの運用を開始しています。一般の受刑者向けということで、一般の「ゼネラル」ということから「G ツール」と呼んでいます。

また、改善指導の実施に民間の自助グループの力を借りようということで、薬物依存離脱指導の実施の際に薬物依存からの離脱を図る自助グループの人たちを塀の中に呼び、グループミーティングをしていただいたりしています。

さらに、被害者の感情の理解という点では、それまでは、矯正職員などによる講話が中心だったのですが、改善指導の「被害者の視点を取り入れた教育」というプログラムでは、実際の被害者、被害者のご家族や被害者の支援団体の方々がゲストスピーカーとして講話を実施していただいています。

矯正処遇の三本柱のもう一つである教科指導についても、塀の外との連携ということで文部科学省との協議により矯正施設内で高等学校卒業程度の認定試験が受験可能になりました。矯正施設内での受験で毎年、多くの全科目合格者が出ています。

■ 外との連携による社会復帰支援を

改善指導、教科指導のほかに社会復帰支援も進めてきました。厚生労働省との連携で、帰住先のない高齢者、あるいは、障害を抱える人を刑務所出所後や少年院出院後に福祉施設等に繋ぐための特別調整の仕組みを導入しました。

それとともに、矯正施設に社会福祉士等を採用することを始め、今は、ほぼすべての刑務所に、常勤、または非常勤の社会福祉士等が配置され、出所後の社会復帰支援に取り組んでいただいている状況です。[脚注 2]

特別調整の仕組みは、まず「出所後に行き先がない高齢者、あるいは、障害を抱えたこういう人がいます」という情報を、矯正施設から保護観察所に提供します。保護観察所から連絡を受けた各都道府県に設置されている地域生活定着支援センターが、福祉施設や病院などを探し、出所後の受入れ先の調整をしてくれています。

また、出所者等が帰るのは、矯正施設がある同じ県内とは限りませんので、他県の保護観察所や地域生活定着支援センターとも連携しながら調整していくという仕組みです。

矯正施設を出てから、すぐに福祉にきちんと繋げるというのは非常に重要で、この特別調整の仕組みができて、高齢や障害を抱える出所者等の再入率がぐっと下がり効果を上げています。先ほど、16.1 パーセントまで２年以内再入率が下がってきた、とお話ししましたが、その大きな要因の一つとなっています。

次に、就労支援のお話です。厚生労働省と協働して刑務所出所者の総合的就労支援という施策が実施されています。その施策のなかで、ハローワークと連携して受刑者の職業相談、職業紹介を実施するということを始めました。それとともにキャリアコンサルティング等の資格をもつ専門家を非常勤や常勤で職員として矯正施設で採用しています。[脚注 3]

「塀」の外から中へ、ハローワークの職員や外部の専門家に来ていただいて、出所後の就労支援を行うという仕組みです。

そして、最近はハローワーク職員が矯正施設に駐在するという制度も始まり、35 くらいの矯正施設においてハローワークの職員が施設に駐在し、出所後の就労の調整をしていただいています。これも「外から中へ」の動きです。

■「中から外へ」の新たな動き

そして今、「中から外へ」と新たな展開をしています。その一つが、平成 28 年 11

[脚注 2] 令和３年版再犯防止推進白書によれば、令和３年度は、刑事施設 68 施設、少年院 22 施設に非常勤の社会福祉士が配置され、刑事施設 58 施設、少年院９施設に福祉専門官（常勤）が配置されている。

[脚注 3] 令和３年版再犯防止推進白書によれば、令和３年４月現在、非常勤職員である就労支援スタッフは、刑事施設 76 施設、少年院 44 施設に配置されており、常勤の就労支援専門官は、刑事施設 13 施設、少年院３施設に配置されている。

月に東京矯正管区と大阪矯正管区に設置した「矯正就労支援情報センター室」です。このセンター室の呼び名を公募し、「コレクション（Correction）：矯正」「コア（Core）：中核」「コレクション（Collection）：収集」の「コレ」と、「ワーク（Work）：仕事」で、「コレワーク」という名前になりました。

コレワークでは、雇用情報提供サービス、採用手続支援サービス、就労支援相談窓口サービスを実施しています。

コレワークは、全国の刑務所や少年院の被収容者が、どんな職業に関する資格を持っているか、いつ出るかなどの情報を持っています。刑務所出所者、少年院出院者を雇いたいという事業主さんにコレワークにアクセスをしてもらい、雇用情報提供サービスとして、雇用の条件などの相談をし、「事業主さんの希望に合う、出所者はここの施設にいます」といったかたちで情報を提供し、就労のマッチングをしています。

また、採用手続支援サービスとして、施設内での就職面接の手配や出所後の事業主さんへのサポートなどを実施します。

さらに、就労支援相談窓口サービスとして、活用できる就労支援に関する制度をご紹介したり、事業主の方々の見学会を開くというようなことも実施しています。

令和２年には、全国の矯正管区に展開をして、コレワークは全国で８つになりました。令和２年３月までの実績としては、雇用情報提供サービスによる求人の就職内定者数は653人となっています。

今までは、「塀」の外の専門家などを、施設の中に呼び込んで、様々な指導をしていただくということでしたが、これは、「塀」の中から、外にいる事業主さんに働きかけて、出所者等の雇用先を探したり、出所者等を紹介していく仕組みを作り出しました。

■ 地域との共生、地方創生への模索

再犯防止のためには矯正施設内の処遇だけでなくて、矯正施設から受刑者等が帰る先で、きちんと生活ができるようにしていかないといけません。

そこで、矯正施設と地域との連携、地域との共生を図るために「矯正施設所在自治体会議」を設立しました。

これは、矯正施設がある自治体の首長さんたちに集まっていただき、地方公共団体と再犯防止施策の連携や、矯正施設の人的、物的資源の地方創生施策への活用について協議や情報交換をしていただくためのネットワークづくりをしていくための会議体です。受刑者等が、地域に帰っていった後に、その地域の中で受け容れていただくための、素地、基盤づくりということになります。

矯正施設というのは、社会と隔絶したところですので、矯正施設の実情を知って理解していただき、それぞれの地域の地方創生政策へも矯正施設の資源を活用していた

だきながら、出所者等の支援をしていただくための基盤をつくっていこうということです。
設立目的のもう一つは、矯正施設が災害時の支援をしていこうということです。
地震や水害等の災害時に矯正施設を避難所として活用していただく、あるいは、矯正職員が地域の災害支援に赴くという活動です。
これも、それぞれの地域の中で矯正施設が受け容れていただくための援助、支援となります。
このように、地域との関係づくりをしながら、出所者の地域での生活の定着を図るための基盤づくりであるとともに、地域や地元の民間企業などとも連携して、刑務作業を実施したり、職業訓練をしたりと、今までよりも地域との関係を重視して、様々な施策を進めています。
令和元年に、この矯正施設所在自治体会議ができましたが、皆で手分けをして、各市町村の首長さんに会って、「入っていただけませんか」「我々と一緒に、関係づくりをしませんか」ということで動きました。
今では98もの自治体が、この矯正施設所在自治体会議に参加していただいています。非常に嬉しいことだと思っています。

■ 相次ぐ自治体と防災協定の締結

災害支援についてですが、日本各地の矯正施設において、自治体と防災協定を結ぶ例が増えています。災害時に、矯正施設に避難所を設営する、あるいは様々な援助を行うということで、令和２年時点で、94の施設（支所を含みます）が自治体と防災協定などを結んでいます。
これまでも大きな地震や災害、たとえば、阪神淡路大震災などの時に、避難所として矯正施設の職員の鍛錬所(武道場)や職員の待機所などを開放した例がありました。東日本大震災の際にも、熊本地震の際にも、矯正施設を避難所として開放した前例もあり、自治体との防災協定締結が加速しているという状況にあります。
矯正施設には、24時間365日、職員はいますし、鍛錬場（武道場）などの避難をする場所もありますし、食糧、水、非常用の電源など災害用の備品も備えています。これらを有効に活用して、災害の時は、地域と助け合っていこうということです。
令和２年７月に、広島などで非常に大きな水害が起こりました。その時に、広島拘置所の呉支所に避難所を開設したり、災害救助法の適用を受けた自治体への支援の申し出をしたりしました。
また、熊本県人吉市などの水害については、熊本刑務所や少年院である人吉農芸学院などが、人吉市に施設の職員を派遣して瓦礫（がれき）やゴミの除去等を行いました。

■ 作業、職業訓練において自治体と連携

現在、矯正処遇の三本柱の一つである刑務作業（刑務作業には職業訓練も含みます）と、地方創生を結びつける様々な試みを実施しています。

その一つが、北海道の月形刑務所と月形町との協働で、トマト栽培やそのトマトを加工するトマトジュースの工場で受刑者が作業を行っています。

民間の資金で運営をしているPFI刑務所【※】の一つである播磨社会復帰促進センターでは、兵庫県加古川市との連携で、施設内の農場で野菜を栽培して、子ども食堂に提供することも行っています。

また、美祢社会復帰促進センターは、山口県美祢市と連携をして山口県の地方創生事業に協力し、ゆりの球根を栽培して、山口県のゆめ花博に、その球根を卸すということも行いました。

さらに、島根あさひ社会復帰促進センターでは、島根県浜田市と連携して楮（こうぞ）の栽培をしています。浜田市には、石州和紙というユネスコの日本文化遺産になった伝統和紙があり、その和紙は地域で採れた楮を使用しなければいけないということになっています。刑務所の中で、楮を育てて、それを石州和紙の原料にするという取り組みをしています。

また、地方自治体と矯正施設が、民間企業とも刑務作業や職業訓練を通じて連携をするという動きがあります。

美祢社会復帰促進センターと美祢市、ヤフー株式会社、株式会社小学館集英社プロダクションが連携をして、再犯防止と地方創生の連携協力事業を実施しています。

この事業の仕組みは、美祢社会復帰促進センターにおいて職業訓練を担当している小学館集英社プロダクションが、ヤフーと連携をして、受刑者にネット販売の職業訓練を実施し、そのネット販売の職業訓練の内容として美祢市の特産物を販売するためのネットショップの制作作業を行っています。

昨年は、新型コロナウイルス感染症により対面での職業訓練が困難であったため、矯正で、初めて、オンラインを活用して職業訓練を実施しました。オンライン配信で法務省と美祢社会復帰促進センターとを繋いで、職業訓練を行いました。初回の実施時に、上川陽子法務大臣（当時）にも、法務省から画面に登場いただき、受刑者に呼び掛けるということもしていただきました。

このような形で、矯正施設と地方自治体、それに、民間企業とも連携して再犯防止や地方創生の連携協力をしていくという動きとなっています。

■ 多方面のリソースを生かした再犯防止施策

最後に、令和３年４月から始まった、網走刑務所の資源を活用した再犯防止推進及び地方創生事業をご紹介します。

網走刑務所は広大な森林や農地を持っていて、その中で遊休の土地がかなりあります。このプロジェクトは、網走市、農業協同組合、森林組合、民間企業、特別支援学校等が事業実施主体となり、その事業実施主体に遊休地となっている農地や森林を貸し出し、その土地で農産物を栽培し土地を有効活用するとともに、受刑者には、農地の活用のための様々な準備などを農作業や職業訓練として実施をするというかたちとなっています。この農地は、特別支援学校の高等部の生徒さんたちが農業を学ぶ場所にもなり、農業実習の場として活用されることとなっています。

伐採されなくなって放置されている森林については、森林組合に活用していただくとともに、受刑者の林業の職業訓練等をしていきます。

さらに、活用されずに残った木材は、バイオマス発電にも利用するということも予定しています。網走市では令和３年４月から事業を開始しています。

網走刑務所の農地、山林がある隣の大空町でも同じような事業を進めていこうとしています。

このような、自治体、農業組合、森林組合、民間企業、学校といったところが参加をして、地方創生と同時に、受刑者の職業訓練などを実施していくことを通じて、受刑者の出所後の就労にも繋がっていけば良いと思います。この新しい試みがうまくいくことを願っています。

今までは、矯正職員だけでなんとかしようとしていたところから、行刑改革会議や監獄法改正を経て、「塀」の外の専門家や民間の人などを中へ迎え、それから、「塀」の中から外へ向かって地域へと手を繋いでいき、さらに、地域で皆で一緒になって、地方創生とともに再犯防止も考えていくといった展開を今後も進めていきたいと考えています。

以上が、私の話となります。ありがとうございました。

Discussion

◇小西：　ここからディスカッションということで、お話しいただきました先生方おふたりと、お話しいただいたテーマについて、みんなで検討し合うということをしていきたいと思います。まず、私のほうから、今日のお話をお伺いしたうえで、気づいた点、感じた点について触れながら、すすめていきたいと思います。

西田さんのお話をお伺いして、最初のほうで強調されていらっしゃった、勤務職員を大事にするという視点が、すごく印象に残っております。これまでは、ニムビーの施設と社会的に見られていた面があったということで、職員の方たちも、各地域でご勤務されるなかでのご苦労、地域社会にとけ込むうえのでのご苦労みたいなものが、あったのでしょうか。

■ **地域にとけ込むための方策**

◇西田：　まあ、とけ込む前に、何となく、その地域の一員になっていなかった、という感じなんですね。これはまあ、地域だけの話ではなくて、職員の意識も、やはり、刑務所に勤めていることは秘していたい。公にすると、出所者が訪ねてきたりすることもあったり、地域の人も、やはり刑務所の職員だという目でみるようなこともあるので。

私は、父親も矯正職員で、２代目だったせいもあるんですけど、何も悪いことをしているわけでもないのに、苦労して良いことをしているのに、どうして黙ってないといけないんだろうという思いがすごくあったんです。

現職中もそうだし、辞めてからも、いろんな話をしに現場に行った時に、「言っちゃいけないことは、被収容者のプライバシーと、セキュリティに関わることだけなんだから、遠慮することはない。どんどん外へ出て行きなさい」ということは必ず伝えてました。

実際に、職員の士気が下がると、やはり、名古屋事案みたいな、ああいったことも起きるし、施設の中を平穏に運営するには、職員の力がとても大事だと思うんです。これがあって初めて、受刑者に対して、いい矯正処遇ができると思うんです。

◇小西：　ありがとうございます。それで、外の視点を中に入れたり、社会的な位置づけを変えていこうということで、実際、いろいろなことに取り組まれてこられたと思いますけれども。印象的なのは全国矯正展とは別に日本各地での矯正施設ごとの矯正展【※】をかなり積極的に開催されて、芸能人の方が来られたり、あるいは、刑務所の中を参観、見学ができるようにされたりとか、あるいは、施設の中での食事、給食体験みたいなことも行っていて、矯正施設に、地域住民の方々をたくさん呼び込んだりといった活動も、かなり積極的にされてこられているな、とすごく感じます。そういうなかで、地域住民の方たちの意識も、実際に、変わってこられたりしたような実感は、ありましたか。

◇西田：　始めてから、すぐにはそうは思わなかったんですけども、何年かたったら、やっぱり全然変わっていて……。

それでも、刑務所とか、少年院があることについて、そこに、むかしから住んでる人というのは､施設に対して理解があるんですね。ところが､新しく引っ越してきて、刑務所のまわりに住むようになられた方というのは……。

実は、矯正施設ができると、上下水道も完備され、道路もちゃんとできていって、その周辺はいい団地になることが多いんですね。それで、新たに、その地域に来た人たちは、どうしても、すぐ、「出て行け」というような話になる。

刑務所が、どこそこにできる、となった時の地域住民説明会とかに、私、たくさん行ったんですけど、そういうところで、大きな声で反対されるのは、やはり、新しい、若い住民の皆さんなんですね。だから、こういう人たちに、どうやって理解してもらうかということについては、やはり、今、小西先生が言われたような方法で、実際に、施設に来てもらうのが、一番なんです。そういう意味で、徐々にではあったんですけど、そういった活動を通じて、私が退職する頃には、もう、ニムビーといった意識は、すごく変わってきたんじゃないかと、そういうふうに感じていました。

◇小西：　若い世代の住民が、むしろ、迷惑施設だ、みたいなことが多いと感じられたんですか。

◇西田：　あんまり言っちゃまずいんですけど、新しい住民の方というのは、刑務所があることを、わかって来たはずなんですけど、来てみると、やはり、見たくない。で、理屈で、いろいろ言ってくれると、こちらも反論ができるんですけど、在ること自体が嫌なんだとか、受刑者を見たくないとか……。

まあ、そういう方というのは、わからないから、見たことがないから、そういった印象になるんだと、私は思っていましたので、そういう意味では、矯正展は、とてもいい機会で、実際に見てもらって、中にどんな建物があってとか見てもらうと、実感として理解してもらえると思うんですよね。

あとは、阪神淡路大震災があったり、東日本大震災があったり、熊本で震災があったりした時に、刑務所というのは、役に立つものなんだなあと、味方になるものだなあということを感じていただけるのは、新しい住民の方が多いので、そういったところも、10 数年、法務省が取り組んできて、変わってきていると私は思います。

◇小西：　ありがとうございます。西田さんのご著書を、これまでも拝読させていただいて、そのご著書のなかで、共通して出てくる、「コミュニティ・プリズン」という構想——イギリスにおいて1990年に刑務所で大規模な暴動があり、それを背景に、受刑者の処遇の現状について調査を行ったウールフ判事のレポート、ウールフ・レポートのなかに出てくる「コミュニティ・プリズン構想」。

その構想の考え方が、地域社会における刑事施設、矯正施設の位置づけ、今後のあり方を考えていくうえで、参考にされたということを書かれていたんですけど、この点について、少しお話いただけたらと思いますが、いかがでしょうか。

■「コミュニティ・プリズン構想」について

◇西田：　詳しいことは別にして、刑務所と地域社会のことって、いろいろな考え方が、どんどん、でてきているんですよね。

そのなかで、「コミュニティ・プリズン」というものも、結構、ふるい時に出てきた考え方なんですけど。私は、日本では、この考え方が、一番合うんじゃないかと思ったんです。

というのは、日本の刑務所というのは、都会にあっても、いろんな理由があって、田舎のほうへ移転していくようになってしまって、今、もうほとんどの刑務所は、田舎にあるんですね。

で、田舎というのは、刑務所が、むかしのように、迷惑施設なだけではなくて、いろんな意味で、注目される存在になってきていて、コミュニティのなかで、すごく大きな位置を占めるようになっているんですよね。

もう一つは、日本の一般社会の考え方というのは、たとえば、少年院から出てきた子を見ると、「少年院帰りだ」と言うし、刑務所を出所した人を見ると、「前科者だ」と言うんですね。そういう見方というのは、欧米と比べると、日本は少し違うと思うんです。私は、「恥の文化」じゃないかと思っていて、少し本にも書いたことがあるんですけど。

そんなことを考えた時に、「コミュニティ・プリズン」の考え方というのを、是非、皆さん、時間があったら見ていただいたらいいんですけど、日本で、矯正・保護——受刑者が施設の中で生活をして、施設を出て、保護観察【※】を受けて、保護観察が切れて——という流れがある時に、「地域のなかに、普通に小学校があるように、刑務所があるんだ」というような考え方になるのが、一番いいんじゃないかと、日本には、それが一番合っているのではないかと思って、当時、勉強しました。今でも、そういった考えは変わっていないです。

◇小西：　ありがとうございます。ご著書のなかでも触れられていらっしゃいます、「コミュニティ・プリズン」、コミュニティと近接性のある刑事施設、そして、被収容者の生活がある、ノーマライゼーションをすすめていくという、そうした理念というのは、本当に、今の動き、近年の動きにも共通していて、底流のようなかたちで、続いているんじゃないかなと、お話を伺って感じました。ありがとうございます。

次に、大橋さんのご講義のなかでは、やはり、自治体との連携、地域との共生ということで、地方創生等の面での繋がりが広がってきているというようなお話がありました。矯正施設所在自治体会議が設立されて、会員の自治体が、今、98団体ということなんですけど、これは、だいたい矯正施設がある自治体のどれくらいの割合になっているんでしょうか。

■ 矯正施設所在自治体会議について

◇大橋：　収容人員が減っていることから、刑務所、少年院、少年鑑別所といった矯正施設自体が廃庁になり、所在自治体の数も変動するのですけれど、115くらいだったと思います。ほとんどの自治体が参加いただいている状況です。
◇小西：　ほとんどの自治体が、関心があって、今のところ連携をすすめていきたいという意識を持たれているということですね。
◇大橋：　やはり、関心が大きいのは、先ほど触れましたけれど、災害の際の避難所の運営等による地域との協力です。たとえば、熊本地震の時に、熊本の刑務所に200人以上の地域住民の方が避難されてきて、身体の悪い高齢の方も、寝たきりの方も運びこまれてきたりしてきました。
　そういうような災害支援の実例等を話しながら、それぞれの地域の役にも立ちますという説明をしながら、進めていきました。
◇小西：　この自治体会議の設立において、メンバー候補になるような自治体のところに行かれて、市の代表の方、市長さんとか、町長さん、村長さんと、いろいろと話をされたと思うんですけど。そのなかで、刑事施設に対しての理解というのは、持たれていらっしゃったんでしょうか。あるいは、まさに、理解を促進していかれるようなかたちで……。
◇大橋：　古くからそこに住んでおられる首長さんについては、矯正展とかで良く知っていますという方もいました。しかし、多くは、矯正施設の実情がどうであるかとか、どんな役割をしているかとか、あるいは、自治体側にとって矯正施設と一緒に活動することでどんなメリットがあるのかとか疑問をお持ちでした。こちらからも、地方創生を共に考えます、施設の人的、物的資源の活用もできますといったことも説明をしながらお互いに探りながらの状況でした。
　出所者はいずれ地域に帰ります。特に福祉的な支援が必要な出所者については、自治体の支援が必要ですので、そういうことも話をしながら、再犯防止にもご協力をお願いしますとお話しながら進めていきました。
◇小西：　まだ、10いくつの自治体が入ってないというのは、これはどういった要因が考えられるんでしょうか。
◇大橋：　様々な要因があると思いますが、市町村は、その首長さんの意向次第ということもあります。また、首長さんも選挙で変わるので、選挙で変わるとまた、働きかけを継続していかなければなりません。そういう関係はもう必要ないのじゃないかと言われてしまうこともあり得るので、既に会議に参加している自治体にも働きかけは継続していかなければならないと考えています。
◇小西：　ありがとうございます。あと、実際の取り組み例として、美祢社会復帰促進センターでの、さらに、網走市での新しい取り組みをご紹介いただきました。
　この地方創生ということですすめられているなかで、就労支援に、うまく繋げていけている実感等、感じられるようなことはございますでしょうか。

■ 地方創生と連動した再犯防止

◇大橋：　地方創生と絡めた再犯防止施策というのは、始めたばかりなので、実際にきちんと結果に結びつけていくのはこれからの状況ではあります。

ただ、新たにコレワークといった組織などもできましたので、地方で、就労支援も含めて「こういうことができますよ」と働きかけをしながら、成果を上げていければと思っています。

一方で、福岡県では、従業員が足らなくて困っている建設や介護の業種もあるので県側から福岡にコレワークを作ってほしいという声もありました。８つのすべての矯正管区にコレワークを展開したということで、コレワークを活用した就労支援を地域の事情に結びつけながらやっていきたいと考えています。

◇小西：　日本でも、人手不足の業界も多くなっていくなかで、やはり、刑務所出所者の方たちも、地域において、再犯防止ということもあるかもしれませんけども、一市民、一社会人として、就労する先が見つかっていく、そういった機会が増えていくような仕組みは、非常に有効なものではないかと感じています。

今後も、この方向性で、さらにすすめられていかれると思うんですけど、何か新たな展開とか、展望みたいなものは持たれていますでしょうか。

◇大橋：　今、ご紹介した網走の例とか、これまで関係がなかったような企業さんなども巻き込みながら、新しい施策を考えていきたいと思っています。

様々なところと連携をしていきたいと思い、あちこちの企業さんに声をかけています。また、地方自治体には、網走市のように、何か矯正施設が活用できるものはありませんかと伺いながら、再犯防止のPR等をしながら今後もやっていきたいと思っています。新型コロナウイルス感染症で、なかなか外へ出て行きにくいというのが難しいところですが。

◇小西：　私が学生の時の刑事政策の教科書にはないような、まさに、施設内処遇、矯正の新しい展開じゃないかなとすごく感じてます。ありがとうございました。

◇小西：　では、学生のほうからも、いろいろ質問等していただきたいと思います。

◇秋田康貴（４年）：　本日はありがとうございました。４年の秋田と申します。まず、感想のほうから述べさせていただきます。

塀の中に対する社会の知見ということでは、私も、何年か前くらいに死刑を執行する実際の場所をメディアで公開したといった流れ、事象があったと記憶しております。

あと、地方創生との関係での観点で、網走の事例も取りあげてられて、私も実際、網走といえば、というところで、「博物館 網走監獄」を訪問させていただいたこともございまして、そういったなかで、植林事業等を通して新しいことをやっているということは非常に印象深く感じました。

質問のほうに移らせていただきます。地域創生を一過性のものにしないということで、今後もこのような活動を続けられていくと思いますけれども、実際、地方創生と、矯正・保護の観点から、関係者の方々から実際やってみて、どういった意見、感想等がありますでしょうか。

■ 自治体や民間事業者との連携で必要なこと

◇大橋：　それぞれのプロジェクトで、自治体の方からも「今度はこういう問題があるので、これは刑務所さんのほうでなんとかできないか」とか様々なご意見もいただいています。

矯正施設は、地方にあるところが多いので、過疎や人口減少に悩んでいたり、なんとか新たな地場産業の糸口を見つけたいという意向もあります。そういうところでも、地方の首長さんも前向きに、それぞれの地域の振興に重要な施策の一つとして考えていただいています。

また、民間企業さんも、今、CSR（Corporate Social Responsibility）、企業の社会的責任、ということで、CSR の活動を進めています。そのような CSR の担当者と協働していくことも考えています。企業さんも CSR と言っても、「何をしていったらいいのか」「何をとっかかりにしたらいいのか」というところで悩んでおられて、「矯正施設を活用して、こういう社会貢献ができます」というようなことをお示したりしています。我々にとっても、矯正処遇の充実、再犯防止等の必要性がありますけど、企業さんや自治体にとっても、それぞれの課題解決のメリットがあるという、WIN-WIN の形で進めているという感じです。

◇秋田（４年）：　ありがとうございました。本日は貴重なお時間、お話をありがとうございました。

◇青木美月（４年）：　本日は貴重なお話ありがとうございました。４年の青木と申します。今日のお話のなかで、西田さんのほうから、現場の経験だったり、大橋さんのほうからは、今、行われている取り組みだったり、具体的なお話をお聞きすることができて、生の声というものの大切さをあらためて感じました。

おふたりのお話をお伺いするなかで、たくさんの取り組みをこれまで行われていて、経験されているなかで、今までで、一番印象に残っている出来事、達成感のあった業務であったり、逆に、ここはもうちょっとやっていくべきだったなと思うところ、思い出に残っていることを、おふたりにそれぞれお聞きできたらと思います。よろしくお願いします。

■ 法務省勤務時代で印象に残っている出来事は

◇西田：　やり残したことは、たくさんあるんですけど、やはり、達成感というのは、実はあまり感じてなくてですね……。矯正局の仕事というのは、何か起こって、それにどう対応するかというのが、結構、多いので。ただ、行刑改革会議のあと、PFI事業をやるように言われて、なんとか、ものにできたのが、達成感の一つにあるかなと思います。

それからやり残したことは、私は、30代の頃からずっと、矯正医療、医療関係のことに、非常に問題意識をもっていて、これをなんとかしないといけないという気持ちがずっとあって、自分が局長の時に、専門家の局付き検事とか、検事の参事官が、「そんな法律はつくれません」と言ったんですけど、矯正医官、要するに、「矯正施設で勤務する医官が、もう少し勤務しやすいような法律をつくってくれないか」ということに取り組んで、私、口だけ出して、私のあとの局長に、回してしまった。それが、少し心残りだったですね。

自分がいる時に、自分が言い出したわけですから、きちんと国会で答弁をして、きちんと自分でものにしたかったんですけど、言い出しといて、国会答弁等、次の局長に回ってしまって、次の局長の時に、うまく法律にしてもらったんですね。それが心残りでした。(「矯正医官の兼業及び勤務時間の特例等に関する法律」2015(平成27)年8月27日成立、同年12月1日施行)

あと、少し生々しいことを言いますけど、37年勤務したんですけど、矯正局にいて、特に、最後の10年間、職員の事故があって、職員の取り調べをしないといけないような状況があって……。名古屋事件もそうなんですけど、そこまでいかない事件も、時々あって、職員に捜査として取り調べをしなきゃいけない。結構、私が担当しないといけないようことがあったんです。その時に、何人か、調べている最中に、自殺をされてしまった……死んでしまった職員が、何人かいたんですね。

私は、すごく今でも反省をしているんですけども、死ぬほどのこと、悪いことをしているわけではないのに、死なせてしまった人が何人かいて、家族もいるし、子どもさんもいる……。それは、今でも、やはり、心が痛くて、もうずっと、反省というか、職員の顔が今でも思い浮かぶ、思い浮かぶ顔がいっぱいある……。これについては、もう少し違ったやり方があったのかなって、反省をしています。

◇大橋：　だいたい大変なことしか心に残っていませんが、たとえば名古屋刑務所事案、それから、行刑改革会議への対応は、ほとんど徹夜続きで仕事をこなして大変でしたが、それを逆にステップにして、監獄法改正や、様々な受刑者処遇の改善等を行ってきました。

先ほど、性犯のプログラムの話をしました。奈良の女児の誘拐殺人事件があって、刑務所から出所後そういう事件を起こすのは刑務所での改善がきちんとできていないからだというので問題になりました。それで、性犯のプログラムを導入するきっかけになりました。カナダやイギリスに職員を派遣して、RNRの原則だとか、アセスメントとか認知行動療法等を研究して導入しました。

また、熊本地震で200人以上の避難してきた方々への対応は、熊本刑務所の職員など非常に大変でした。矯正局から現地に派遣された担当の企画官は、1ヶ月くらいずっと熊本刑務所に泊まり込みをして、ほとんど食事は缶詰、しかも、魚の缶詰ばかりで、「アザラシになったような気がしました」というような非常に大変な思いをしていました。しかし、その時の経験が地域や自治体との連携に繋がっていきました。

非常に苦しいことを経験し、その経験を新たな変化のきっかけに変えてきたというのが、達成感といえば達成感です。

心残りは、今のこの新型コロナウイルス感染症の関係で、こういった新しい動きがほとんど止まってしまっているということです。自治体の首長さんや民間企業さんのところに行ったりとか、なかなかできないというのが非常に心残りです。

◇大久保那菜（3年）：　小西ゼミ3年の大久保那菜と申します。今日は、貴重なお話をありがとうございました。おふたりのお話を聞いて、刑務所が開かれるようになった背景や、刑務所が他の機関や地域と連携することによって、罪を犯した人々も、それ以外の人々も、より安心、安全な暮らしができるということを感じました。

一つ質問があります。矯正施設がある自治体等では、たとえば、作業等を通じて自治体と連携することによって、お話にもあったように、矯正施設へのイメージが変わったということがあるかと思います。

ただ、矯正施設がない自治体等では、なかなか身近に感じるようなことができないんじゃないかなと感じました。出所する人たちも、受け入れ先として、矯正施設のない自治体に帰るということも考えられるので、そのような自治体には、どのような取り組みがなされているのか、ということについてお聞きしたいと思います。

■ 矯正施設の所在しない自治体への働きかけは

◇大橋：　ありがとうございます。再犯防止推進法に基づいて国の再犯防止推進計画が立てられていますけども、努力義務ですが、地方においても再犯防止推進計画を立ててくださいということになっています。

矯正施設がないところについても、保護司さんは全国にいますので更生保護の仕組み等を活用して働きかけなどをしています。

今の目標は、再犯防止推進計画を作成した自治体を100以上にするということですけれども、目標に近づきつつあります。[脚注4]

矯正施設のない自治体では、保護分野からの働きかけや、その他の分野の人たちが働きかけて、手を広げていっています。

[脚注4] 令和3年度再犯防止推進白書によれば、令和3年4月1日現在、188の自治体が地方再犯防止推進計画を策定している。

◇太田暖子（３年）：　同じく小西ゼミ３年の太田暖子と申します。本日はお忙しいなか、貴重なお話をありがとうございました。お話をお聞きして、私は、矯正施設と地域社会との分断を解消することが、出所者の社会復帰、そして、犯罪の防止にも繋がるということをあらためて実感できました。

１点、質問がございまして、刑務所内処遇のなかで、薬物事犯や性犯罪等、再犯を防止していくための専門的なプログラムについて、関係者の方々からはどのようなご意見がございましたでしょうか。

■ 専門的な改善指導プログラムへの評価は

◇大橋：　ありがとうございます。今、説明したように、薬物依存、性犯、アルコール依存の処遇に認知行動療法を活用しています。これは諸外国でも効果があるというエビデンスがあるプログラムですが、この認知行動療法を、大きな規模でやっている機関というのは、矯正施設が一番であると外部の専門のお医者さんから聞きました。認知行動療法の実施例というのは、矯正施設が、全国でもトップクラスに実例も多いということだと思います。

認知行動療法は民間の病院でも実施されていますが、このプログラムは非常に時間もかかって、人手もかかるというので、なかなか広がらない状況もあるようです。今後も外部の病院等と連携をして、認知行動療法を更に深めていきたいと考えています。

しかし、我々のやっている認知行動療法には限界があります。認知行動療法も今はもっと、自分の良い点を伸ばすことなどを重視するプログラムとなっていたりします。

また、刑務所は、薬物使用とか、性犯とかができない状況、いろいろな誘惑がない中での実施ですので限界があるという指摘も専門家の方々からいただいています。また、矯正施設でやっている認知行動療法やプログラムをいかに外の病院に繋げていくかというのが今の課題だといった指摘も受けていますので、今後、どうやって外に繋げていくかということも検討していきたいと考えています。

◇太田（３年）：　ありがとうございます。お話をお聞きして、私も早稲田矯正保護展【※】等のイベントに向けて学びを深めるとともに、自分のなかの、刑を終えて出所した人等への固定観念にも向き合って、より理解を深めていけたらと思いました。ありがとうございました。

◇小野百絵子（４年）：　本日は貴重なお話をありがとうございました。４年の小野と申します。西田様のお話で、矯正処遇を実施する職員の方々のご苦労や、社会的意義のある仕事をしているのに沈黙しなければならないことへの疑問、矯正処遇を実施する職員の処遇に注力していたということが印象に残りました。

私は、昨年の早稲田矯正保護展の活動で刑務所出所者への就労支援ナビゲーターの方からお話を伺う機会があったのですが、その方が「大変だけど、支援をする対象者だけでなく自分自身も、地域社会も成長していくことができる、本当にやりがいのある仕事だ」と話してくださったことを思いだし、この分野の仕事の難しさと意義をあらためて感じました。

一方で、矯正施設の職員の方からは、「ゼロリスクどころか、リスクをマイナスにしないといけないので、内側から外に向かって開いていくことが難しい。閉じていても、いいのではないか」と伺うこともありました。

矯正を社会に開いていくことは難しいですが、妥協点を探しながら、これからも行刑改革が進んでいくとわかり、大変勉強になりました。

質問として、刑務所出所者等への就労支援における関係各機関同士の横の連携のあり方をお聞きしたいです。矯正施設のない地域に帰住する出所者の方もいますが、そういった地域への再犯防止への理解を浸透させていくために、保護の分野で様々な働きかけをしていると思います。そこで、更生保護の機関や厚生労働省所管のハローワーク等、対象者が矯正施設を出たあと、地域で就労を継続していくためのフォローをしている機関から求められて、矯正側が情報を提供する時の課題が何か気になりました。

たとえば、受刑者が軽度の発達障害等を有していたとして、それに配慮した就労先をあっせんするためには早期に多機関へ情報共有をすることが有効かと思いますが、本人の意思を尊重したり、プライバシー保護についても考慮したりする必要があり、ジレンマがあるのではないかと感じています。

■ 就労支援における情報提供のあり様は

◇大橋：　出所者の就労支援で雇っていただいている方が、協力雇用主さんであれば、保護観察官、保護司さんが、サポートしながらやっていくこととなります。ただそれも、保護観察期間が切れればその後のフォローアップをどうするかが課題です。

我々に何ができるかという点で、就労後の相談に活用してくださいと言っているのは、少年鑑別所で行っている地域援助です。少年鑑別所の行っている地域の犯罪や非行の防止のための援助の対象は子どもに限りませんので、少年鑑別所に相談を持ちかけていただいて構いませんということで少年鑑別所の機能の活用を促しています。

それから、少年院の在院者であれば、新しい少年院法で出院してからの相談という仕組みができましたので、そういう仕組みを利用して、少年が出院した少年院に相談するといったことが、我々にできることです。

発達障害などの情報をどのような形で出していくのかは難しいところですが、本人の同意を得ながら、どういう情報を流していくかを選別しながら、流せる情報は流していくということになっていきます。

ただ、難しいのは、我々も把握をしていない情報もありますし、雇用主さんのところに行って、初めてわかったこともあったりします。それと、雇用主さんが不安に思うのは当然なところがあって、本人について全部知っておかないと不安で受け入れられないとか、受け入れても何かあるのではと不安でしょうがないというような、不安の裏返しというようなこともあるので、様々な対応をしながら、できる限り不安を解消できるよう雇用主さんとの関係を作っていく必要があります。
◇横溝菜緒（４年）：　本日は貴重なご講義、ありがとうございました。４年の横溝です。本日のお話のなかで、どんどん、外との関わりが増えていって、かなり開放的というか、そのような雰囲気を、私自身も感じたので、北欧のような矯正施設に、最終的には行き着くのかなって、そのようなイメージを私自身もちました。
そのうえでの質問なのですが、北欧の矯正施設では、本当に開放的な処遇がなされていて、それを国民も理解しているというところを、私自身、授業のなかで学んだことがあります。
やはり、日本の方々は、まだ、そこまで理解がおいついていない、やはり、被害者が可哀想じゃないかとか、犯罪者に対してそんなに自由な処遇をするのか、といった意見も、これから出てくるんじゃないかと、私自身思ってるんですけど。
処遇のなかでの罰的な要素と、支援的な要素とのバランス、兼ね合いについては、おふた方はどういうふうに考えられているのか、お聞きしたいと思います。

■「罰」と「支援」のバランスをどうとるのか

◇大橋：　ありがとうございます。私は外務省に出向していたことがあって、スウェーデンに行っていました。その時にスウェーデンの刑務所もいくつか見させていただきました。開放的な施設はマスコミ等でいろいろなところで紹介されていますが、我々の刑務所のような重警備の刑務所も当然あります。
日本の刑務所は、諸外国に比べると、処遇が均一になりやすい、施設によって極端な差がないというところがあって、重警備といっても、アメリカ等で見られるような、銃器を持って、外に出す時、運動に行く時などは必ず手錠をするというような重警備ではありませんし、開放的な施設でも、北欧の施設のような開放さはないというようなところがあります。より開放的な処遇というものをこれから進めていかなければいけません。
特に、釈放前の受刑者や少年については、実際に雇ってくれようとしているところに職業体験として働きに出すということやこれから就職しようとしている企業さんと同じような職場環境で建築の職業訓練をするなど、外に出るための訓練、あるいは、外で仕事をするための環境の整備というのがこれからの課題です。
◇西田：　すみません、少し後ろ向きなことを言うかもしれませんけど、やはり、刑事施設というのは、あくまでも刑事施設なんですね。
ですから、再犯防止のために、いろんな働きかけをして、いろいろと知見を、我々、法務省側も集積をして、どんどんすすめていく部分も、あると思います。

ただ、大事なことは、やはり、刑務所の中が、ザワザワすると、きちっとした処遇もできませんし、国民とか、地域住民の皆さんに不安を与えることになりますから、どうしても、やはり、きちんと刑務所をどうやって運営するかっていうことも、絶対に忘れてはいけないことだと思うんですね。

かといって、それをやりすぎると、行刑改革会議以前の刑務所になってしまいますから、きちんと平穏に運営することを確保しながら、どうやって新しい、今まで一生懸命に知見を積み上げてきて、これからもやろうとしている新たなことを実現していくかという、そのバランスだと思うんですね。

今、今の局長がいわれたように、日本の刑務所というのは、暴力団の組長であろうと、昨日まで会社員だった人だろうと、同じ処遇をしようと思ってるんですね。きちんと人権を守って、自由なところは認めようとしているわけですから。

いろんなしがらみがあって、どうやってバランスをとっていくのかというのが、答えがなくて、永遠のテーマだと思います、私は。とにかく、あまり後ろ向きなことばかりではなくて、前向きに、うまくバランスをとったうえで、どうやったら再犯がおさえられて、刑務所、法務省側の働きかけが功を奏するのかということが、大事なことなんですね。どんどん新しいことをやって、知見を積み上げていっていただきたいと、私は、OBとして思います。

closing comment

◇小西暁和（早稲田大学 法学学術院 教授）

最後に、私のほうからまとめということで、簡単に所感みたいなところも交えながらお話したいと思います。

本日、ご講義、お話をお伺いして、日本の施設内処遇が社会化している、施設内処遇の社会化といった流れができているな、と感じました。施設が社会と繋がっている、風通しの良さが高まってきている。

西田さんのお話にもあったように、塀の内と外とが協力をしていくという、そういう関係がすすんでいる。先ほども少し挙げさせていただいた「コミュニティ・プリズン構想」が書かれているウールフ・レポートについて論じた、ブリストル大学のロッド・モーガン（Rod Morgan 1942.2.16- イングランド・ウェールズ）という名誉教授がいるんですけど、その先生の論説のなかでも、「より透過性のある塀（more permeable walls）」、こういうものが今後の刑務所においては大事なんだということが書かれているんですね。

壁はある、あるけれども、透過性がある、通じるというんですか、外と内とで、やりとりができるという、こうしたかたちでの施設内処遇のあり方がすすんでいるな、ということをすごく感じました。

そして、企業や専門職の方たちや、あるいは、ハローワークの職員の方とか、外の方が、内に来て、あるいは、ボランティアでの支援の方が、内に来てという、こういうかたちでの、「外から内へ」と。

また、「内から外へ」ということで、地方創生にも関わりながら、受刑者が、実際に、塀の外に出て作業等を実施しておられる。先ほども、ディスカッションのなかでもありましたけど、開放型処遇をすすめていくという、一つの方向性が見られます。今は施設にいるけれど、いずれ、必ず社会に戻っていく存在、社会の中の一員の存在であるということは、施設の中にいても、それは変わらないと思います。ですので、それを実際に、訓練をしながら、すすめられているんだと感じました。

また、処遇内容に関しましても、当事者の抱える課題を解決する、解決していく、あるいは、社会への再統合のための処遇というのが、様々なプログラム、あるいは、企業の、今の社会のニーズにも合わせたような処遇内容、職業訓練等も組み合わせながら、行われておられるというようなことも印象に残っています。

こうした流れというのは、先ほど触れたような、イギリスの「コミュニティ・プリズン構想」で構想されていたような流れというのがありますし、その他にも、たとえば、オスロ大学のニルス・クリスティ（Nils Christie 1928.2.24–2015.5.27 ノルウェー）が、「輸入モデル（importmodellen）」、ということでいわれた、従来、自給自足で刑事施設が運営されていたけれども、外から、様々な社会資源を「輸入」して、施設の中で、社会と同じようなかたちで、たとえば、日本であれば、ハローワークの相談が受けられるようにするとか、社会福祉の方との連携がもてるようにするとか、こういうような流れにも繋がっていくような、そうした大きな流れのなかに、日本の行刑も位置づけていけるんじゃないかと感じました。

さらに、日本の場合、地方創生ということで、地域社会のなかに、さらに打って出る、外に出るという、これも新しい日本型行刑というんでしょうか、そういうようなものとして位置づけることもできるんじゃないかと、今日のお話をお伺いしながら感じていました。

本当に、今日は、非常に充実したかたちのディスカッションもできたと思いますし、学生の皆さんも、今日のお話をお伺いしながら、日本の矯正のあり方について、知見を深めることができた、非常にいい機会だったのではないかなと思います。本当に長時間にわたり、ありがとうございました。

（授業実施 2021 年 4 月 30 日）

〈補足解説〉

※名古屋刑務所事件：2001（平成13）年12月及び2002（平成14）年5月・9月に、名古屋刑務所で刑務官による受刑者に対する暴行死傷事案が発生し、複数の刑務官が特別公務員暴行陵虐致死傷により起訴された事件。2001年12月、2002年5月及び9月の事件に関して合わせて刑務官7名の有罪が確定した。

※行刑改革会議：名古屋刑務所事件を受けて、2003（平成15）年3月に広く行刑改革に関する検討を行うことを目的として法務大臣指示に基づいて設置された会議体。法律家、学者、ジャーナリストなど様々な有識者が参加して提言をまとめた。

※PFI事業：PFI（Private Finance Initiative：プライベート・ファイナンス・イニシアティブ）による事業。PFIとは、公共施設等の建設・維持管理・運営等について民間の資金、経営能力及び技術的能力を活用して行う手法である。PFI事業を導入することで、国や地方公共団体の事業コストを削減し、より質の高い公共サービスを提供することが目指されている。

※改善指導：受刑者に対して、犯罪の責任を自覚させ、健康な心身を培わせ、社会生活に適応するのに必要な知識及び生活態度を習得させるために行う指導。一般改善指導及び特別改善指導がある。

※RNRの原則 / リスク・ニーズ・反応性モデル：RNR原則とは、リスク原則（Risk）、ニーズ原則（Needs）、レスポンシビティ（反応性）原則（Responsivity）から成り立っており、再犯防止の効果処遇を生む上では、対象者の再犯リスクの高低に応じて、改善が可能な部分について対象者に合った方法によって処遇を実施する必要があるという考え方のことであり、リスク・ニーズ・反応性モデルは、その考え方に基づく処遇モデルのこと。

※PFI刑務所 / PFI官民協働刑務所：PFI手法を活用し官民協働の運営を行う刑務所。業務を大幅に民間委託するとともに、地域との共生も図られている。美祢社会復帰促進センター（山口県美祢市。2007（平成19）年4月開庁）、喜連川社会復帰促進センター（栃木県さくら市。同年10月開庁）、播磨社会復帰促進センター（兵庫県加古川市。同年10月開庁）、島根あさひ社会復帰促進センター（島根県浜田市。2008（平成20）年10月開庁）がある。

※矯正展：全国矯正展は、「社会を明るくする運動」の中央行事の一環として、1959（昭和34）年から毎年開催されている。全国の刑事施設で行われている刑務作業の広報を実施するとともに、実際に受刑者が制作した刑務所作業製品の展示・即売を行う。また、全国の各地域でも矯正展が行われている。

※保護観察：犯罪を行った者又は非行のある少年が、保護観察官及び保護司による指導監督と補導援護を通じて社会の中で改善更生が図れるようにすること。保護観察対象者は、保護観察処分少年、少年院仮退院者、仮釈放者、保護観察付執行猶予者等である。

※早稲田矯正保護展：早稲田大学において開催されてきた犯罪者や非行少年の矯正・保護に関する研究発表会。毎年、様々なテーマに関して、学生が主体となって研究発表を行っている。

2nd viewpoint

【当事者の視点】

当事者だからできることを求めて

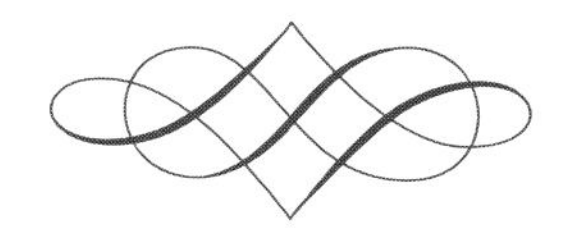

opening comment

◇**小西暁和**（早稲田大学 法学学術院 教授）

更生支援事業団と早稲田大学法学部小西ゼミとの共催プロジェクト、その第２回目となります今回は、「当事者の視点」ということで、「当事者だからできることを求めて」というサブタイトルのもと、行いたいと思います。

小西ゼミ自体、薬物問題とどう向き合うかということは、ゼミができた当初から、かなり扱ってきたテーマだったんですね。2010年、その時も共同研究で扱って、実際に、栃木のダルクとか、高知のダルク、また、近藤恒夫さん【※】にお会いするために、アパリ（特定非営利活動法人 アジア太平洋地域アディクション研究所；Asia-Pacific Addiction Research Institute）の東京本部、クリニックにも伺って、近藤さんと焼肉をゼミ生と一緒に食べたことも記憶に残っています。

あと、私の実家が群馬県藤岡市というところなのですが、そこに、日本ダルクの「アウェイクニングハウス」という施設が、当時ありまして（現・藤岡ダルク）、そこにゼミ生と、レンタカーで車を借りて、街中を通る際に「これ、うちの実家だよ」とか言いながら、施設に行って、直接お話を伺ったりしてきました。

さらに、一昨年は、早稲田矯正保護展【※】で、「薬物事犯者に対する更生支援」というテーマで、講演を近藤代表にしていただいたりしました。本当に、これまで、薬物問題、当事者支援等については、小西ゼミで重要なテーマとして扱ってきました。

なお、本日は、当初の企画では、近藤恒夫さんにお越しいただく予定となっていたのですが、近藤さんが、昨晩より急に体調を崩されてしまい、先ほど、急遽、連絡をとらせていただき、近藤さんともとても関係の深い、アパリのなかに事務局がありますが、日本薬物政策アドボカシーネットワーク、ニャン（NYAN)、その事務局長の古藤吾郎さんに、お越しいただくこととなりました。

では、まず、NPO法人川崎ダルク支援会の理事長で、川崎ダルクの運営に深く携わっておられる岡崎さんに、ダルクについてのお話、川崎ダルクの活動についてのお話をお伺いしたいと思います。よろしくお願いいたします。

keynote lecture 2-1

僕がダルクにいる理由

岡崎重人

（NPO法人川崎ダルク支援会 理事長）

■「ダルク」ができた頃

ご紹介ありがとうございます。川崎ダルクの岡崎と申します。よろしくお願いします。急遽、本当は、近藤さんとふたりで来るはずだったのですが……「話すのは、私が最初に30分話せよ」ということで、順番は変わりないんですけれども、今日は、ダルクの紹介等を含めて、皆さんにお話できるかと思います。

ダルクというのは、今日、来るはずだった近藤さんが、神父さんのロイ・アッセンハイマーさんという方と、共同でつくられた施設になります。できたのが、1985年。2020年で35年、今、36年経ってます。

ダルクというのは、ドラッグのD、アディクションのA、リハビリテーションのR、そして、センターのC、それぞれの頭文字を取って、ダルク（DARC）と呼ばせてもらってます。

私は今、40歳なんですけれども、近藤さんがクスリをやめた年齢というのが、今から40年前。ちょうど、僕が生まれた時が、近藤さんが、おクスリをやめた時で、私が5歳の時に、ダルクができたという、そういうかたちなんですね。

できた当時は、私は5歳なんで、当然、全然、ダルクの活動も、ダルクそのものも知らないんですけれども、当時は、覚せい剤とシンナーの人たちばっかりだったって言ってました。ダルクを開(あ)けると、まあ、覚せい剤やシンナーがやめられないって言って、ご家族からご相談がくる。ダルクという場所を開けてすぐに、みんなで生活をする寮があるんですけれども、そこが本当にもう、数ヶ月でいっぱいになるくらい、困ってる人がたくさんいたんだ、っていうような話があります。

今と比べると、「薬物依存」という言葉も、ほとんどない状態で……。まあ、今では、「ダメ！ 絶対！」っていう薬物教育があります。みんなもたぶん、小学校、中学校、高校で、1回ずつぐらいは聞いてると思うんですけれど。学校に、警察の方が来たり、保健師さんが来たり、薬物の害とかについて教えてくれたりといった授業があったと思います。

むかし、40年ぐらい前は、「覚せい剤やめますか、それとも人間やめますか」みたいなキャッチコピーがあったり、あと、覚せい剤を使ってた人が、殺人事件【※】を起こしてしまったりっていうのがあったりして、すごく風当たりが強かった時期でした。

覚せい剤乱用時期というのが、日本で、終戦から今までで、4、5回、そういう時期があるんです。で、40年前というのは、本当に覚せい剤を使ってる人が、すごく多い時期で、逮捕者も多かったし、そういうなかで生まれたのが、「ダルク」なんですね。

「誰も相手にしてくれなかった」って、その当時を振り返って、近藤さんはよくおっしゃっています。「俺が、唯一言えるのは、ダルクに来た人が使っても、通報しないことなんだ」。薬物を持って相談に来られたり、ダルクのなかで、みんなで共同生活しているなかで、再使用とか、再発というようなことが起こった時も、薬を使ってるのがわかったから、じゃあ、通報して、警察に突き出すっていうことではなくて、「それに、寄り添うこと」なんだって、いろんな場所で、近藤さん、ずっと話をされています。

ダルクっていうのも、不思議な団体で、ダルクを利用した、ダルクで共同生活をしてる仲間たちが、また、新しいところ、土地で、新しいダルクをつくっていく。その一番最初は、「自分も、自分の地元にダルクをつくりたい」って言って、名古屋に行った方が、名古屋にダルクをつくったんです。最初に、東京、荒川区にできて、それから次に、名古屋にできた。

で、そうやって、ダルクの仲間が、自分たちの居場所、自分たちが薬をやめるための場所、新しくやめたいと思う人を手助けする場所として、新たに他の場所に、ダルクをつくっていくっていうかたちで、どんどん、ダルクは増えていったんです。

1985年にできて、今は、いつも、「だいたい70ぐらいだな」とか、そういう言い方を近藤さんはするんですけれども。団体としては、今、全国で69くらい、ダルクっていう団体があって、それぞれの活動を、仲間、みんながやってます。

■「ダルク」ができた経緯

ダルクのもとになった活動というのが、それも当事者の活動なんですけど、「自助グループ」って呼ばれるものです。

アメリカで始まった、それは活動で。もともとは、お酒がやめられない人たちが、どうすればやめられるかな、といってできた組織で、創設したふたりが、精神病院で出会って、精神科医と証券マンだったんですけど、そのふたりが、1935年に、ふたりで、「アルコール、やめられない」っていう話をしてて、あと、「自分たちがやめられなかった経験を、今、やめられない人に伝えていこうよ」っていうようなことをやっていたら、自分のお酒が止まったっていう、そういうことから始まった活動があるんです。

それが、ＡＡっていう、お酒の「アルコホリック・アノニマス【※】」、12ステップ【※】をベースにした活動なんですけれども。これがもとになって、1953年にカリフォルニアで、薬物の「ナルコティクス・アノニマス【※】」っていう、薬物の当事者の活動が始まりました。

1985年にダルクができる前、1980年か70年代の後半に、ＡＡの活動が、日本のなかでも行われるようになっていて、そのメッセージを受けた近藤さんが、その当時、お酒をやめる団体、マック【※】というのが北海道にあって、そこで、近藤さんは働いていて。そのマックっていう場所で、近藤さんは、逮捕された後にミーティングに参加しながら、札幌のマックの立ち上げにかかわるようになりました。そこでアルコールに困ってる人たちと一緒に生活してたんですけど。それから、東京のほうに出てくるんですけども。

「薬物をやめられる奴なんか、いないよな」って、みんな、思ってたみたいで。アルコールをやめられなくて困っている人たちも、そう思っていて。それくらい、薬物使用者に対しての、偏見とか、差別っていうのは、その当時、すごくあったみたいです。

それでも、近藤さんが、「だったら、自分たちで、自分たちの場所をつくろう」って言って始めたのが、ダルクになります。その反骨心というか、だったら、自分たちの場所を、っていうような気持ちも、すごく強かったわけです。

■ 外からの力で設立された川崎ダルク

私が、今いる川崎ダルクっていうのは、ダルクができたのが1985年で、川崎ダルクができたのが2004年なんで、20年ぐらい、ダルクができてから経って生まれたダルクです。

ほとんどのダルクが、先ほどもお話したように、「自分がダルクをやりたい」って言って、できたり、あと、「じゃあ、お前、ここにつくれ」って言われて、できたりするのもあるんですけども。川崎のダルクができる経緯というのは、福祉事務所に、よく覚せい剤とか薬物で困った人たちが来て、「なんで生活保護を受けさせてくれないんだ！」とか、すごい怒鳴り散らされて、ケースワーカーさんたちが困っていたと。で、薬物のそういう人たちの居場所って、川崎にないから、なんとかできないかなあっていうことで、そういう行政の、それから、医療関係の人たちが中心になって、勉強会を始めて。そのなかで、近藤さんがそこへ話に行ったりして。先ほど、小西先生が、おっしゃっていた藤岡にも、川崎の皆さんが見学に行かれたりして。

それで、「じゃあ、川崎にもダルクをつくりたい」っていうかたちで、できたダルクなんです。だから、NPO 法人なんですけど、「川崎ダルク支援会」っていう名前がついてるのは、その名残で。そういう、外からの力でできた、川崎ダルクなんですね。

■ やるかやらないかも自由

私は、その川崎ダルクの入寮生の第２号として、リハビリをし始めて、それから 17 年、お酒と薬を使わない生活を、今、しています。

当時、古い長屋の六畳二間のアパートに、たぶん、みんなと変わらないくらいの年齢でした僕、23 歳。で、こんな汚いところで生活しなきゃいけないのって思うくらいの場所で……ええ、でも、まあ、そこで、始まったのが、僕の人生なんです。

その当時の川崎ダルクの施設長が、僕が、薬をやめてる依存症の人と、初めて出会った人で。私がダルクに、初めて相談に行ったのは、日本ダルクだったのですが、川崎の施設長が、当時は、日本ダルクのスタッフをやっていて……。

今まで、薬物をやってしまったとか、他のなんか失敗してしまったって言うと、だいたい、家族から怒られ、先生からも怒られ、友だちからも「まだ、そんなことやってるのか」って言われてきた人生で、そういうことばかりだったんだけど。

そこで初めて出会ったクスリをやめてる薬物依存症の人が、僕の話をじっと聞いてくれたんですよね。遮（さえぎ）ることもなく、「ダメだよ」って言うわけでもなくて。そして、僕が話し終わって、最後、ふとした時に、「じゃあ、君は、これから、自分の人生、どうしたいと考えてるんだい？」って言われたんですよ。

そう訊かれた時に、言葉が全然出てこなくて。「これからどうしたいんだい？」って言われた時、本当に、何にも言葉が出てこなくて……何も出てこなかったっていうのが、すごく印象に残っています。

その当時の僕は、そう訊かれて、「薬物、やめたいけど、やめ続けられる」っていうふうには思えなかったんですよね。みんな何年もやめてる人がいるというのは、存在としてはわかるんですけど、「やめ続けられるんだろうか、自分は」っていう不安のほうが強くて。でも、今の生活より良くなりたいという気持ちも、もちろんあったんで、「もう１回、やり直したいです」って言ったら、「じゃあ、一緒にやろう」って言ってくれました。

それはね、今も、どこのダルクでも変わらなくて、決して「来る者を拒まず」。で、まあ、「去る者は追わず」って言ったら、すごく寂しい言葉になってしまいますけど、実際、去る者は追わないんですよ。強制力がないんですよね、ダルク自体には。

だから、ダルクっていう場所に、仲間として入りました。で、あなたは、ここに何年間いなきゃいけないですよ、ということではなくて、本人が、「ダルク、もういやだ、もう出たい」って言ったら、法的な縛りがないかぎりは、基本的には、自由に出ていけるし、薬物を使ってしまうっていう人も、なかにはいらっしゃいますよね。

僕が、川崎ダルクに入った時にも、いろんな人が一緒に、仲間として生活をしてて。ある時、1ヶ月くらいおクスリをやめた仲間が、「一緒に、多摩川に散歩に行こう」って、声をかけてくれたんですね。「日焼けしに行こうよ」みたいに言ってくれて。

ダルクでは、アルコールも薬物の一種として、使わない、飲まない生き方を行っているんですね。で、多摩川に行く途中に、酒屋さんがあったんですよ。酒屋さんで、いきなりその人が、ビールを買って、ブッシューって、僕の目の前で飲んだんですよね。で、僕は「なんで飲むんですか～」っていう感じだったんですけど。

「俺、1ヶ月、おクスリやめた。その、ご褒美なんだ」って、その人が言って。「飲むか？」、みたいなことを言われたんですけれども、僕は、「まだ、飲まないです」って言って。一緒に、日焼けしに、多摩川に行ったんですよ。

それくらい、なんて言うんでしょう、やるか、やらないかっていうのも、ダルクでは、自由なんですよね、ある意味。

■ 回復に求められること

自分たちが薬物依存症だって認めるのも、自分自身なんですけども、そこから、回復していく、というような言い方を依存症の場合だとするんだけど。回復するために大切なことって言われているのが、「正直さ」と「心を開くこと」と「やる気」の三つ。

だから、失敗しても、失敗って誰が決めるのかもわからないですけれども、自分がやりたいと思ってる人生の道と違うほうに、たとえ、行ってしまったとしても、そのことに、正直に、話をしよう。

だから、ダルクで行われているミーティングのなかでも、その人、仲間とスタッフの人との話のなかでも、正直であることをとても大切に、念頭において、それに寄り添って、ということを、当事者活動として、ダルクのなかでは、メインでやってるんだなというふうに思います。

まあ、みんなね、嘘を平気でつきますからね。だけど、前に僕が言われたことは、「嘘に付き合いなさい」って言われたし。

どうしても、薬物をやめ始めたりすると、自分が人の役に立てるって思えることに酔っぱらってしまう、そういうことがあるんです。そういう時も、「とことんお世話しなさい」、それで、「自分が人のお世話をしても、人は変わらないんだっていうことに気づきなさい」って。でもそれって、わからないですよね、言葉で言われても。だけど、何か変わってくれるんじゃないかと思うんですよね。

僕らが、何かすごい、依存症者のためのプログラムとか、何か回復のための手法を提供したからといって、その人が変わるっていうものではないっていうのを、ダルクのなかだと感じさせてもらう。というか、ダルクは、あくまで、みんなの、仲間の居場所の一つ。そのなかで、もともと変わる力を持っている人が、たぶん、そこには来てるし。

もちろん、そこの場所、そこのダルクでは変わらないこともあったりもする。そのために、いろんな種類のダルクが、日本全国にある。だから、統一されてないんですよね。ある意味、統一されているのは、ミーティングをやるとか、仲間と一緒に過ごすっていうのは、ダルクの大きな基本、枠なんですけど。それぞれのダルク、カラーが違ったり、雰囲気が違ったりとか、そういったことで、それぞれの場所に、それぞれの回復の可能性がある。その人が、どこで、どのダルクで回復するか、わからないんですよね。

だから、僕も、沖縄ダルクに最初に行って、ダメで。日本ダルクに行って、移動してきて、川崎ダルクに来て、今があるんですけども。ダルクって、いろんな人との出会いを提供してくれる場所なんだろうな、っていうふうに思ってます。

■ 近藤さんの次なる「妄想」とは

最後にね、このあいだ、4月の終わりに、近藤さんと一緒に、沖縄の宮古島に行ってきたんです。宮古島って、すごいいいところですね。初めて行ったんですけれど、もう、海が真っ青で、あんなに海って青いんだって、あんなに綺麗なんだなっていうふうに思えた場所は、久しぶり、久しぶりっていうか、初めてですね。

その宮古島にカトリックの修道院があるんですけど、そこでひとりの女性の方が管理をされていた場所があって、結構、大きいんですよ。たぶん、2、30人、もっと泊まれる、住めるかなっていう場所があるんです。

近藤さんは、かねてから、学校をやりたいっておっしゃってて。いろんな物件の話とかもあったりして、行って見たりしていたんですけど。今回、宮古島で、当事者の人たちが、当事者の人と過ごす、学校をやっていこうということで、近藤さん、「もう、俺の最後の仕事だ」って、最近はずっと言ってるんです。

よく、ダルクのなかでも、「先生になるんじゃない」っていう、「何か教えて、よくなるんじゃないから、一緒にその人たちとやるんだ」って。

たぶん、その学校、「ダルク・アカデミー」となる学校も、みんなと一緒に生活しながら、みんなが一緒に学んで、そのなかで、自分の得意な部分を伸ばせるみたいな、そういうふうな場所になるのかなって、僕は、今、勝手に妄想しています。近藤さんの妄想がどういうものなのかは、ちょっと脳みそが違うんで、わかりませんが、そういう「学校」が、できたらいいなっていうふうに思います。

■ ダルクの多様性

あと、僕自身ですけれども、こんな依存症の人もいるんだなというふうに聞いてもらえればと思うんですが、僕は、病院も入院したこともないんです。で、薬物事件で捕まったことも、僕、ないんです。だから、僕が、刑務所に入ったことがあるのは、刑務所の薬物教育で、ダルクのスタッフとして、刑務所に行ったのが初めてで、ああ、こんなとこなんだっていうふうに思ったんですね。

よくダルクに来る人って、「病院に入院してたり、逮捕されたりした人が来るんですよね」っていうふうに言われることが多いんですけども、決してそうじゃない。薬物に困ってる人って、病院や刑務所だけにいるわけではないので。もちろん多いですよ、刑務所にいらっしゃる方とか、精神病院を経験した方というのは、ダルクのなかでも、多い割合です。でも、決して、それだけではなくて、やめられなくて困っていたり、本人が困っていなくても、家族が困っているというケースの人もたくさんいるので。

そのことを、最後に伝えたかったかな。ありがとうございました。

keynote lecture 2-2

ハームリダクションとは何か

古藤吾郎

（NYAN ｜日本薬物政策アドボカシーネットワーク 事務局長）

■ ピア・仲間としての支援活動

皆さん、こんにちは。先ほどご連絡をいただいて、雨のなか自転車でアパリの事務所のある余丁町から、山を一つ越えてやって来ました。今日は、お話しすることを急遽用意しましたので、まとめきれずに、話したりすると思います。どうか心温かく見守っていただけたら嬉しいです。

私は、ソーシャルワーカーで、日本薬物政策アドボカシーネットワーク、略称ニャン（NYAN）という団体で活動をしています。

N｜日本　**Y**｜薬物政策　**A**｜アドボカシー　**N**｜ネットワーク

今日は、ハームリダクションという視点から、薬物政策についてお話しします。「当事者」がテーマと聞きました。ハームリダクションも、当事者ととても関係が深いです。

NYANは、次のミッションに基づいて活動しています。

NYANは、
薬物使用がある人とその身近にいる人の
尊厳と権利、健康と福祉のために、
当事者の立場で声をあげる活動をしています。

薬物の政策が、当事者を中心に、人の健康・福祉・権利を大事にする、そうなるように声をあげていこうと活動しています。

私がどのようにハームリダクションに出会ったのかということから、お話したいです。

20代前半で社会人になってすぐの頃、若い人が高校生や大学生にHIV・エイズの予防啓発教育をするボランティア活動に関わるようになりました。若者当事者が若い人におこなうピア教育でした。

HIV・エイズに対する差別・偏見に対して何かアクションに関わりたいという思いが、動機の一つでした。

その活動を通して経験や学びを積み重ねていくなかで、薬物使用がある人に対する差別・偏見の強さを思い知るようになりました。そこで、自分はもっと何ができるのか、もっと知りたい、学びたい、それは日本では見つからなさそうだから、米国に行こう、という思いに至り、勤めていた会社を辞めて、その退職金を元手に米国の大学院に留学することにしました。

学んだのはニューヨークにあるコロンビア大学ソーシャルワーク学部の修士課程です。週に２日が講義、３日はインターンをするという構成でした。１年目は、大学から公立病院のエイズ病棟がインターン先として振り当てられました。２年目は自分で志望先を申し込みます。２年目のインターン先を考えている時に、友だちと話してて、「ハームリダクションがいいんじゃない？」って言われて、「ハームリダクション、何それ？」って聞いたら、「注射器とか、配ったりするサービスだよ」って教えてもらったんです。

□ 米国での大学院時のインターン先として……
＊ハーム（HARM）　：害・ダメージ・悪影響
＊リダクション（REDUCTION）　：減ること・低減

そうしたプログラムがあることを、これまでに耳にしたことはありましたし、HIV感染予防のためにコンドームを配布することが、公衆衛生上役に立つということを学んでいました。だから、（ドラッグ使用のために）注射器をまわし打ちする行為で、血液由来の感染症にかかることを予防するサービスは理にかなっている、大切なアプローチと思い、そこでインターンをしたいと考えました。

■"より安全"のためのプログラム

インターン先のNGOが提供するサービスは、たとえば、ある地域に車で出向いて行って、路上に仮設のブースを設置して、注射器をはじめ、より安全に薬物を使用するためのグッズを配っていました。コンドームも配布しています。

受け取りに来る人のなかには、「ちょっと話もしたくて」と言って、話ができるブースのほうで、雑談や相談するということもあります。「家から追い出されそう」とか、「家族関係で困っている」とか、そうした相談などを受けたりしていました。

スタッフは援助職の人もいますし、ピア（薬物使用がある当事者）スタッフもたくさんいました。

毎週、その地域にある最大のホームレスの人のためのシェルターに行きました。このシェルターにいる人たちは、その地域がら、だれでも、主にヘロインですけれど、ドラッグを使っていても不思議じゃない状況にいます。

暴力や虐待の被害を受けていた、心身の調子が悪いなどさまざまな背景があって、家もお金もない、だからこそ薬が手放せない、24時間この厳しい現実に向き合い続けるのはあまりにしんどい、薬を使えば、いっときでも現実を忘れることができる、そういう人たちと出会ってきました。

私はピアスタッフに同行して、シェルターで孤立して過ごしている人たちを訪ねて、「いつでもセンターに遊びに来てね」って声をかけたり、チラシを渡したりしました。

センターにはいこいのスペースがあって、日中開放しています。清潔な注射器とかグッズをただ取りに来る人もいるけれど、多くの人はここでだれかとおしゃべりしに来ます。私も多くの時間、そこにくつろぎにきた人たちと雑談していました。

ここに来る人の多くは、ドラッグを使うこともあるし、そして孤立している人たちでした。薬をやめたくてもやめられない、とまらないとしても、ここはそのままで大丈夫なところだから、ゆっくりしていって、と迎え入れます。「ここで話して、ちょっと気持ちが楽になった、今日の夜はそんなに使わないで済むかも」と言ってグッズを持って帰る人もいます。

■ 広い視点で課題を見つめること

そのNGOではソーシャルワーカーのスーパーバイザーだけじゃなくて、ピアのスタッフたちからも、本当に貴重な学びをたくさん受けました。

そのなかで、ハームリダクションが広まっていった背景の一つに、薬物使用がある当事者たちの実践が大きかったことを学びました。

HIVや肝炎などの感染が広がり、命を落とすことが起きたから、仲間の健康・命を守るために、当事者が中心になって注射器の配布などの支援が拡大していった、ということでした。つまり、当事者が中心になって発展していった政策だということが、私の胸にとても印象深く残っています。

同時に、大学院の座学でも、ハームリダクションに関連して、動機づけ面接や物質使用障害（依存症）に関する内容だけじゃなく、薬物の問題は、HIV・エイズ、貧困、差別・偏見など、社会問題として捉える必要があることを勉強しました。

> □ ハームリダクションとは……
>
> クスリを使っているときに事故が起きても、
>
> できるだけケガを軽くするのに役立つもの
>
> ↓　↓
>
> ハーム　リダクション

■ 治療との補完関係にあるハームリダクション

ハームリダクションは、断薬するという回復支援プログラムと対峙（たいじ）するものではまったくなくて、補い合うということも学びました。

社会のなかには、薬物の使用を断つための治療や回復のプログラムも必要で、それによって命が救われている、という人もいます。ただし、世の中に万能なものはないし、どんなプログラムにも限界はあります。薬物依存症に対しても、断薬する回復支援がすべての人に効果がある、というミラクルみたいなことはありません。

そもそも、依存症じゃなくても、薬物使用によって大きな健康ダメージを受けることもあります。たとえば、今は減っているのかもしれませんけれど、若い人がアルコールの一気飲みで急性中毒になり、命を落とすという痛ましい事故が起きます。

そうなった人はお酒の依存症だったかというと、むしろそうではなく、飲み慣れていないからこそ、起きてしまいます。だから、そういう人には断酒して依存症から回復する、というような支援はフィットしません。一方で、依存があって、しばらく飲まない・使わないでいた人が、久しぶりに一気に摂取して中毒症状が起こるという場合もあるでしょう。

つまり、依存症であってもなくても、急性中毒になることを防ぐことがとても重要になりますし、それに対応するのが断酒・断薬だけでは万全ではないということです。その時に、できるだけゆっくりなペースで、少量から飲む・使うことで、ダメージ（害）を減らそうとするハームリダクションは、当事者の命を救う可能性を高めることにつながります。そうやって生き延びた人は、場合によってはその後、断酒・断薬のプログラムに取り組むことも、選ぶことができます。

■ さまざまに展開されていく活動

2005年に日本に帰って来て、縁があって近藤さんが代表を務めるアパリの活動に関わるようになりました。近藤さんは本当に誰に対しても懐深く、薬物使用がある人への温情にあふれていて、「古藤ちゃん、なんか、好きなことやってよ」って言ってくれました。「いいんですか。僕、ハームリダクションみたいなことやりたい」って言うと、「ああ、いいじゃない！」みたいに言ってくれました。

だから、今日も本当に恐縮するばかりですけれど、近藤さんのピンチヒッターということでここにいることは、もう身に余る光栄です。

そこで、日本で注射器を配ることはできないけれども、注射器を消毒することは伝えられるって考えました。そういう情報を掲載したパンフレットを作ろうと、2008年頃に助成金をもらって取り組み始めました。

そのなかで、川崎ダルクの岡崎さんにも出会いました。パンフレットをデザインしていくなかで、川崎ダルクやダルク女性ハウスの方たちにご協力いただいて、アイデアやフィードバックをいただきながら、制作していきました。

次に、それをきっかけにワークショップをするようになりました。薬物使用とC型肝炎・HIVの感染予防（いまはそれに新型コロナウイルスも含めて）についての教育プログラムです。薬物を使用するなかでグッズを共有したり、また薬物を使っての性行為で、あるいは回復支援などの目的で共同生活をするなかで、感染症の予防や治療などについて健康教育を提供できるように工夫しました。

他にも、コロナ禍でも薬の使用がある、薬を使ってセックスすることがある、という現実のなかで、どんなハームリダクションができるかということも、いくつかの形で発信しています。たとえば「自分が使うペースは、他の人のペースと必ずしも一緒じゃなくていいよね」「ミックスしないほうが、より安全だよね」「具合悪そうだったら、すぐにやめようね」とか、緊急時の救急車の呼び方とか。また、新型コロナウイルスに関しては、「しっかり消毒を心がけよう」「セックスの前と後にシャワーをあびよう」とか、「だれが触っているかわからないものは使わないようにしよう／使う場合は消毒しよう」とか、そういうことも。

使うという前提があるなかで予防できることがあるよっていうことを伝えています。

あと、他にも「ドラッグOKトーク」というホットラインを行っています（2021年6月に「OKチャット」に切り替えました）。ドラッグのこと、何でも話してOKだよっていうホットラインです。一般的には薬物の電話相談は、使用がある当事者ではなくて、家族からかかってくるものが多いという印象がありますけれど、このホットラインにかかってくるのは、ほとんどが当事者たちでした。

「久しぶりに使おうと思ってるんだけど、ちょっと不安がある」とか、「なかなか止まらない」「回復プログラムに通っているんだけど、実は止まってなくて……」といったことで、話をしたりします。使うことがあるなかで、モヤモヤする気持ちや不安があったりして、それでここをみつけて話をしたいと思ってもらっている、そう考えています。

たとえば、これまでのやりとりをもとに、架空のたとえではありますけれど、話していくとモヤモヤの中身はどうも恋人との関係について、というようなこともあります。

「恋人に振り回されてる」とか、「恋人にすごい酷（ひど）いことを言われたことがあって」とか。あと、「会社で、とにかくすごい大変なことがあって、何年もやめてたんだけど、久しぶりに1回使った」みたいなのもあります。「せっかくやめていたのに、使っちゃった。これで、またやるようになったら、どうしよう……」っていうような話を受けることもあります。

話を聞くと、その人はその1回ですごいリラックスできた、落ち着けたっていう話もしてて。リラックスできた、気持ちが落ち着いた、ということは大切なことに思えます。本人の心配ごとに対して、「じゃあ、このあとどうなったら、黄色信号なんだろう」っていうことについて話しあい、「もし、黄色信号になったら、また一緒に考えましょう」と伝えて。

安心して話せる場所をつくるという活動は、このコロナ禍のなかで、さらに拡大していきたいと思っていて、今、計画を立てています。

■ 最近ますます顕在化していること

今、注目して取り組んでいるのが、処方薬、市販薬、それと輸入薬の過量服薬です。当事者たちの間では、この行為が「オーバードーズ（overdose）」、ODと呼ばれています。海外でも大きな問題になっていますが、これは事故的に起きるオーバードーズ（状態）です。

処方薬・市販薬などのODは、若い人や女性を中心に、ますます顕在化していると感じています。日本では薬物の問題というと、どうしても、いわゆる違法薬物のことばかり取り上げられがちなんですけれども、むしろ処方薬や市販薬のほうが主流に思えます。健康保険制度もあるし、ドラッグストアで身分証を見せずに買えますし、手に入りやすい環境になっています。

ただ、それが悪いと言いたいわけではまったくありません。むしろ、それで助かっている命とか、乗り越えられてる人たちがいるということにこそ、注目するべきと考えています。この考えは、そのクスリが違法であるかどうかに関係なく共通しています。

だから、私が海外で学んだハームリダクションのように、どうしたらそのコミュニティにアウトリーチできるか、出向いていって出会うことができるか、それはやめさせるため、ということではまったくなくて、こちらの無批判な姿勢を示して、出会って雑談したり、安心して話せる場を提供するということです。

「なんでも話してOK　OKチャット」

2021年6月に、「ハームリダクション東京」を設立して、オンライン空間にアウトリーチする活動を始めました。

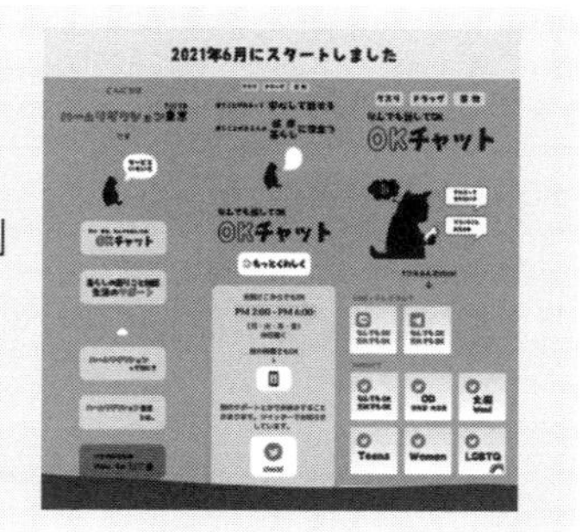

■ 日本の刑事司法における課題

最後に、刑事司法の話をしたいです。どうしても、薬物の問題というのは、「使う人がいない社会がいい社会」というふうに思われがちなんだけども、本当にそうなのかなと思っています。

というのは、「何人の人が、何を使っているか」ではなくて、「どれだけの人が、健康で、安全に暮らしているのか」ということのほうが大事だと思うんです。

今の日本の薬物政策というのは、厳しく取り締まって、排除して、そして見えなくしてしまって、数を減らそう、そこを目指しているように思えます。その結果、当事者本人が、SOSを出せないということが起きています。

大麻の問題が増えている、若い人に増えている。だから、取り締りを厳しくしようという動きがあって……そういうふうに厳しくすると、SOSが出せなくなります。

若い人で使う人が増えている、っていう話を聞くけれど、それは逮捕されたということで統計がでるのですけれど、じゃあ、相談はどこにあったの……相談なんかほとんどないのでしょうね。規制を厳しくするということは、ますますアンダーグラウンドにひそむ、そういう社会になっていきます。

その次の問題は、じゃあ、逮捕した人たちを「処罰する」といって、「処罰して、治療につなげる」っていう話がでてきます。これをきっかけに、回復支援のプログラムにつながった、素晴らしいことだというふうに思う人は多いかもしれません。

ただ、大麻で捕まった人が、どんどん依存症回復支援のプログラムに押し寄せたら、どういうことが起きるのでしょうか。もちろん大麻の依存で困っている人もいるかもしれませんけれども、それほどの依存状態にならない人もたくさんいます。でも、捕まって処罰を受けて治療となると、依存症かどうかに関係なく、強制されます……。

いろいろな依存症の回復支援のプログラムに、大麻で、別に本当は依存しているとか思ってないけど、行かなきゃいけないから行くっていう人が、そこに行くようになります。本当にそれが適切な支援と言えるのか、悩みます。

一方で、大麻もだし、他の薬物でも、傷つきやトラウマがあって、自己治療的に薬物を使って生き延びている人たちもいます。

逮捕するということは、その人たちが生き延びるためのものを急に取り上げることでもあって、そのうえ、犯罪者という烙印(らくいん)が押され、仕事や学校を追い出されたり、交流関係が断たれたりするなど、孤立化が容易に進みます。

もともとギリギリで生き延びていた人たちのなかには、逮捕されたのをきっかけに、立ち直ろう、更生しよう、回復しようという後押しをプレッシャーと感じたり、追い詰められていくような気持ちになることがあります。

むしろそうしたプレッシャーから逃げたくなって使用が止まらず、そして使った自分を、こんなにしてもらっても自分はやめられない、みんなに迷惑かけている、存在している意味がない、(周囲の) 期待どおりにできない、そういう自分をますます責めたてることがあります。

その結果、当事者が自分自身に向ける激しい自責の念によって、最悪の場合、命を落とすということが起きています。

立ち直った、更生したという人は英雄視され、司法介入の成果として周囲が評価したりしますが、命を落とした人たちの姿をきちんと捉えることや声を聞くことは、ますます難しくなっていきます。

国際的には、司法で治療を強制するのは、人権侵害的なアプローチとして改善を求められています。なぜかというと、本人が、自分で治療や支援方法を選べないから。そして、まさにいま話したように、生き延びることをより難しくさせてしまうからです。

もし自分が病気かもしれない、生活に困ったと不安になったら、どういう支援や治療を受けたいか自分で選んで、そしてそこで説明を受けたり、診断を受けたりして、どの支援・治療を受けるか、自発的に選んでいけるはずです。その内容も、その人の生活状況や健康状態などにあわせて、個別にデザインされます。

薬物の使用や依存で困っているという人なら、それが処方薬や市販薬なら、こうしたことが可能になります。けれど違法のものになると、こういう取り扱われ方がなされない、ということが起きています。

もし薬物使用のことで困っていることがあるのなら、その人にとって役立つのは、その人が暮らす地域のなかで、生活や健康について支援してくれるところになるはずです。

そうしたところに、自発的につながって、無理やり断薬・断酒を押し付ける必要はなくて。たとえば、「どんなことに困ってるんですか？」と尋ねて、「大麻のことで悩みがあって……。一緒に使う人との関係のことで困っていて……」と言われたとしたら、「じゃあ大麻をやめれば悩みはなくなるので、使うのやめましょう」「大麻以外の何かをみつけましょう」という対応では、なかなか相談には来なさそうですよね。

やめましょうってところから始めずに、「そういう（人間関係の）ことにも相談にのれますよ」とか「人間関係に影響しないようにどう使っていくか、一緒に考えることができますよ」と答えられるほうが、その人にとって、安心して話せる、相談できる、というふうに思えます。

こうした関わりのポイントは、犯罪をしなかったということじゃなくて、その人が暮らしやすくなったかどうかを重要視します。

司法介入して違法薬物を使わないように、定期的な薬物検査と、強制的にプログラムに参加させることで、違法薬物の使用などで再び逮捕されることが減少した、ということだけで判断すると、確かに違法行為は一時的に、あるいは表面的に減ったかもしれないけれど、現実では、さらに捕まらないように工夫したり、これって無理もないことと思えますし、他にもアルコールや処方薬・市販薬をもっと摂取するようになった、身近な人への暴力や自分を傷つける行為が増えた、メンタルヘルスの調子をさらに崩した、そして、最悪の場合は命を落とした、ということがあっても、再犯は防止している、違法薬物では捕まっていない、というベールに隠れて、見過ごされてしまうことが生じます。

ハームリダクションを学ぶなかで、薬物問題への取り組み、特に、司法による取り組みをメリット・デメリットで考えることは、実は危険なんだということに、はっとさせられました。それは、権利侵害により命を落とす人がいるからです。

司法でうまくいった人がいるというメリットで捉えるのではなくて、命を落としている人たちがいること、もう声をだせなくなっているその人たちの声にこそ、耳を傾け、命を救うことを考えなければいけない、そう学びました。それは当事者たちが、仲間の命を救うために声を上げているからこそ、届くことなのだと思えます。

今日のテーマが「当事者」です。司法で薬物問題に介入する政策をデザインするのであれば、それは「薬物使用がある当事者」を中心にして考えることが必須です。そのときに、薬物を使用することがある人は、政策について適切に考えられない、そぐわないとみなすなら、むしろそれこそ偏見です。当事者が中心になるので、「やめさせる」という向き合い方は成立しません。デザインされるべきなのは、その政策で当事者たちがより健康になる、暮らしやすくなる、自分たちのためにあると希望が持てる、そう思えるものです。そのことを私はハームリダクションを通して学ぶことができたので、その実現のために活動しています。

ただ、今の日本は使うのをやめれば問題が解決する、という捉え方が広まっているし、薬物問題に司法関連の分野で関わる人たちもたくさんいます。ですので、ハームリダクションについて話すことは、本当に難しいと悩んでいます。

このあとディスカッションもありますので、そのなかで、皆さんがご関心のあるところをさらにやりとりできたらと思っています。ご清聴、ありがとうございました。

Discussion

◇小西：　ここからディスカッションということで、まず、司会の私のほうから、今回、お話をお伺いしたうえで質問したい点等を聞いていきたいと思います。

岡﨑さんのお話のなかでは、ミーティングについて触れられていらっしゃいました。ミーティングに関しては、各地のダルクを訪問し、お話をお伺いするなかで、自分も、いくつか参加したことがあります。あるいは、早稲田大学のなかの更生保護施設【※】、全国的にも珍しいというか、他にないと思うんですけど、大学の校舎の一角を更生保護施設として使っていただいている更新会【※】で、AAやGA【※】のメンバーの方に週末に来ていただき、グループミーティングを行ったりとかしていて、自分もそこに出席をしたこともあります。

このミーティングの持つ力、効果について、実際に関わられるなかで、実感として、どのようにお感じになられているのかというのを、まず、学生の皆さんもあまり参加したこともないと思うので、是非お伺いしたいと思います。

■ ミーティングの持つ力について

◇岡﨑：　そうですね、皆さんが想像するミーティングって、どういう感じですかね。なんか会議みたいな、誰かが、「はい」とか言って、「ご意見、どうぞ」みたいな、感じだと思うんですけど。

　ダルクがやってる、自助グループの要素を取り入れたミーティングっていうのは、言っぱなし、聞きっぱなし、というのが多いんですよね。誰かが言ってる時に、それを遮ったり、発言を止めるということはしなくて、発言者が話し終わるまで、話をしてもらって、他の人は、ただ聞くだけ、というのが、ダルクのなかでやってるミーティングの一つのルールですね。

　僕が初めて出た時は、すごい、いろんな種類の人、人間が、ミーティングにいて、ヤクザっぽい人もいるし、ロックのミュージシャンみたいな人もいる、おじいちゃんみたいな人もいて、というなかで、ここは何をするところなんだろうかって思うくらい、いろんな人種がいたんですけど。

　何だろう、自助グループとかのミーティングのなかって、すごい多様性がある、いろんな人がいるけど、その目的っていうのは、薬物をやめる、やめたい、やめられないって……。先ほど古藤さんからもあったんですけど、ダルクって、そこにいても全員やめられるわけじゃないんですね。やめられない人もいるけど、自分が困ってることを伝える、メッセージをそれぞれが発するっていうところで、そこがすごくメインであるのかなと思います。

　だから、効果はどうですかって、よく言われるんですけれども、効果はわからないですよね。ただ、その存在があるっていう。今ここに、この人たちと一緒にいるっていう。で、いる人たちが違えば、そのミーティングの雰囲気は違うし、話されるメッセージも違うしっていうところで。それが、不思議なところ、不思議な感覚ですね。

　そういうことを、ダルクのなかだと、「ハイヤーパワー【※】」とか、「外からのチカラ」とか、いろんな言い方をしますけど。

◇小西：　ミーティングには、ある程度、様式性があるっていうか、型（かた）もできてますよね。12ステップを読み上げたりですとか……。

■ ミーティングのかたち

◇岡﨑：　そうですね。「12ステップ」と呼ばれる、行動指針、１から12まで、ＡＡとか、ＮＡのなかの12ステップというのがあるんですけれど。そういうものを読み上げたり、というのが、ダルクだとダルクの読み上げるものがあるし、自助グループだと、自助グループで読み上げるものがあるしっていう、かたちはありますね。

　で、始まる前に読んで、何かトピックが出て、そして、そのトピックに沿って、仲間の皆さんが、言いっぱなし、聞きっぱなしで、それぞれ話をしていくっていう、そういうかたちもあります。でもまあ、「何かを教える」とか、そういったかたちではないっていうのがやっぱり大きいのかな。「自分の経験を語る」っていうのがあります。
◇小西：　ＮＡとか、ダルク以外の、さらに様々な自助グループでも、同じように、言っぱなし、聞きっぱなしのグループミーティングが使われている、広がっているというのは、やっぱり、「正直に話す」とか、あるいは、「心を開く」とか、「自分の弱さを認める」とか、そういうことを通じて、何て言うんですかね、ハイヤーパワーじゃないですけど、見えない力っていうんですかね、そういったものが、このミーティングにはあるんだなっていうふうに思うんですね。
◇岡﨑：　そうですね。今、コロナだから、対面してのミーティングができないんですよ。だから、オンラインで、よくやってるんですけれども。この間、アメリカのミーティングに出てくれって言われて、話す機会をもらって、話をしたんですけれども。そこのグループの名前が、「サレンダー・ツー・リブ」っていう、「生きるために降伏する」みたいな。

ダルクのなかでも、「ダルクの12のステップ」なんていうものもあるんですけど、12の落とし穴、みたいな。「薬物をやめることをやめよう」っていう、すごく逆説的な言い方をするんです。「自分がコントロールを失ったということを認めよう」とか、そういう言い方をするんです。

ミーティングに出ていると、いろんな人の言葉が、自分のなかに入ってきて、自分が言葉にできなかったことを、他の人の言葉から、発することができるようになったり、勇気をもらえたりということがあるんです。やっぱり、ひとりだけの力ではできないような部分を、すごく補ってくれるという部分が、ミーティングにはあるのかなっていうのは感じますね。
◇小西：　ありがとうございます。あと、ダルクのいいところとして感じるのは、独立性が、個々のダルクですごく強くて、当事者の方たちが、自主的に、自分たちの必要性に合わせて、各々の組織を運営されている。

全国統一的に、というのではなくて、それぞれが独立してる。それは、すごくいいところだなあと感じるんですけど。運営されているなかで、独立してやっているところって、やっぱり強味として、感じられることはありますか。

■ 多様な「ダルク」であることの意味

◇岡﨑：　そうですね。それはすごく強い部分なのかなって思いますね。何だろう、みんながみんな、同じものを好きなわけじゃないじゃないですか。ご飯食べるのも、好き嫌いがある。

それと一緒で、メンバー、仲間の人たちが、「これをやりたい」って言ったことが、そこのダルクのなかで、プログラムになってたりとか。たとえば、それが農業だったり、スポーツのプログラムだったり、太鼓のプログラムだったり、それぞれの場所で全然、特色が違う。サポートの仕方とか、寄り添い方も、各々、それぞれ違うのかなっていうのもある。やっぱり人によって、いろいろなかたち、いろんなものがあるので。

それが、どこのダルクに、その人が当てはまるのかっていうのは、わからないんですけど、多様性があるぶん、「うちでダメだったら、じゃあ、こういうところで、今度、やってみないか？」って言って、次の場所を提供する、提供できるっていうこともありますね。

◇小西：　ありがとうございます。確かに、そうですね、近藤さんもご著書のなかで、「こっちのダルクでうまくいかなかったら、こっちのダルクで」って、やっぱり、本人の相性というか、そういうのがあるので。そういったことを考えると、それぞれいろんなものがあったほうが、多様性がまさにあるという組織体のほうがいいですよね。しかも、みんな同じ、上下の関係ではなくて、横の関係で、それぞれの組織があるというのは、すごくいいなって感じますね。

◇岡﨑：　繋がりをそれぞれ持ってるけど、それぞれが独立していて、不思議な共同体。三角形の構造、つくり方ではなくて、横一線なのかな……。自助グループだと、逆三角形のつくり方だっていって、メンバーの人たち、まさに今、依存症に苦しんでる人たちが、一番トップにいる、それで、一番たくさんの人たち。それからこう、だんだんと下に降りていくようなかたちなんですよね。

三角形のつくり方が違う部分を、たぶん、ロイさんとか、設立当初の方たちは、すごくそれを大事にしていったほうがいいんじゃないかっていうことを言ってて、近藤さんも、たくさんお話をされて、今のかたちになってるんだと思うんですけども。

◇小西：　ありがとうございます。あと、刑事施設、矯正・保護との関わりというのは、薬物教育でスタッフとして、刑務所に行かれたということで。川崎ダルクでも、刑事施設との関わりというのはあるのでしょうか。

■ ダルクと矯正施設の関係

◇岡﨑：　そうですね、私たちは、横浜に保護観察所があるので、保護観察所さんとのやり取りというのは頻繁にあって、グループミーティング等に、当事者として参加をさせてもらうことは、あります。

で、刑務所に、なかなか犯罪歴を持ってる人が入るというのは、すごく難しいことだったと思うんですけど。ダルクのスタッフをやっているとか、何年かうまくクスリがとまっているといったことを前提に、そういった方でも、刑務所へメッセージを運びに行けるような機会を法務省につくっていただいて。ハワイには行けないけど、刑務所にはメッセージを運べるとか、そういったダルクのスタッフの人たちもいますね。

だから、それは、その人の特徴を最大限に活かせる時なんじゃないかな。僕には、僕が運べるメッセージがあるのかなって思いますけど、保護観察所とか、病院もそうですけど、自分は経験してないことだから……それぞれに。自分は刑務所に行ったことがある、だけどクスリをやめていて、今どうなんだって、伝えてもらえるほうが、すごく響くメッセージ、心に残る時間になるんじゃないかなっていうふうに感じることはあります。

◇小西：　横浜刑務所を出所したあと、川崎ダルクに仲間として入りたいというようなことで来る方もいらっしゃるのですか。

◇岡﨑：　そうですね、ごく少ないですけども、来られる方はいらっしゃいますね。どうしても、社会復帰という部分も、皆さん、すぐに社会に戻りたいっていうふうに思われる方も多いので。何て言うのかな、人生を取り戻したいとか、空白だった、自由を奪われた時間を、早く、なんとか取り戻したいっていう気持ちを持たれる方って、僕は多いのかなって思います。そうすると、刑務所出たあとに、自由をある程度、少し制限されるダルクでの生活は、「まあ、いいかな……」みたいな感じの方もいますし。更生保護施設から、ダルクに入所っていう方も何人もいらっしゃいます。川崎のダルクにもいらっしゃいます。

◇小西：　ありがとうございます。古藤さんにお伺いしたいと思いますが、アメリカの大学院でソーシャルワークについて学ばれて、実際、アメリカ、ニューヨークで支援活動にも関わられたということで、薬物の問題に関しても、社会的に捉えることの重要性について、お話をされたと思います。

実際、ハームリダクションの政策が取られているポルトガルでも、医療、福祉の政策を重視して、そのなかでハームリダクションの政策を行うという、両輪っていうんですか、その重要性みたいなものも指摘されていると思うんですけれども。福祉、医療の充実は、やはり、日本でも、より今後、当然、必要だと思うんですよね。どういうようなところから、地域における、福祉、医療を強めていく必要があるんでしょうか。

■ 地域、医療・福祉、そして刑事司法

◇古藤：　地域社会のなかで、どういうふうに暮らしの困りごとに対応していくかというのは、刑事司法じゃなくて、地域の保健とか福祉の分野になるはずです。

処方薬や市販薬を使う人だったら、逮捕されて刑務所に行くことはないから、地域のなかで（処方薬や市販薬の使用で）困っている人たちに関われる支援が豊かになる必要がありますよね。

だから、その分野のさまざまな支援を活用する、より発展していく、となればいいのですけれど、違法の薬物だけは刑事司法のなかで組み立てていこうとすることに、不思議な感じがします。

ポルトガルの話も出ましたけども、非犯罪化をしている国もあるし、他にも、たと

えば、いわゆるドラッグコート【※】と言われて、これも司法が治療を強制するという文脈で人権的に問題があると当事者たちや当事者と共に活動する人たちからは批判されていて、私もそう思うんですけど、そういうシステムであっても、少なくともどこがその治療的な関わりを担当するかというと、それは地域の保健や福祉、生活支援の分野です。司法機関は担当しないんです。司法の役割は、そういうところに行きなさい、行っているか、薬物使っていないか、という監視をしていたりします。

日本は、その監視をする立場（違法薬物の使用があったら通報、逮捕につなげる立場）にあるところが、支援をしようとする（正直に話しましょうといった促しをする）ので、当事者が利益相反な構造に組み入れられていて、倫理的な問題があると思えます。

もう一つ、世界で、注射器交換などなにかしら代表的なハームリダクションの実践がある国は 100 くらいあるんですね。その 100 くらいある国が、すべてポルトガルみたいに非犯罪化しているかというと、そんなことは全然ありません。アジアのなかにも、地域ではハームリダクションのサービスが利用できる国はいくつもありますけれど、その一方で、司法では薬物を厳しく取り締まっていて、薬物事犯で死刑になるということもあります。

だから、刑事司法が変わらないと、地域でハームリダクションができないっていうことではなくて、刑事司法が厳罰で向き合っていても、地域の福祉や保健分野で活動する人たちは、自分たちの専門は、警察じゃない、取り締まりではない、福祉や保健の援助職者として薬物使用がある人に出会うのだから、たとえその人が警察に捕まる可能性があるとしても、ここでは、別に通報を優先する必要はないし、この人が困っていることに、私たちは関わればいい、ということになります。

アジアで日本と同じくらい、あるいはもっと厳しい処罰を科すような国で活動している人に会って、「日本だと、病院とか福祉事務所が通報するんだよ」って言うと、ものすごくびっくりされます。「信じられない。何で援助職者が通報するの？ 守秘義務があるのに……」っていうような。

私はいつも自分の分野に返ってくると思っていて。つまり、地域のソーシャルワークとか、保健とか、医療とか、看護とか福祉などの分野で活動している人たちが、違法であってもなくても、薬物使用・薬物依存で困っている人の支援は、「自分たちの分野なんだ」「私たちにまかせてほしい」と声をあげていって、そして実践していかないといけないと考えています。なので、変わらなければいけないのは私自身だと考えています。

◇小西：　ありがとうございます。学生との間でのディスカッションのほうに移っていきたいと思います。いかがでしょうか。

◇横溝菜緒（４年）：　本日は貴重なお話、ありがとうございます。４年の横溝です。今回のお話を聞いて、キーワードとして「傾聴」とか「対話」ということがあげられるのかと思いました。少し関連性がないなって思われたら申し訳ないんですけど、私も、先日、アルバイトの塾講師で、とにかく生徒と対話をしてくれと、社員の方に言われたので、本当にこの分野に限らず、この社会で生きていくうえで、対話っていうのは本当に大切なものなんだなってあらためて学びました。

一つ、岡崎さんに質問があります。「嘘に付き合う」みたいなお話があったと思うんですけれども、対話のなかでの嘘に付き合うということは、具体的に、どういうことに意識を向けて、どういうことを実際に行っているのかなっていうところを伺いたいなと思いました。

■ **まずは信じ、受容していく**

◇岡崎：　ありがとうございます。嘘だっていい……嘘を言ってても、いいんじゃないかなって思うっていったらあれですけれども……僕らが、ミーティングで、言いっぱなし、聞きっぱなし、みたいなところというのは、すごく、おっしゃられた「傾聴」という部分が、多いと思うんですね。「耳を傾けよう」というようなスローガンもあるんですけれども、その人が言ってることを、嘘だとわかっていても、信じる。

発言って、やっぱり、その人から出てくる言葉なわけじゃないですか。その言葉、それが嘘だとしても、「お前、それ嘘だよな」「お前、嘘つくなよ」っていうふうに、あまりダルクのなかだと言われてこなかった。むしろ、「僕は、あの時、あれ、嘘をついてたんですよ」みたいな話を自分から言った時に、「そうだよな」みたいな、「わかってたよ、それ」みたいなふうに、「あの時、あんなんだったから、大変そうだったもんな」みたいに言われることのほうが、当事者同士だと、多かったような感覚がありますね。答えになってるか、わからないけど……。

◇横溝（4年）：　嘘を嘘のまま、その人として受け容れるみたいな感じなんでしょうか。

◇岡崎：　そう、そう。その嘘に対して、何か、嘘を言ってるから、ダメ、とかじゃなくて、その人から出てきた言葉っていうのを、まずは、受け容れる、受容するっていうのが、すごく大切な部分なんだと思います。

◇佐藤匠（4年）：　本日は貴重なお時間をいただいて、ご講義ありがとうございました。4年の佐藤と申します。一昨年の先輩方の早稲田矯正保護展の発表が薬物に関するものだったんですけれども、それも踏まえて、薬物の使用に対して、刑罰や規制等による取り締まり的な対応よりも、地域福祉等が中心となった包括的な支援とか、相談の受け入れみたいなことを行っていくことのほうが、確かに薬物を使うことについての根本的な原因を、自発的に声をあげることによって、小さくしていくということに繋げていくことができるのではないかと感じました。

古藤さんにお聞きしたいと思います。実際に、地域福祉的な取り組みをしていくにあたって、先ほど小西先生との話で、地域福祉的なアプローチと、司法的なアプローチで、両立ができるというように、おっしゃっていましたが、先ほど、岡﨑さんがおっしゃっていたように、たとえば、司法的な制度があるがゆえに、「クスリ＝（イコール）ダメ」というような考え方があるので、「相談したら捕まっちゃうんじゃないか」みたいな考えがあって、だから、逆に相談しにくいみたいなところがあるかと思います。そこの、司法との関係といったことについてのお考えをお聞きしたいと思います。

■ 司法のできることと地域のできること

◇古藤：　ありがとうございます。これはあくまで、私の個人の考えでもあるし、ハームリダクションを勉強していくなかで、学んでいったことなのですけれど、たとえば、傷つきがあって、自己治療的に薬物を使って何とか生き延びている人たちにとっては、地域のなかで利用できるハードルがとても低くて、親切な支援があることが必須です。違法な薬物の使用が止まらなくても、その状況に伴走しながら、ちょっとでもホッとできる、楽になれる時間がもてる、そんな関わり方です。

けれど、そうしたハームリダクションを取り入れた支援が地域に全然ありません。だから、司法が云々という以前に、地域での親切な支援が豊かにならなければいけないのです。

ただ、それがそうならないからといって、司法の介入をどんどん強化させていくとなると、ますます追い込まれて、使用が止まらない自分を責めていくということが起きかねません。そうなること（司法の介入が強まること）で、当事者たちがホッとする、なんか希望がもてる、ということにはやはりならないわけですし……。

だから、法学部の学生さんと話せるというのは、本当に光栄だと思っていて、それはいつも、私自身の分野、私自身の活動に跳ね返ってくるからです。どの顔で司法の人にわかったようなことを言えるのか、と自分にツッコミを入れたくなります。司法じゃなくて、地域で親切な支援が豊かになるように私たちが頑張れ、と叱咤激励を受けていると思っています。

◇成川遥（４年）：　お話ありがとうございました。４年の成川と申します。古藤さんに質問があります。今、コロナ禍で、より孤独な状況が増えていると思うんですけれども、団体のアプローチの仕方とか、広報、広め方が、今までと変わった、変化というものはあったのか、お聞きしたいです。また、孤独とか、ふさぎこむとか、そういう人たちが増えていくなかで、どういうアプローチをしていけばいいのか、そういった点についてのお考えをお聞きしたいです。

■ オンラインを活用したアウトリーチ

◇古藤：　本当に、私自身の捉え方がすごく変わりました。見てこなかったことが、こんなにあったのか、こんなに顕在化している、ということを感じています。
市販薬でも処方薬でも他のものでも、自分ひとりで使用している、という人たちもたくさんいるだろうって思っています。そういう人は東京だけということじゃなくて、全国どこにいても不思議じゃなくて。だから、私たちの活動では、ますますオンライン空間でのアウトリーチが重要になると考えています。先ほどのアメリカのインターン先も、車で地域に出向くというアウトリーチをしていました。こちらから出向いていきます。
オンライン空間も出会うことができるとても貴重な場所の一つです。ですので、これからはオンラインでのアウトリーチ活動を積極的にやっていこうと思ってます。
（※前出「OK チャット」に関連して……地域で福祉や保健分野がハームリダクションに基づいた親切な支援を積極的に実践できるように変わっていくこと、切り開いていくことが、必要不可欠であると考えてきました。そのなかで、その第一歩として、2021 年にハームリダクション東京を立ち上げ、クスリや薬物を使っていると安心して話せるチャットを始めました）
◇市川莉子（３年）：　岡﨑さんも、刑務所にも行ったこともなければ、精神科病院での治療もせずに、ダルクで、ご自身の力で、薬物をやめられたということですが、薬物をもう一度やってしまいたいと思ったこと等の経験があれば、どうやってその再使用への気持ちを抑えたのか、お聞きしたいです。また、ダルクに入っている方で、再使用したいと思っている方へのアプローチの方法等についてもお聞きしたいです。

■ やめられない人にどう対処するのか

◇岡﨑：　そうですね、後遺症、フラッシュバック、そういうのが起こる方も多い、いますけど、今、私は後遺症に悩まされることもなく、生活させてもらっています。
で、どっちが先か、わからないんですけども、精神的な疾患を持っていて、薬物に手を出しちゃう人もいるし、薬物に手を出したあとに、そういう症状が出てしまう人もいると思います。
クスリってやっぱり何かしら、ハイにさせてくれる、酒も、そうですけれども。だから、それが使えなくなっちゃうと、自分のなかに、ぽっかり穴が開いちゃうような、空虚感というか、そういうのが、残っていくんでしょうね。それって、なかなかひとりの力で、埋められるものではなくて、先ほど言った、仲間の力だったり、寄り添ってくれる人の力が、あることで、また、人の役に立てたりとか、自己肯定感がそこで上がったり、成功体験をしていくっていうことで、何かしら、しっくりはまっていくものがあるのかなっていうふうに思います。
やめられない人へのアプローチ……難しいですよね。でも、やめられないことに対して、「やめることがいいこと、やめられないことが悪いこと」っていう判断で、その人に接することが、僕は、結構、良くないのかなと思っています。

やめられなくて一番困ってるのは、もしかしたら、本人かもしれないですよね。だけど、ダルクに通って来てるとか、病院の相談室に、やめないんだけど、顔は出してるっていうことは、何か助けてほしいっていう、SOSをその人は持っていたり、人との繋がりを切りたくないと思っていて、来てくれているかもしれないので。

だから、「やめてるから回復してる」「薬物依存症は回復する」「精神疾患が回復する」とかっていう言い方を、すごくするようになってきてるんですけど、「回復していることが良いこと」っていうふうに、しちゃうと、今度は、じゃあ、やめられない人は、そういった場所には現われない。だから、やめられてても、やめられなくても、人として、一緒にいる、っていういうのが……近藤さんを見てると、本当にそういうふうに、人と接してる。やめられない人でも、「麻雀しに来い」って言って、麻雀を一緒にやったりとかしてるのは、なんかこう、そこの基準じゃないんだろうって思います。「人として、いつも接してる」っていう部分が、とても大切なのかなと思います。

◇中川結葉（３年）：　本日は貴重なお話ありがとうございました。３年の中川です。一点、質問があるんですけれども、今の日本では、やっぱり薬物については頭ごなしに、ダメって禁止されているし、学校とかでも講習もあるにはあるんですけど、年に件数が少なかったりして、薬物について語ること自体、タブー視されている傾向にあるんじゃないかなと思っていて、それでは、クスリというものに対して、やっぱり、浅い知識しかつかないと思うんです。もちろん、クスリに近寄らない、ということは大事だと思うんですけど、それと、考えない、ということとは、違う問題だと思っています。そういった点について、どういうお考えか、お伺いしたいです。

■ タブー視され、遠ざけられることで

◇古藤：　はい、本当におっしゃるとおりだと思っています。なので、お金も、人もいないので、手が回らないんですけど、予防教育は本当に大切ですね。

ホットラインで、子どもからの相談を受けたことがあります。加工した事例になりますけれど、誰にも話すことができないって泣きながら……言葉につまりながら、話してくれるんですね。いつも一緒にいるとても仲のいい人が使っていて心配、自分も一緒に使うことになるかもしれないって心配だって。まわりに信頼できそうな大人がいないわけではなさそうだけど、それでもこの話はできない。話をしたら、きっと警察沙汰になってしまう。私も、「その（信頼できる）大人が、警察に話すことはしないから大丈夫」とはとても言えないし、本当にそうなっちゃう可能性がありそうと思っていて。

子どもたちがSOSを出せない社会を、大人たちがつくっているっていうことに対して、大人として変えていかなければいけないということを常に思っています。

大人が子どもの話を聞けないから、いけないんですよね。どうして、その子は、なにか不安に思ったり心配になっても大人に相談できないのか。どうして、大人は子どもから話してもらえないのか、どうして大人が子どもとそういう関係がつくれないのか……。大人側の問題なのに、子どもたちに、やめなさい、「ダメ。ゼッタイ。」とただ一方的に押し付けて終わってしまう。そういう教育の在り方に問題があると考えています。

若い人たちにとってどういった教育がいいのだろうっていうことを考えます。自分が使うことがあるかもしれない、身近な人にもあるかもしれない、使いたくない場合でも身近になるかもしれない、そういう時どんなことができそうか、どう考えたらいいかとか、そうしたことを学べるようなピア教育のようなプログラムを、若い人たちが中心になってデザインしていく。そういうことができたらいいなって、そういう動きがでてきたら、本当に素敵だなと思っています。

◇太田暖子（3年）：　貴重なお話、ありがとうございます。小西ゼミ3年の太田と申します。おふたりのお話をお伺いしていますと、近年は、市販薬、処方された薬の乱用、あとは、法律での規制がすごく難しい危険ドラッグ等、合法と違法の線引きがすごく曖昧になっていると感じました。そのような点について、そのようなクスリ、薬物に関する問題を抱えている方々に対するアプローチ、回復、健康のため、また、使用、乱用を未然に防ぐために重要なことは、どのようなことだとお考えですか。

■ 予防における3段階でのアプローチ

◇古藤：　総括的な質問のように思いました。公衆衛生的な視点でみると、予防での関わり方が、3段階あって。今、おっしゃっていたのは、すべてカバーしていると思いました。

一つは、「未然の予防」、使わないにこしたことはない、という予防ができます。

そして、使うことがある人もいる。それは予防できなかった、イコール、悪いってことじゃなくて。依存することがある物質は、違法なものだけじゃなくて、市販薬や処方薬、アルコールやタバコだってそうなので。公衆衛生だから、道徳的な善悪で捉える必要がありません。たとえばHIVやインフルエンザなどの感染症にかかることを予防することは大切です。だからといって感染したことが“悪”にはならない。感染したら次の段階の予防がある、そういうことです。クスリの使用がある場合は、今度は、依存度合いが強くなることを予防しよう、そのために健康面や生活面でサポートしようと取り組むことができます。

そして、3段階目は、依存度合いが強くなった人が、より健康状態が悪くならないように、暮らしていくのがしんどくならないように、少しでも落ち着くように、そのための予防というのが必要になります。

これはハームリダクション、つまり当事者を中心にした立場で捉えているので、予防、イコール、使わないこと、とみなしていません。使っているとかやめているとかに関係なく、その人の健康や暮らしぶりに着目します。使用が止まっているけれど、メンタルヘルスの状態がとても悪いとか、暮らしが大変ということもあれば、使用することがあって、暮らしや精神状態が安定している、ということもあるから。

もちろん、やめていて暮らしや健康の調子がいい、というのもあっていいですし。ただ、この最後のパターン以外はダメとしてしまうと、命を守れないことが起きます。だから薬物を中心にして捉えるのではなくて、当事者を中心にして、その人の健康や暮らしやすさを大切にしたいです。

◇岡崎：　付け加えて、僕は、学校等に、先ほどの薬物の教育の講演みたいなかたちで呼ばれる時は、結構、多くの先生たちからは、「薬物の恐ろしさを是非伝えてください」って求められることが多いんですね。

「恐ろしさ」って何だろうって……考えてほしいんですけど。なんか、自分がクスリを使って、どれだけ酷かったかっていうことを話してほしいんだろうなっていうふうに、思うことも多いんですよ。

それが、使ったことがない人に対しては、「恐ろしさ」になるのかもしれないんですけれども、当事者の人たちのなかでのミーティングでは、それが「共感」だったり、「笑い」に変わるんですよ。酷いことをやってきちゃったみたいな話をしたら、みんな、なんか、「ああ、そうかそうか、わかる、わかる」みたいになることがあって。

だから、感じ方って、人によって違っていて、当事者、僕らは薬物依存の当事者ですけど、そうでない、初めて話を聞く人にしてみれば、「恐ろしさ」にもなるし。だから、予防するって言った時に、どういったメッセージを、教育的にアプローチとしてやっていくのかっていうのは、すごく大切な部分だし、考えないといけない。

で、薬物という問題ですけども、別に薬物をやめなさいっていうことが、先ほど話があった根本的な話じゃないかもしれないですよね。環境だったり、経済的な格差だったり、様々なものがあって、薬物に手を出してしまうのは、一つの、その人の表現だったかもしれないですよね。また、使っているということで、自己治療をしてるっていう部分もあるし、その人の一種の、誰かに助けを求めてるっていう表現かもしれないし。

それはもう、本当に、人によって表現方法で違うと思うんですけれども、そういったことも踏まえて、予防するアプローチって、今の「ダメだよ」っていうようなアプローチの仕方だけだと、「良い、悪い」のモラルの「悪い」ってほうを強めてしまうだけになってしまう。なので、全体のなかで、どういうふうに、社会問題というか、いろんな人が考えられるようにしていくのか、考えてほしいなって思います。

closing comment

◇西田 博（更生支援事業団 代表理事）

すいません、感想となってしまいますが、まずは、ダルクのことで非常に印象深いことが、当時あったので、少し言わせていただきますと、私は法務省を辞める前、10年間、ずっと、個室にいる仕事だったんです。で、その10年間というのは、ちょうど、刑務所は過剰収容で、刑務所に受刑者が溢れかえっている時代だったんですね。

ですから、当時、考えていることは何かというと、８万人の受刑者と、２万４千人の職員を、どうマネージするかということが何よりも最優先でした。受刑者も、職員も、ケガがなく、１日が終わる……そういうことをどうするかって考えないといけなかったんです。一方で、受刑者個々のことというのは、法律もできて、考えていなかったわけじゃなかったんですけども、やっぱり大事なのは、マネージ、管理のほうでした。

そういうことを思っている時に、私、三つ、その考えを変えるようなことがあって、その一つは、実は、近藤代表とお会いしたことだったんですね。それまでは、ダルクというと、やっぱり、「元被収容者じゃないか」とか、いわゆる、「前歴者じゃないか」とか、そういう目で見てたのが、コロッと気持ちが変わったんですね。近藤代表とお会いした時、法務省の矯正局長室で話をして、独特な風貌で、独特な空気を持った方と話をして、考え方が変わったことをすごく覚えています。

ですので、刑事司法のことをあれこれやってますけども、近藤代表、そして、ダルクというのは、私、少なくとも自分がいた時、法務省にとって非常に大事な存在で、非常に大きな分岐点だったというふうに今になって思います。

それが感想の一つで、それから、急に来ていただいた、古藤さん、本当にありがとうございました。私は、古藤さんの言われる、規制するほう、すぐに通報する側にいた人間なので、今も、規制するほうがいいんじゃないかと、訊かれたら、そう言うんじゃないかと思うんですけれども。すごく共感できることがあったのは、もう、刑事司法ではなくて、福祉だとか、地域の問題だということに、すごく共感しました。

刑務所というのは、社会の最後のはけ口みたいなところが、今までずっとあって、たとえば、高齢者のこととか、矯正施設内の医療のこととか、それから、貧困、受刑者の入所する時に、何も持ってこないような受刑者がいたりといったこと……こういうのは、やはり、もう、見方を変えて、刑事政策ではなくて、他の所に行くべきじゃないかと、ずっと思ってたもんですから。私はそういったことを本に書いて、顰蹙（ひんしゅく）をかったりもしましたけれども……。

その他のことは、いろいろ反論したいことはありましたけども、その点は、すごく共感をして、今日、お話をお伺いして、非常にありがたかった、よかったというふうに思います。今日は本当にどうもありがとうございました。

◇小西暁和（早稲田大学 法学学術院 教授）

本日、「当事者の視点」ということで、お話をいただきました。これからの刑事政策においては、当事者性の観点というのは、すごく必要性が高いなとつくづく感じています。

今日お話のあった自助グループにおける活動というのでは、やはり、グループミーティングは、効果がなかなかわからない、というお話もあったんですけれども、外から見ていると、かなり効果がある。そして、生活面では、みんな生き生きと仲間と暮らしている、すごい楽しそうな感じに見えるんですね。

そういったことを見ていると、本人の、楽しく生きていく、幸福感等を考えていく時に、自助グループの持っている力というのは、すごくあるんじゃないかなというふうに感じています。

また、再社会化や社会復帰ということで、更生支援、再犯防止ということも言われていますけど、処遇を行う、そのなかでも、やはり、当事者抜きには、もう語れないんじゃないかなとつくづく感じます。

再社会化、社会復帰をしていくうえで、何が社会の中で、障害となるのかとか、ニーズは何があるのかとか、本人しかわからないことがたくさんあると思うんです。そういうようなこともちゃんと踏まえたうえでの、当事者目線の刑事政策というのが、ますます重要になってきているんじゃないかなと思います。

とりわけ、再犯防止推進法ということで、地方自治体が更生支援、再犯防止において責任をもって取り組むということが、法律によっても求められてきているような時代にあるなかで、やはり、住民ということでもありますので、住民への行政サービスの問題でもあり、利用者の視点ということも不可欠であると感じています。

地域社会で、当事者の方たちが生活するうえで、どういう障害があるのか、あるいは、ニーズがどういうところにあるのか等を踏まえたうえで、地域社会、とりわけ、今日お話があったような、福祉、医療、保健というところの充実化をはかっていくということが、今後、ハームリダクションを進めていくうえでも、必要になってくる、そういう時代に、今、あるんじゃないかなと、お話をお伺いしながら感じました。

また、かなり時間が長引いてしまいましたが、本日はこれで終了とさせていただきたいと思います。ありがとうございました。

（授業実施　2021年5月21日）

〈補足解説〉

※近藤恒夫（こんどう・つねお）：1941（昭和16）年生まれ。日本ダルク代表、NPO法人アパリ理事長。薬物依存症者の回復のための日本初の民間施設「ダルク」を創設。アジア太平洋地域の国々の依存症問題に取り組むNPO法人「アパリ」も創設した。2022（令和4）年2月27日逝去。

※早稲田矯正保護展：40頁ご参照。

※深川通り魔殺人事件：1981（昭和56）年6月17日に、東京都江東区の商店街において発生した、覚せい剤使用者による無差別殺人事件。刑事裁判では、責任能力が争点となったが、東京地裁は犯行時の心神耗弱状態を認め、無期懲役判決を言い渡した。控訴されることなく、1983(昭和58）年1月に刑が確定した。

※アルコホリック・アノニマス（AA/Alcoholics Anonymous）：飲酒の問題からの回復を図るアルコール依存症者の自助グループ。

※12ステップ：依存症・行動嗜癖など行動上の問題からの回復に向けたプログラムの方針のリスト。当初AA（Alcoholics Anonymous）において示されたアルコール依存症からの回復のための手法であったが、その後、様々な依存症・行動嗜癖からの回復を図る自助グループでも用いられてきた。

※ナルコティクス・アノニマス（NA/Narcotics Anonymous）：薬物の問題からの回復を図る薬物依存症者の自助グループ。

※マック（MAC：メリノール・アルコール・センター）：アルコール依存症からの回復のためのアルコール依存症リハビリテーション施設。AAの12ステップの理念に基づいた回復プログラムを用いており、利用者が退所してからも地域でAAミーティングに参加しながらお酒を飲まない生き方を続けられるようにしている。

※更生保護施設等：更生保護施設や自立準備ホームは、矯正施設から釈放された人や保護観察中の人で、直ちに自立更生することが困難な人達に対して、一定期間、宿泊場所や食事を提供する民間の施設である。その他にも、保護している期間に、生活指導、職業補導などを行い、自立を援助することで、その再犯・再非行の防止に貢献している。

※更新会：東京都新宿区にある更生保護施設。早稲田大学早稲田キャンパス19号館（西早稲田ビル）の中に位置する、全国でも初めての都市型更生保護施設とされる。

※ギャンブラーズ・アノニマス（GA/Gamblers Anonymous）：ギャンブルの問題からの回復を目指すギャンブル依存症者の自助グループ。

※ハイヤーパワー：「12のステップ」にも示される、自分自身を超越した、自分よりも偉大だと認められる「力」。薬物やアルコールに無力であるからこそ、自分を超えた大きな力に自分を委ねることになる。その力についてどう解釈するかは各人の自由とされる。

※ドラッグコート（Drug Court）：薬物依存又はアルコール依存の下で罪を犯した者に対して依存からの回復を促すための特別な手続及び実践を伴う裁判制度。ドラッグコートで用いられる手法は、家庭内暴力、ギャンブル依存等の問題の解決を図る他の問題解決型裁判所でも応用されている。

3rd viewpoint

【保護司の視点】

保護司の限界を超えて

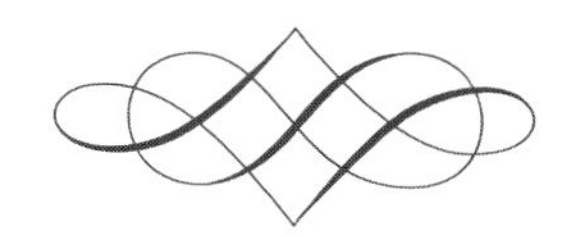

opening comment

◇**小西暁和**（早稲田大学 法学学術院 教授）

更生支援事業団と早稲田大学小西ゼミとの共催プロジェクトの特別連続講義第３回目を始めさせていただきたいと思います。

今回の第３回目は、「保護司の視点」、地域社会で支援活動を行っておられる保護司の視点ということで、「保護司の限界を超えて」というサブタイトルもつけております。実際に、保護司活動をされておられる、そして、長年されてこられた、おふた方にお越しいただきまして、今日はじっくりと学生の皆さんとの対話等を通じて、保護司の活動についての理解を深めるとともに、今後のあり方等についても、共に考えていきたいと考えております。

本日は、小西ゼミのメンバーの他に、日頃から、今日ご講演いただきます中澤照子さんの喫茶店、カフェ・ラララへも、行ったりもしている、BBS会【※】のメンバーにも来てもらっていますので、一緒にディスカッションをしていければと思っております。

本日ご講演いただきますおふた方ですが、まず、十島和也さん。本日のもうおひと方の中澤照子さんと、以前、対象者ということで関わりを持たれ、現在、保護司として活動されておられるということで、そのあたりのいきさつ等も、是非、お伺いできればと考えております。

そして、もうおひと方が、中澤照子さん。1998年から2018年までの20年間にわたり保護司の活動をされてこられた方で、法務省の様々な映像やパンフレットにも登場され、私もよく拝見させていただいており、非常に著名な保護司の先生でおられます。現在は、カフェ・ラララという喫茶店を運営されておられまして、そこに、更生保護に関心のある学生の皆さんも行ったりしているということで、以前から、私もその活動についてもお伺いしておりました。

今日は、直接、このおふたりの先生方からお話を伺うということで、早速、始めていきたいと思います。まず、十島さん、どうぞお願いいたします。

keynote lecture 3-1

褒められることで、人は……

十島和也

（保護司／プロレスラー）

■ 周囲に迷惑をかけ続けた少年時代

はじめまして。十島和也と申します。現在、保護司になって４年目です。私は、３人兄弟の１番下、姉が２人で、子どもの頃は、もうずっと、毎日、きょうだい喧嘩がたえないような家庭だったんですけども。で、それを咎（とが）められて、父親に殴られるみたいなことをずっと毎日のようにやっていたような幼少期だったと記憶しています。

子どもの頃は、もしかしたら、今では多動性とか言われる、自分の思いどおりにいかなかったら、すぐに手が出たり、授業中に大きな声を出したりして、授業の邪魔をしたりするような子どもで、よく周囲に迷惑をかけておりました。で、親にも殴られる、先生にも……まあ、殴られてましたね。で、その怒りを、同級生にぶつけたりとかっていう、皆様のまわりには、あまりいないような子どもだったかもしれないですね。

中学になったくらいから、だんだん体が大きくなってきまして、父親に殴られたら殴り返すようになっていったんですね。家にもあまり帰らなくなって、今ではもうあまりいないんですけど、不良の仲間とずっと一緒にいて、家に帰るのは、風呂に入る時ぐらいで、あとはもう、昼間、布団が干してあるような家から、布団をかっぱらって隠しておいて、その布団で、夜、公園で寝たり。で、もう体が痒（かゆ）くなって、どうしようもなくなったら、風呂に入りに家に帰る。で、そこから学校に行くみたいな感じ、そういう感じの生活をしていました。

そういうことを続けていると、いろいろなところにご迷惑をおかけするんですね。迷惑はかけてたんですけれども、学校にだけは行っていました。で、学校でも問題になりますし、警察に呼ばれるとか、そういったことが頻繁に、中学校に入ってから、結構、おきました。

■ 初めての逮捕、そして、教護院へ

最初に逮捕されたのが、中学3年になってすぐくらいだと思うんですけど。先生と喧嘩になって、訴えられました。初めて捕まって、少年審判を経て、鑑別所に行って、そのまま、今でいう児童自立支援施設【※】、いわゆる教護院に送致されました。中学3年の頭くらいから1年間、教護院で過ごしました。

教護院というのは、寮みたいなところで、施設のなかにある学校に通うというところなんです。そこで、集団生活をして、学校に行って、一応、中学校の勉強をして、普通に卒業するみたいな感じです。

でも、小学校から中学校、もうずっと勉強をしてこなかったので、いきなり、中3から中学校に通わされても、勉強が全然わからないんですよ。たぶん、一生懸命努力していれば、もしかしたら、ちゃんと追いついたのかもしれないけれど、そこまでの努力をするようなタイプでもなかったので。

普通の一般的な高校に、たぶん入れるような学力にはなっていなくて……でも、私らの頃は、名前さえ書ければ入れるような高校が、公立高校でも、まだいっぱいあったんですね。今、そんな話をしたら、「今、そんな高校、ありませんよ」とかって、中学校の先生に怒られちゃったんですけれども。

それで、高校に、もうなくなったのかな、都立の全寮制の高校があって、そこに入ったんです。だけど、たぶん、私、1年間の教護院生活で、うまく矯正されてなかったんでしょうね、1ヶ月でやめてしまったんです、その高校を。

で、地元に戻って、中学校の頃の友だちと、また会うようになったんです。中学校の頃の友だち、仲のよかった奴らは、やっぱり、名前が書ければ入れるような工業高校とかに入って、で、だんだん行かなくなっている奴らが増えてきてたんですね、もう1ヶ月もたったら。で、また、そいつらと遊ぶようになって。

そして、そいつら、中学校の最後の頃に、暴走族に入ってたりしてて、そういう先輩との繋がりができてて。でも、私の場合は、あまり、先輩のところに行くのが好きではなくて。何て言うんだろうな、先輩のところに行くと、自分の意思で帰れないんですよ。先輩がいたら、もうずっと帰れない。疲れてても、いなきゃいけない。自分の意思があっても、先輩が、あれをやれと言えば、それをやらなければいけない、そういうことが結構ある。

で、そういうのが、私はどうしても向かなかったので、「先輩のところに行く」って言われたら、「じゃあ、俺はいいわ。自分は帰る」って言って。そういう面では、うまく距離を置いて、付き合えていたのかな、とは思います。

■ 30人くらいの仲間の一斉検挙

でも、家に帰らないと、やっぱり、お金もないので、いろいろと悪いこともしたりするんですね。16歳の時、地元の遊んでた奴らが、いろいろ悪さしてたんですね、ほうぼうで。それが一斉に検挙されたんです。30人くらい、地元の奴らが、まとまって、時期を同じくして捕まってしまった。

そのなかで、私も一緒に捕まったんですけど、その時、また逮捕されて、鑑別所に行って、審判。その時、試験観察【※】ということになって、とりあえず社会に戻してもらって。1回、様子を見てから、またどうするか決めましょう、みたいな、3ヶ月くらいの試験観察になったんです。

その時が、私、たぶん16歳だった。16、17歳の頃というのは、ものすごい、毎日が新しい発見、毎日、楽しくて、遊びまわっていたので、たった1ヶ月でも捕まってたりすると、すごい無駄にしたなっていう感じになって。その時に一緒に捕まって、少年院に入った奴らとか、いたんですけど、そいつら、1年間、2年間、出て来れない奴もいたので。そう考えると、「ああ、私はよかった」って、「なんとか、うまくアレしたな」っていう感じで、切り抜けた、そういう感じでした。

まあ、あまり、反省は、その当時は、してなかったと思うんですよね。

■ 中澤さんとの出会い

で、保護観察になって、保護司に会いに行かなきゃいけないんですよ、どんなことをやっていたかっていうのを、月に2回、報告しに行かなきゃいけないんです。

その時に、いたのが、中澤さん。ご説明にもあったと思うんですけども、中澤さんが、私の保護司になって、私が対象者として、中澤さんのところに行ったんです。

それまでずっと、大人というのは、何か言えば、「それは違う」とか、何て言うんだろうな、否定ばかりされてたんですよ。私もたいして頭がいいほうじゃないんで、何かしたら、すぐ怒られて、それはダメだって。何か言っても、否定ばっかりされて。

でも、中澤さんは、何か話すと、「あんた、すごいじゃない、えらいじゃない」って、褒められるんですよね。すごく居心地がよくて、普通だったら、大人には言わないようなことまで、言ってた気がしますね。

親にも、何か言われたら、「ああ〜、うるせえよ」って言ってたんで、親にも相談できなかったんですね。こっちも、こっ恥ずかしくなって。今まで何か言われたら、「うるせえよ」って言ってたのに、捕まって出てきたら、急に、親に何か相談するようになるなんて……変なプライドもあったんでしょうけど。

でも、中澤さんには何かそういうのをとっぱらって、初対面のおばさんなのに、ずうっと喋っていられた。たとえば、自分が何かやったことを言ったりすると、当たり前なことをやっただけなのに、「あんた、偉いじゃない」って言われて、気持ちもよくなってたんでしょうねえ。

たぶん、中澤さん以外の大人との関わりが薄かったので……もう小学校の低学年くらいから、結構、怒られてばかりの人生だったんですよ。みんなで、何かやっても、結構、目立つ、悪目立ちしてしまう。なので、あまり褒められることがなくて。で、親父も、あまり褒めないんですね。昔の親っていうのは、たぶん、結構、褒めないんですよ。たぶん、小西先生のお父さんとかも、あまり褒めないですよね。そんなことないですか。

◇小西：　確かに、うちの父は、仕事ばかりで、父に褒められたという記憶はあまりないですね。

◇十島：　たぶん、皆さんぐらいだとちょっとわからないですけど、もう少し前の人の親たちっていうのは、結構、褒めないんです。男は黙って、仕事だけしてるみたいな感じの人なんですよ、たぶん。そうじゃない人もいるのかもしれないですけども。

で、母親は、うち、共働きだったので、家にいることが少なかったりとかして。父親にぶん殴られたのを、母親に返してとか、きょうだい喧嘩してとかなので、家でも、そうそう褒められるっていうことをしてこなかったんです。

学校でも、なんか、やると怒られる。そこに、いるだけで怒られたり。「もう、お前、うるさいから、教室から出て行け」みたいな感じの中学校生活だったりしてたので、あまり褒めてもらわなかったんですね。

だから、褒められることが、すごく新鮮だった。と言うか、だから、もしかしたら、他の人だとそんなに変わらない、普通のことだったのかもしれないけど、俺が、たまたま、あまり褒められ慣れていなかったっていう感じなのか……。

まあ、最初は、やっぱり、嘘じゃないけど、うまくごまかして、乗り切ろうっていうつもりで、中澤さんのところに行ってたんですけど、こう、気づいたら、乗せられて喋ってるっていう、そんな感じなんですよね。

何か信じようっていうよりは、何か気づいたらっていう感じで……そのきっかけは、やっぱり、その中澤さんに褒められたことにもあるのかなって思っています。

で、保護観察を受けて、終わったんです、１年間で。でも、何かあるたびに、中澤さんのところに行って、報告したりとかしてました。最近、調子どうだっていうようなことを話してた。地元で、近いということもあって、お互い、ちょっかい……ちょっかい出し合ってという言い方も変なのかもしれませんけど、地元で、近いんで。

■ 出会いから、20年以上過ぎて

で、17、18歳の時に、私、ずっと子どもの頃から、プロレスラーになりたかったんで、たまたま雑誌の『週刊プロレス』に、今、私が所属している団体の広告、紹介みたいなのが載ってて。「あ、いいじゃないか」と思って、そこに行くって決めた時に、中澤さんのところに相談に行って。中澤さんにも言ってもらって、それで、両親にも、「健康なんだし、若いうちにしかできないんだから、やってみればいいんじゃないの」とか言われて。

で、プエルトリコに、プロレス学校みたいな感じで、行ったんですよ。でも、入国するのに、本当に苦労して、言葉も、英語だ、スペイン語だって、まったくわからなくて。格安チケットだったり、ビザがどうしたこうしたとかで、本当に大変だったんですけど、なんとか、入国して。

ビザの関係で、3ヶ月で、1回帰国して、また行って、また入国が大変で……半年間くらい、プロレス漬けの生活をしたんです。そうすると、ガリガリだった身体が、結構、大きくなるんですよ。毎日、筋トレしたり、ご飯をいっぱい、吐く寸前まで食べさせられたりで、結構、身体が大きくなって。

細かったんですよ、もともと、私。身長はそんなに今と変わらないで、60キロないくらいの身体だったんで、ものすごく細かったんですよね。そうすると、やっぱり、弱いから、舐(な)められる。

で、プエルトリコに行って、帰ってきた時は、80キロくらいにはなってたんで。そうすると、結構、見るからに違うんですよ。そうすると、身体が細くて、弱そうだった頃は、偉そうに、肩で風切って歩いてたのが、身体が大きくなると、何て言うんだろう、もしかして、人とぶつかった時に、相手にケガさせたらどうしようとかっていう気になるんですね。

これは、すごいって思って、そんなことを中澤さんに言ったら、また、「あなた、偉くなったわね」って、褒められるわけですよ。

だから、褒められたいから連絡していたのかもしれないですね。そして初めて会ったのは16歳で、今、38歳なので、もう20何年……皆さん、もう計算早いからわかってますよね、22年間ですよ、ずうっと褒められたくて、連絡取ってるのかもしれません。

だから、何かあるたびに報告してたのと、あと、今でも繋がっていられたのは、私が1年間で保護観察が終わって、それから、少年院から出てきた奴の担当が、中澤さんだったんですね。で、そいつと遊んでる時に、そいつが、「中澤さんとこ、行ってくる」って言ったら、「じゃ、俺もちょっと一緒に行くわ」って言ってついて行ったりしてました。

で、そいつが1年で保護観察が終わったら、今度は、2年、少年院に入ってた奴が出てきて……とかっていう。それで、うまいこと繋がってたりというのがあって、ウダウダと、ずっと、20何年間も、関係が切れずに、上手くやってこられた、こうして付き合ってこれてるのかなって思いますね。

でまあ、何て言うんだろう、何か、矯正とか、更生したとかって、感覚として、私、ないんですよ。保護観察、1年間、やったから、「もう、はい、晴れて更生しました。もう、真人間です」みたいな感覚では、まったくなくて。

たとえば、街中で、うるせえ奴らとかがいると、睨んだりってことをしてたと思うし、なんかアレしてたら、ちょっかい出したりとか、なんかっていうのは、あったと思うんですよね。

逮捕されて、出てきて、保護観察が終わった、「はい、更生です」っていうことは、まったくなくって。それが、終わったあとも、ずうっと続いていくんですよね。もともとの人間性なんて、そうそう変わるものじゃないと思うんですよね。

で、年に何回か、中澤さんに会って、飯を食いに行ったり、飲みに行ったりとかしたりして……今の自分がある。

■「あなたたちのなかから、誰か保護司に……」

で、いつぐらいからだろうな、初めて知り合って、10年……もうちょっとしてからかな、それくらいの頃から、中澤さんが、「あなたたちのなかから、保護司が出ればいいわね」っていう話をするようになったんですよね。飲み会とか、集まりがあった時に、そんな話を中澤さんがしだして。

みんな、保護司になんか、なりたくないですよ、絶対。みんな、もう知ってるから、面倒くさいし、金にもならないし、何が得なのかっていう、そんなこと。みんな、言うんですよ、「誰が、保護司になんか、なるんですか」って。

で、ずっとそんな話をしてて、いつだろうなあ、中澤さんが、「保護司、もう、辞める」って言った時かな、もう定年になるという時に、その、「あなたたちのなかで、誰かなればいいな」って言う時に、どこかで、私を、ロックオンしてるんですよね。

その、「誰かあなたたちのなかから」が、「十島くん、保護司にならない」に変わってきて、あの、いやいや、ちょっと待てよ、と。「そんな、俺、保護司になったって、なんにもできないですよ」っていうのが、正直、最初の印象で、断わり文句だったんですよね。

やっぱり、やりたくないですよ。責任も持てないし、結構、見てると責任重大だったり、いろんな人に、会っていかないといけないわけですよ。まだないですけど、たとえば、殺人だったりした人とか、そういう人と会ったりすることもあるかもしれないし。たとえば、クスリ関係の人と会うこともあるかもしれない。人として許せないようなことをやってる人と、出会うこともあるかもしれないと思うと、やっぱり、そんな人と、うまくやっていける自信もなかったですし。正直、断り続けてたんです。
でも、すごい、言ってくるんですよ。「いや、あなただったらできるから、大丈夫」って。中澤さんに、そう言われると、性格なんでしょうかね、まあ、褒められると調子に乗るタイプなので、「まあ、じゃあ、しょうがねえかな……」って。
一応、審査があるんですよ、保護司になるのに。推薦されて、名前書いて、書類を出して、法務省が審査して、そして、戻ってきて、大丈夫……みたいな感じになるんですね。なので、どうせ、俺、中卒だし、落ちるだろうなって思って、「じゃあ、名前くらい、書きますよ」って言って、名前、書いたんです。そしたら、通っちゃったんです。まあ、それが、結構な誤算だったんですけど。

■ 保護司になって

でもまあ、「やれる」って言われて、名前書いて、法務省が「いい」って言ったら、「まあ、しょうがないかな」っていう感じで、今、４年目、保護司をやっています。まだ、対象者はそんなに見てなくて、今、２人目を見てる最中なんですけど。
ただ、保護司になるっていう、ちょうどその時に、中澤さんが定年で辞めるってなってたので、中澤さんが挨拶回りしている時に、一緒に連れまわされて、ベテランの保護司から、「いや〜、よかったね。保護司になったら、すごい、いろいろ、いいことあるからね」って言われたんですけど、まだ、自分のなかでは、保護司になってよかったって思ったことは、一度もない。
これが、まあ、20 年、30 年と、もし続けていければ、私も、いつか、若い保護司に、「よかったね、いろいろいいことがあるから、保護司になってよかったね」って言えるようになっていくんじゃないかと思っております。

keynote lecture 3-2

人に寄り添って生きる

中澤照子

（元保護司 / café LaLaLa 店主）

■ 保護司の活動は答えのない活動

こんにちは。ウダウダと 20 何年間、十島さんと付き合っております、中澤照子と申します。よろしくお願いいたします。

今日は頭脳明晰な方々が皆さん、お集まりになっておりますけれども、その頭のなかを、少し、私がかき乱していきたいなと思っております。たいした、お勉強になるようなお話はできませんけれども、80年近く生きてきた私の巷(ちまた)のなかの人たちとのことをいくつか、お話していきたいと思います。

保護司としての関わりと、それ以外の関わりの、いくつかの話、エピソードが出てくると思いますが、これは、学校のお勉強と違いますので、答えが全然ないんですね。保護司活動というのは、一生のもので、答えがなかなか出ない。いっとき、よくても、また、再犯をしたりとか、いろんなかたちになりますので。

答えのない保護司活動を20年間続けてまいりまして、その後、退任してからは、みんなの居場所のためと、自分の居場所にもなるかなと思って、小さな集会所みたいな、喫茶店をやっております。そうすると、もちろん地元の方たちもみえますけれども、いろんな人が訪ねて来て、刑務所から出てきましたとか、少年院からの手紙がきたりとか、もと関わっていた子たちが自分の子どもを連れてきたりとか、そういうかたちで、いろんな繋がりが持てています。でも、もともと赤字のところへきて、コロナでなかなかうまくいかず、赤字垂れ流しという状態でやっております。

保護司の活動のなかで、いろんな話が、もう、てんこ盛りであるんですけれども、今日、皆さんにお話できるのがいくつあるかな、どれがいいのかなと、今、思ってるんですけれども……。

■ 年の暮れに毎年送られてくるワイン

若い子で刺青(いれずみ)をしてくる子がいる。刺青もちんけな刺青、半端な刺青をして、うちに来た子がいて。それを私が怒る、「なんで、そんな半ちくな刺青を入れてるの。中途半端な刺青をいれてるんじゃないよ。私の背中、見せてあげようか」って言ったら、その子が本気にしたんですね。「えっ、中澤さん、墨、入ってるんですか」って。「入ってるかどうか、プールか、温泉かに、私を誘ってごらん」って。「……行かないよ」って。

で、その子が、すごい本気にしたものですから、ヤクザ屋さんに、もう70歳近いヤクザ屋さんを担当したことがあって、そのヤクザ屋さんのおじさんに、「私が、こうやって冗談でね、墨入れてるって言ったらね、その子が本気にしちゃってね、取り消すのに大変だったの」って言ったの。そしたら、そのヤクザ屋さん、「中澤先生、一度拝ましてください」って言うんですね。そのヤクザ屋さんも、私の背中に、墨、入ってると勘違いして、それを取り消すのに、大変だったという話もあります。

でも、その、70歳近いヤクザ屋さん、お父さんは、どうして出会ったかっていうと、やっぱり、刑務所を何度も出入りしてるっていうことです。刑務所を何度も出入りしてるっていうことは、重い犯罪を犯してないんですね、ちょっと軽い犯罪を繰り返して、何回も刑務所を出たり入ったりしてる人なんです。

経歴をみると、もう6回くらい、出たり入ったりしている。それを、延々と待っている奥さんがいらっしゃるわけです。その奥さんに、彼が入っている時に、私、「なんで、あんなお父さんと別れないで……毎回毎回、そんなことを繰り返す人を待ってるの？」って。それは保護司として、あまり言っちゃいけないことなのにね、もう離婚したほうがいいっていうような話も、留守を守るお母さんに……お子さんがいないからね。

そんな話をしたら、そのお母さんは、そのお父さんと「若い時に、自分の子どもを置いて、駆け落ちした仲だ」って言うんです。

だから、多くの犠牲を払って、駆け落ちまでして一緒になったお父さんを、再犯を繰り返しているからといって、私が放り出すということは、自分の人生、今まで、全部がなかったことにしなくちゃならない。だから、「どんなことがあっても、連れ添います」と言うような、お母さんで。

そのお父さんとは、保護観察【※】、たった4ヶ月なんです。刑務所から出てきて、たった4ヶ月の付き合いなのに、何をそのお父さん、私を気に入ってくれたのか、「二度と、もう警察のお世話にならない。二度と刑務所に入るようなことは、私はしません」って、私に誓ってくれるわけです、すごい勢いで。

でもね、そういう人もいっぱいいるの。「絶対に同じことは繰り返しませんよ」と言いつつ、また捕まっちゃったとか、また入っちゃったっていう人はいっぱいいるから。だから、その時も軽く、「そうね、がんばってね」って言って、保護観察を終えたんです。

そして、その年の暮れから、毎年、そのお父さん、私にワインを送ってくるんです。毎年ですよ、20数年。最初の時に、「お父さん、なんで、私のところにワインを送ってくれるの。そんな無理しないでちょうだい」って言ったら、「いや、このワインは、私が社会に出ている証しなんです」って言うんです。「社会で、元気でいるあいだじゅうは、送らせてください」って。

それが、再犯しないで、20数年、続いてるんですね。だから、そういう、すごくいいきっかけになってくれた対象者もおります。それは、ワインの話です。

■ 16歳で親に見放された少女

それと、10いくつの若い女の子なんですけれども、少年院に入って、手紙のやり取りをしました。「私には、帰るところはありません。親から親子の縁を切られました。私はどこに帰ったらいいんでしょう。誰が私を受け容れてくれるんでしょう」って、もう切々とした手紙が来る、女の子がいたんです。

そうすると、その子のお父さんのところを訪ねないといけないわけですね。環境調整【※】をしなくちゃいけない。その子が帰ってきた時に、どういう受け容れができるかということで、その親御さんに会いに行きます。そしたら、もう本当に、億ションに住んでるんです。素晴らしい億ション。

で、お父さんが、「もう、あの子の面倒をみれない」って。「気持ちのなかで、親子の縁を切りましたから、保護司が、焼こうと煮ようと、なんでもかまいせんから。私と関わらせないでください」って言うわけです。

15や16歳の子がね、親から縁を切られるほどの、そんなことはしてないですよ。そこそこ悪いことはしましたよ。だけど、親から放り出されるようなことは、してないはずなのに、親がそういうふうに言い切るんです。

それで、彼女が入っているあいだに、お父さんが、私の家に訪ねて来ました。私が、どんなところに住んでいるかっていったら、団地の10階のうさぎ小屋みたいなところです。で、高級車で乗りつけてきて、お父さんは、「こんなところで、保護司をしてる人がいるんですね」って。

私は、ムカッときました。ちゃんちゃらおかしいと思ったんです、そのお父さんに対して。で、そのお父さんに言いました。「私はね、あなたの娘さんと、半畳あれば、向き合うことができますよ」って。お父さん、黙っておられた。あんな広いうちに住んで、あんな素晴らしいところに住んでいながら、娘を受け容れる、心の広さがないんですね。

そして、お父さんと、なんだかんだ言いながら、そんな話をして、娘さんが少年院から帰ってきたら受け容れてもらえるように、もっていきました。だけど……彼女が帰ってきて、三月(みつき)と、やっぱり、もちませんでした。

その子、首から下に痣(あざ)をつくってね。お父さんが、ちっちゃい時から、暴力を振るう。暴力を振るうから、その女の子は、子ども心に、親が来たなと思うと、筋肉を硬く、筋肉をグッと固くするって言うの。お父さんの足音、後ろに気配を感じたら、なにかやられるなと思ったら、グッとして、痛みを防御するために。

そういう自分を守る力を、彼女は、もう小学校から持ってたわけですね。だから、反対に、その暴力を、今度、学校でもするわけです。親にされたことを、その女の子は学校で……。それで、殴る。殴る前に、「体、固くしてごらん、痛くないよ」って言って、殴るわけです。だから、そういう、連鎖みたいなこともあって、暴力的な感じで、その子は少年院に行くようになりましたけども。

そして、少年院から出て三月(みつき)ももたないで、たくさんの荷物を持って、大人の仲間入りをするような、高いヒールの靴をはいて、親元から逃げてきた。その時に、私、ああ、本当にね、もう少し、私に、豊かな懐具合、お金があれば、彼女を少しでも、1ヶ月でも、2ヶ月でも、受け容れてあげられたのになあって思うけど、私には、そういう余裕がないのでね。その女の子、「大丈夫です。友だちがいるから、その友だちのところに行きます」って言って、それで、新宿のほうに流れて行きました。

16や17歳の女の子が、流れていくようなところで、自分で食べるものを得なくちゃならないということは、やっぱり風俗のほうの世界に入っていくわけですね。

だから、そうなると、今度、保護司というのは、基本、自分の地区で担当する、よその地区の子どもなり対象者は、その違った、たとえば、引っ越し先のところで、新しい担当が決まるわけです。

ということは、自然に、私の手から離れていく。だけど、私はね、そのサブタイトルの「保護司の限界を超える」って……必要以上の事をしすぎるんですね、私は。本来でしたら、普通だったらば、月に2回とか、3回くらい会って、お家を訪ねればいい、報告書を出せばいいというのが、保護司の役割なのに、引っ越して、逃げて行った女の子が、気になるわけです。ほっとけないで、時々、私は、新宿まで会いに行くわけです。連絡を取って、約束をして。

そうすると、あっという間に、風貌が変わっていきます。親元から逃げて、そういうところで働いてるわけですから。で、だんだん、彼女は、会いたくない、そういう姿を私に見せたくないって。だから、約束を守らない時もあったりするけど、「私が呼び出した時に、あなたが会いに来てくんなかったら、店まで行って、指名しちゃうからね」と笑いながら言いました。彼女は、「やめてくださいよ。そんなことしないでくださいよ」なんて。

でも、そういうことで、限界を超えちゃうっていうのか、保護司としての役割以上のことをしちゃう。で、やはり、20年、30年という付き合いになっちゃいますよね。彼女、何年か経って、彼氏を連れて、わが家にきて、その彼氏を見た時に、あ、この男の子、ヒモになっちゃうなと思ったんです。女の子が体で稼いでいるわけですから。だけどそれはね、私の目が曇ってた。その何年かあとに、「ふたりで結婚式を挙げます」って、招待状が来ました。「新大久保のほうの喫茶店で」って。親から縁を切られて、親戚からも縁を切られた女の子が、100人近いお友だち、まあ、派手目な子ばかりでしたけども、そんな子たちに囲まれて。そのヒモになるだろうなと思ってた男の子は、スタジオミュージシャンになってて、そこそこのお金をちゃんと稼いで。

今はどうしているか。たまに、連絡がきたりしますけれども。でも、ある程度、いい時期、悪い時期を乗り越えて、いいかたちで結婚まで辿りついて、よかったなあっていう、そんな女の子もいます。

■ 3度の電話で悪しき就労環境を改善

それと、やっぱり、風俗関係の仕事で、デリバリーですね、女性をどっかの場所へ、配達って、何て言うんですか、連れてって、その運転手をやってた男の子がいまして。

見るからにね、保護司の面接に来るたびに、風貌がどんどん変わるわけです。全然、眉毛が剃られて、なかったり、頭がなんか、変な剃りをいれられたり、バツが入ってたりとか。なんかおかしくなってきてるって思って、訊くと、「いや、趣味でやってる」みたいなことを言って。

それでも、何回も何回も、いろんな話で糸口をつかむと、結局、働いている先で、いじくられてるんですね、仲間内で。それで、辞めたい。「そんなところで働いてるから、駄目なんだよ」って言って、「でも、辞めさせてもらえないんですよ。辞めるって、ちょっと言い出したら、もう自宅に帰してもらえない」って言うの。そこの職場で、シャッターを下ろされて、かなり、リンチを受けたみたいです。辞める、辞めないって。辞めるって言わせないために。

それを聞いた時に、「どうして、私のとこには、来れるの」って言ったら、みんな、保護観察がどういうものだとか、保護司がどういうものだとかって、仕事仲間は、みんな知ってるわけですね。だから、「保護司の面接の時だけは、出してくれる」って言うんです。

でも、自宅には帰れない。「自宅に帰ったら、住所もみんな、知られてるから、乗り込んで来られちゃうから」って。だけど、保護司の面接には、出してくれる。

で、私は、どうしても、どんなことをしても、そこの店を辞めさせたい。その子も、辞めたい。気持ちが、ふたりとも同じだったので、私が、どういうふうにしたかっていうと、たった３回の電話で、電話だけで、相手のところへ乗り込まないで、その子を解放してもらったんです。

電話、１回目は、その店長だか、頭だか、なんだかわからない人に電話をいれて、「いつも、誰々が、お世話になって、ありがとうございます。いいとこへ就職できたと、本人も喜んでました。だけど、ここんとこ、面接に来る時にね、どうも何か、変な状態で、私のところに来るんですけど、心当たりありませんでしょうかね」って。

そこが元凶だっていうことは、百も承知なんですけど、それはおくびにも出さないで、「お世話になっています」というかたちで言って、「何か、心当たりがあったら、是非お知らせください」って。「はい、わかりました」って。調子いいですよね、向こうも、「はい、わかりました。何かあったら、本人からも聞いておきましょう」って。

で、２回目の電話の時に、「心当たり、私にもないんですけど、ただ、行き帰りに、お仕事に行く、行き帰りに、誰かに待ち伏せされて、やられているっていうことはないでしょうかね。あの子、口がかたくて何も言わないんです」。相手を安心させるために、そういうふうに振ってみたんです。「ああ、そうですか。職場では、そういうのは思い当たらないから、もしかしたら、行き帰りかもしれませんね」っていうので、２回目です。

で、３回目、私、「行き帰りも、はっきりしませんけど、とりあえず、何かされてるっていうことは確かなので、保護観察官と相談のうえ、大変申し訳ないですが、大変いいところに就職させてもらったと思っていたんですが、そこの職場をいったん、辞めさせていただけませんでしょうか。道筋が知られているのかもしれませんので、通勤途中で……」というような、嘘の話で、「嘘つきな中澤」で通しまして、そこの職場を辞めさせて。円満に、それも、相手も攻撃しないで、3回の電話で、彼を解放させてもらったっていうこともありました。

■ A君とB君の2000円毎月貯金

もう一つ、対象者、自分のあずかった子ども、それも、この、限界を超えて、私には、限界なのかどうかわからないんですけど……ドサッといっぱい対象者がきた時期があるんです。十島君が言ったように、何十人も、一緒に、一挙に検挙されて、保護観察にくる。

そのなかには、私のことを指名してくる人もいるんです。お母さんからって、どっかの知り合いからって、中澤さんのところにって。指名されるって……「指名料も、もらってないんだからね。いい加減な気持ちで、面接に来るんじゃないよ」って、笑いながら脅かすこともあるんですけれども。

だから、その受け持った、法務省から受け持った子だけじゃなくて、その子たちのまわりにいる、仲間がいるわけですよね、お友だちが。そういうお友だちをみんな、受け容れちゃうところが、私にはあって。

そのなかで、自分の担当した子にもそうなんですけど、親がいない子がいるんですね。母親がいないとか……。そうすると、なんかね、気持ちがそっちに入り込むんです、私自身が。で、親がいたら、こういうことをしてくれるだろうな、するんだろうなとかって思ったりするなかで、食事を提供したりなんかもするんですが。

そうしたなかで、ある時、A君に、2000円ずつ、貯金をし始めたわけです、私がお金を出して。通帳を私が持ってて、カードを本人に渡す。それで、心の中で、50回しようと思ったわけです。A君のために、毎月毎月、2000円ずつ、貯金し始めました。

そしたら、今度は、B君が、「Aはいいよな、中澤さんに可愛がってもらって、飯(めし)、いつもご馳走(ちそう)になったりして、いいな」って、B君が言う。

だから、「B君ね、A君は親がいない、お母さんがいないんだよ」って。そしたら、B君が、「俺も、お母さんがいない」と、「小学校の時に、亡くなってる」って言うもんですから、「ああ、そう、B君もお母さん、いないんだ。じゃあ、B君も、私のうちの子になっちゃいなさい」って言って。

で、今度、B君も、2000円ずつの貯金も、やり始めたんです。そちらは、私、銀行に振り込みに行かない、全部、娘に頼むわけです。

そうするとA君は、ずっと、2000円、2000円、2000円、2000円と、毎月、きちっと、通帳ができてくる。一方、B君は途中から始まったとはいえ、2000円、2000円、2000円、8回ぐらいやった時に、がたっと、お金、引き出されてるわけです。

ええっ！て、娘が、「お母さん、今まで何回か入れたお金がなくなってるよ、少なくなっちゃってる、落ちちゃってる」。「ああ、そう。なんか都合があったんだろうね」とかって言ってるうちに、3回なら、3回おろした分の2回分が、入ってたり……。

だから、折れ線グラフじゃないんですけど、10回やろうが、20回やろうが、なかなか、目標額にならない。そうすると娘が、「お母さん、B君は駄目だ。こんなにね、でたらめなお金の使い方してるんだから。お母さん、やぁよ、もう、私、振り込みに行くの」って。

「そんなこと言わないで、たかが2000円だと思うけど、されど2000円で、その子にとっては、どうしても必要なお金だったんだろうから」って言って。やり始めて、ずうっと、やってた。

そうこうしてるうちに、仲間うちの何人か、私が、2000円ずつ貯金しているのをどこかで耳に入ったんですね。それで、B君に意見してくれたの。「B、お前な、親もしてくれないお金を、中澤さんが、毎月貯めてくれてるのに、よくそんな金が使えるな」って。B君を、仲間うちが、叱ってくれたんです。それから、しばらくは、ピタッと……だけどやっぱり、ある日突然、また、ばあーと、B君のほうは。

だけど、A君のほうはね、50回やって、もう無傷ですよ、通帳が。ちゃんと、50回分のお金を、A君に渡して、「これからも、頑張るんだよ」って言って。その子は、本当に深々と、「ああ、中澤さん、本当にありがとうございました」って言って、受け取ってくれた。

B君は、もう50回以上もやったわけです。60なん回かやったかな。最後に、「もうこれ以上、やらないからね」って言って、それで終わりにさせて。

だけどね、B君のほうはね、とっても、そのあとでも、性格的なこともあるんでしょうけど、私を喜ばせてくれることがいっぱいあるんです。「中澤さん、困ったことないですか」とか、「車、出しましょうか」とか、「何か、飯、食いに行きたくないですか」とか。なんかね、私を喜ばせてくれる。くすぐってくれる。楽しみを、B君が与えてくれる。それだけでなく、夜間に私を病院に運んでくれたりもしました。

A君は、すごい真面目で、「どうもありがとうございました」、なんかそれだけ。それだけっていうことではないですけど。それはいいんですね、一生懸命働いて、真面目な子だから。だけど、私からすると、面白味がない。

だから、自分の子だったら、A君の真面目さがいいのかな、B君のちょっとちゃらんぽらんだけど、可愛げのあるほうがいいのかなって思うんです。両方とも、いまだに、付き合ってます。

■ やってきたことに、おまけがついてきた

その子たちと、みんな、十島君なんかも、みんな同級なので、私が保護司のあいだに、温泉に連れて行くって、「中澤さん、温泉に行きましょうよ」って。「ええ……そんな計画、立ててくれてるだけで、私はもう十分に嬉しいから、行かなくてもいいよ」って。それでも、「本当に、温泉、行きましょうよ」って言うから、「大江戸温泉でいいよ」って言ったんです。

結局、長野の浅虫温泉に、みんなして連れて行ってくれた、十島君たちが。車のなかも、吉本御一行様みたいな、すごい楽しい温泉に行かせてもらいました。

それと、保護司を終わる時に、「中澤さん、門前仲町のほうの一杯飲み屋に、何時何分に来てください」って。それで行ったら、なんだか、きれいなお姉さんだとか、子どもがたくさんいるんです。サプライズで、私の慰労会をやってくれたんです。保護司が終わるということで。

その当時のグループの、十何人という子たちが、みんな、眉毛もそろってるんです。むかしはみんな、眉毛、剃っちゃってね、なくなっちゃってて、もう、ここらへん、パンチパーマで剃りが入ってるような子たちがね、みんなちゃんと子どもを連れて、お父さん、やってるんです。

もうそれを見た時は、本当に鳥肌が立つくらい、私に、幸せな感じを与えてくれました。

私は小さい時から、母親、明治生まれの母から言われたことが、「良いことと悪いことの区別をつけなさい」。それと、「人に親切にしなさい」。あとは、「元気でいなさい」。この三つだけを、私の母親は常に言いました。やっぱり、戦争もあったりでね、早くに亡くなっている人たちもいるもんだから、やっぱり、「元気でいる」っていうことが、一番大事だったんでしょうけど。

だから、子どもの時から、この三つだけを守っていれば、私は、すごくいい子だった。あまり、その……何て言うんだろうな、大きな望みとか、そういうものを何も持たないで、親孝行な、いい娘で……私、今まで、80歳にもなろうとしてるのに、お母さんの言いつけ、母親との約束を守って、元気でこれたことは、よかった、親孝行をしてるかなと思っていますが。

そして、「見返りを求めちゃいけない」って言うんです。「人に親切にしたり、優しくしたりして、人から感謝されようなんて、思うんじゃないよ」って。「それは、自分が優しくしたいから、心配りしたいから、したことであって、見返りを求めちゃいけない」って言われてたんです。

本当に、保護司をやってきたことで、私を喜ばせてくれてるということ、それを自分が喜んでいるということは、見返りが、嬉しかったのかなって思うんですけども……本当にね、おまけがついてきました。

そんな、おまけがついてくるなんて、思いもしないことを、みんなが私にしてくれてる。辛い別れとか、ガッカリしたことも、いっぱいありますけれども、かなりの子どもたち、関わった人たちが、私を、「保護司をやってよかったなあ」って思わせてくれてるということが、本当に幸せなことだと思っております。

■人との何気ないおしゃべりを大切に

ですから、学生さんたちに、何を、私は伝えたいかっていうと、勉強は本当に大事でしょうけども、日常の会話をもっと楽しんでほしい。責任のある会話じゃなくていい、普通のおしゃべりでいい。他愛もないおしゃべりのなかから、必ずいろんなヒントが出てきたり、相手を幸せにさせたりすることができますので。

私、「声かけは、種まき」って、いつも思ってるんです。声をかけるっていうことで、種をまいてる。種をまいたら、誰かが水をかけてるかもしれないし、陽をあてててるかもしれないし。そしたら、育ってきてくれる。それは無駄なようですけれども、声をかけるということは……でも、決してそんなことない。

私は、地下鉄のなかでも、どこででも、頭の中でアンテナを張ってて、何かあったら、声をかけちゃうんです。ある日、地下鉄に乗ってて、泣きながら、目を真っ赤に腫らした人が、私のはす向かいに座ったんです。そしたら、私、ちょっと尋常(じんじょう)じゃないなっていう気がして。その人とパッと目が合った時、私、何も考えず、手招いて、ここへ来るって、その子を手招いてる。

そしたら、見も知らずのおばさんが招いたからって、彼女、来たわけです、私の隣の座席へ。で、その瞬間に、「ああ～」って泣き始めたんです。私は、その人の、足をさすりながら、「大丈夫、大丈夫、大丈夫」って。

でも、「ああ～」って、震えながら泣いてるんです。だから、その泣きが少しおさまるまで、私は、自分の目的地よりもずっと先まで、彼女に付き合いました。それで、少しおさまって、ホームに降りた時に、彼女に、「大丈夫、涙流すとね、少しは、さっぱりするでしょう。なんか、病気、宣告されたの」って言ったの。「違う」。「ご家族に不幸があったの」って。「違う」って。

この二つが違えば、どうにか乗り越えていけるんですよ。男にフラれたか、何されたのかわからないけれども、乗り越えていける。

だから、「トイレに行って、顔のひとつも洗って、さっぱりして帰りなさいよ」って言って。そしたら、その子、「ありがとうございます。ありがとうございます」って。それで、別れた。

たったそれだけのことなんです。だから、その人、その彼女が、そのあと、どうなったのかわかりませんけれども、とりあえず、あの勢いだったら、電車に飛び込んだかもしれないっていうくらい、すごい、もう、負のオーラが出てたんです。

そういったことや、喧嘩で取っ組み合いになってるような間のところに、サーッて行って、「やめたほうがいいよ」って。「やめな」って、耳元で囁くんです。あれね、「やめろ！」とか、「やめな！」とか、「警察呼ぶぞ！」とかって言うと、火に油注いじゃうから。

そういったことで、どこかしら歩いてると、ボランティア活動ができちゃうっていうところがあるので、皆さんも、ちょっとアンテナを張り巡らして、ちょっと声がけするだけで、世の中が、柔らかくまわっていく。機嫌のいい人、なるべく気分のいい人を増やすために、ちょっと声をかけて、「またね、さよなら」って言うだけでね、次につながっていくじゃないですか。

折々に言葉のおまけをつけて、まわりの人と関わっていってほしいなと思っております。以上です。

Discussion

◇小西：　後半にはいりたいと思います。ここからは、質疑応答、ディスカッションということで、進めていきたいと思います。まず、私のほうから、十島さんが、現在、ふたり目となる対象者の方を見ておられるということなのですが、この対象者の方というのは、おふたりとも少年なのですか。

◇十島：　はい、そうです。

◇小西：　そうですか。少年の対象者を見ていて、自分も若い時のことを考えながら、何か思うところとかありますか。

■ 子どもにどう向き合えばいいのか

◇十島：　保護司って、平均年齢、すごい高いんですよ。60歳近い……60歳過ぎてますかね。そのなかで、私はまだ若いほうなんです。だから、もう、若い人、若い人って、言われて、若い人の気持ち、わかるかなと思ったんですけど、全然、わからないです。

結構、プロレスの団体にも若い子がいるんです。20歳そこそこの子とかが入ってきたりしてて、若い子と接することも、他の保護司のおじいちゃん、おばあちゃんに比べれば、あると思っていたんです。で、わかるかなと思ってたんですけど、まったくわからないです。

ただ、まだ、ふたりしかいないんで……自分が若い頃、やっぱり、いきなり心開いたわけでもないので、ちょっと、うまくこなそうとしてたけど、気づいたら取り込まれてた、みたいな感じなので。もしかしたら、そういうところで、うまく切り抜けられたのか……これから、うまく付き合っていけるか、わかりませんけれども。
◇小西：　はい、ありがとうございます。やっぱり、もう、20歳とか、それ以上年齢が離れてくると、なかなか、わかりづらいところもあったりするんですかね。
◇十島：　そうですね、全然わからないです。
◇小西：　現在、子育て奮闘中ということで、親としての立場になられて、その点、何か感じられることはありますか。
◇十島：　自分の子どもには、何て言うんでしょうね、とりあえず、記憶があるなかで、一度しか、手をあげたことがなくて、私。１回ちょっと間違って、手を出しちゃった。子どもの頃に、間違って手を出しちゃったことがあるんですけど。それ以外、自分の意思のなかで、絶対に手は出さないって決めて、今までとりあえず、育ててきてます。
まあ、言うこともそんなに聞かないし、勉強もできませんけど、学校から問題視されるようなことは一度もないので、今のところはうまくいってるのかなと思います。
◇中澤：　すごくいい子なの。
◇十島：　小学校の時には、本当に、「ご家庭ではどういう教育なさってるんですか」とか、そういうふうに言われるくらい、いい子だったんです。
だから、私はなにもしてなかったので、「親がだらしなかったから、反面教師だったんじゃないですかね」って言って、学校の先生を苦笑いさせたくらいですけど。
今はもう普通に、平均の……何にも勉強しないで、平均だから、大したもんだなと。私が、馬鹿だった……今でも馬鹿なんですけれども、馬鹿から普通が育てば、まあ、いいかなと思ってます。
◇小西：　ありがとうございます。中澤さんにも、お伺いしたいのですが、20年間、保護司としての活動をされていくなかで、最近の保護司の全体的な傾向として、保護司の人数が減少している。ちょっとメモしてきたんですけど、2020年１月１日現在、46,763人、保護司法では、52,500人を超えないものと定められているなかで、だんだん減少してきているという。
そういった保護司の現状について、今後、保護司の数を増やしていく、どう維持していくのがいいのか、何か感じられるところ、今まで、ご経験のなかから何か示唆として得られるようなことがあれば、是非教えていただきたいのですが、いかがでしょうか。

■ 保護司の数が足りない、高齢化と言われるけれど

◇中澤：　私が20年間やってる間にも、保護司が足りない、足りないって、保護司の

数が少ないと言われ続けていました。ただ、もう20数年前、ものすごい少年犯罪が多かった時も、足りない、足りないっていう割には、結構、できていましたので。

今、割と犯罪、非行の数が、再犯の数はあっても、初犯の数が、少なくなってきておりますので、その点、5万何千人を目指さなくても、そこそこ大丈夫じゃないかなと思いつつ、みんな、ご高齢になっておりますので、この5年、10年の間に、数的には、すごく減っていくでしょうから、やはり、若い人が入ってくれればいいな、と思って、皆さん、いらっしゃるようです。

でも、これ、若ければ、いいという問題でもないですね、保護司って。対象者を預かったら、その対象者のうしろには、親もいるわけです。だから、親御さんたちも、軌道修正しなくちゃいけないっていう親御さんも、いっぱいいる。

だから、子どもだけの責任ではなくて、親の考え方も少しずつ変えていかないといけないという時、本人を見るよりも、家族を見ていかないといけないっていう時に、あまり若い保護司の人だと、その家族のほうへ、心配りができないんじゃないかなあと。

そこまで、法務省が要求しているのかどうかということは……そこまで要求していないかもしれない。だから、それが、この「限界」みたいなもので、そこまでしなくてもいいんだけど、家族を軌道修正もしなくちゃ、この子は、家に帰った時に、また同じかたちになると思うので、若ければいい、年齢いってればいい、という問題ではないと思うんです。

これは、イメージをちゃんと膨らませられるか、膨らませられないか、ということだと思うんです。私が、50、60歳の時に、10いくつの子たちの面倒をいっぱい見てきたわけです。それがどうしてできたかっていうと、やっぱり、15、16歳の子たちの、今、どういう考えを持っているんだろう、どういう生活をしているんだろうとかって、イメージを膨らませて、対応してたから、どうにか相手の気持ちに寄り添えることができたのかなと。やはり、若い人でも、そういうものを、イメージを膨らませて、相手に寄り添えれば、年代には関係なく、保護司はやっていけると思います。

これは、本当に、無給のボランティアですから、なかなかそういうところで、引き受けてくださる人がいなかったり、特に若い人には……ということにもなります。

◇小西：　ありがとうございます。これまで20年間されてきた保護司に中澤さんがなられる、その最初のきっかけというのは、どのようなものだったのでしょうか。

■ 保護司になるきっかけは

◇中澤：　私がなる時には、保護司という制度の存在について、本当に知らなかったんです。たまたま保護司をやられていた方が、私に、「保護司をしませんか」ということがあった時、「えっ、私が、普段やっていることを、組織でやってるの」っていうかたちでした。
ですから、保護司になる前から、近所の子たちの世話をやいたり、誰かがケガをしたって、ちょっと悪い子が迎えに来たりすると、名前と顔が一致しないのに、すっ飛んでいったり。誰かがどこかで事故を起こして亡くなったっていうと、写真を見ながら、へえ、この子どこの子だろうって、わかんないようなお葬式にも、呼ばれて行ったりしてましたので、保護司になりませんかと言われた時に、今までやってきたことを、そのままできて、お役に立つんだったらということで、なんの迷いもなく保護司になりました。
家族の大反対はありましたけど……家族というよりも、娘の大反対はありましたけれども、今は、協力的なことになっています。

◇小西：　ありがとうございます。では、質疑応答ということで、学生の皆さんにも聞いていきたいと思います。
◇中島佑陽（４年）：　本日は貴重なお話、ありがとうございました。あらためて、保護司の役割の大きさ、難しさ等を感じました。
２点、質問させていただきたいのですが、まず、中澤さんは、元対象者の方々から、お母さんとして思われているというエピソードも、おありかと思います。対象者の人にとって、母親というのは、どういうものだと思っているのか、どういうことから、お母さんだと、結果として、思われているのか、そういった点について、ご経験等からお話を伺えたらと思います。よろしくお願いいたします。

■ お母さんのように感じられるのは
◇中澤：　なぜ、お母さんて、言われたりするのか、というようなこと……私は、何か関わりがあると、いいよ、うちの身内になってもいいよっていう感じ、気持ち的には。うちの子、うちの親戚の子という感じで受け容れちゃうんです。
なんだろう、親って諦めないでしょ、よほどのことじゃないと。先ほどの女の子の話じゃないけど、縁を切るなんてことはないですよね、親は。親な、わけだから。
だから、他人の子どもでも、関わりを断たない。常に何かあっても、受け容れるし、心配しているし、良いところは褒めていきたいし、何かよこ道に入りそうだったら注意もしたいし、その気持ちが伝わっているのかな。自分では、よくわからないけど。
だから、親は、自分の子どもに何かあっても、諦めないで関わってくれる。一生の繋がりが、親でしょうから。それに似たような感情を、私自身が、そういう子たちに対して持っているというのを、何となく感じてくれているのかなあ、とかって思います。それがなんとなく、お母さんみたいな……それか、会ったら、ご飯、カレーライスを食べさせてくれるから、お母さんっていう、簡単な気持ちでいるかもしれないし。

でもね、一時期、母の日なんて、うちを留守にできないくらい、いろんな子が、お花を届けてくれたりした時期が、３年、４年くらい続きましたね。多勢、グループ、団体で、面倒を見たことがあったので、その子たちが、次から次に。そういうことで、お母さんて呼ばれる間柄になったのかもしれません。

◇中島（４年）：　ありがとうございます。質問の２点目は、先ほどのお話にもありましたが、保護司というのは無給のボランティアということで、保護司法でも、「社会奉仕の精神をもって」と定められていると思います。ただ、なかなか、十島さんも、始められる前までは、面倒くさい、お金にもならないと、お話にもありました。

保護司活動は、どうして無給のボランティアなのか、なぜ無給のボランティアとして続けられるのか、また、その必要性みたいなところで、何か感じられるところがあれば教えていただきたいと思います。

■ なぜ無給のボランティアで……

◇中澤：　なぜ、ボランティアなのか……ボランティアでやってるんですよ、本当にね。ボランティアでやってるんだけれども、これね、もしかして、必要とされているのかなと思っちゃう、相手にとってね。そうすると、何て言うんだろう、見離せない、見て見ぬふりはできない。

そうなると、法務省がどうだとか、保護司の制度がどうだとかって、関係なくなるんですね。自分自身のなかの私が、この子をそのままにしたくない、この子を応援したい、何とか後ろから押してあげたい……そういった気持ちが、させていくんだと思います、保護司を。だから、20年間、やれちゃったみたいなところがあります。答えになってますかね。

◇中島（４年）：　はい、ありがとうございました。

◇田中遼（４年）：　４年生の田中と申します。貴重なお話をいただき、本当にありがとうございます。十島さんのお話から、中澤さんと出会って、親以外の第三者の方から自分の気持ちを受けとめてもらえているというような、保護司という存在の大切さといったものをすごく感じました。

また、中澤さんのお話から、本日お話してくださった、これまで出会ってこられた方々だけでも、いろんな特徴、特性があったなかで、ちゃんとどういった向き合い方をするのがベストなのか、その時々、しっかりと考えて、その対象となる人たちの人生も良い方向に向かっていくというのは、本当に素晴らしいなと率直に感じました。

そのうえで、１点、中澤さんに質問させていただきたいです。長い間、保護司の活動をされてきたということで、昔の子どもたちと、今の子どもたちというのは、やはり、社会の情勢等で異なってくるものだと思います。

また、年齢が離れていても、イメージを膨らませながら向き合っていくと先ほど、おっしゃられていたと思うのですが、何か、そういった変化とか違いや、その向き合い方で何か意識していたことがあれば、教えていただきたいです。

■ 近年の子どもたちの特性

◇中澤：　今の時代の子たちと向き合うために、何か意識をしていたかというと、あまり意識はしてなかったかもしれません。

だけど、20 数年前、ちょっと悪ガキくんみたいな子たちは、もう見た目に、すぐ、もう、「あ、ちょっと、よこ道、それてるな」とか、「本当に、よこ道に入っちゃったな」とか、「真っ暗闇のとこにいっちゃったな」とか、見極めがすごいついたんですね。だから、ある意味、やりやすかった。

それと、そういう子たちというのは、グループを好んでた、仲間を大事にしてた。それはね、すごいぐらい、仲間を本当に大事にするんです。だから、そのなかで、少しでも、とけ込んでいけば、いっぺんに 5 人、10 人、15 人の子たちと仲良くなれるわけです。

だから、ひとりの対象者を受けもっても、ふたりの対象者を見ても、その後ろには、みんな仲間がいて、グループがいて、同級生がいて、みたいな感じだから、その子たちを一つにまとめて、もう、「じゃあ、みんな、うちへおいで」みたいなところがあった。いろいろ見やすかった。やりやすかったんです。

だけど、今は、本当に悪さしてる子たちが、見極められないんですね。もう、みんな、さっぱりした洋服を着てますし。髪の毛もきちっと、はさみが入ってる。お家へ行っても、いいご家庭のような雰囲気を持ってるし。それでやってることは、何やってるのって……その何やってるのっていうのが、見えてこない。

前は、人の目を盗んで、何か物を盗りそうな目をしてるなとか、走り出しそうな目をしてるなとか、とにかく、何か外の雰囲気でわかったんです。だけど、今の子は、なかなかね、わからない。

もうその最たるものは、女の子。女の子は、何をやってるか、もう全然わからない。男の子のほうがやりやすい。男の子は、付き合っていれば、わかりやすいですけど、女の子は、わかりづらい。

わかりづらい人たちを受けもたなくちゃならないというのは、なかなか、これからの保護司の人も、ねじりはちまきでやらないと……。いくらイメージを膨らませても、イメージが追いつかないような環境のなかで、自由にしている子たちが、いそうです。

それと、今は、LINE だとか、ネットの世界ですから。昔は、地域、地域で、付き合ってる子たちも、すぐにわかった。あの子とあの子は、仲良さそうねとか、すぐにわかった。「誰と付き合ってる」って、なんとなく名前を聞けば、すぐわかった。「彼女ができた」。「あ〜、よかったね」って言って、「どこの彼女？」。「静岡です」とか、「群馬です」って。とんでもないところまで、見たこともない人に会いに行っちゃうんですね。そこで、何か簡単な恋愛が始まっちゃう、何か悪さが始まっちゃうってなってくると、いくらアンテナ張ってても、電波が届かない。

ということは、何か結果が出て、捕まって、書類が返ってこないと、書類が手元にこなければ、わからない時代になっているので、これは非常に難しい。心配りとか、目配りとか、気配りで、片付けられない時代に入っちゃったなあって思っています。

◇日野原美緒（4年）：　4年の日野原です。本日は貴重なお話ありがとうございました。十島さんと中澤さんに、それぞれ質問があります。

まず、十島さんにお伺いしたいです。中澤さんと、対象者として関わってきたと思うのですが、そのなかでも、特に心が動いたエピソードや、言われた言葉であったり、されたこと等で、印象に残っていることがあればお伺いしたいです。

■ 中澤さんとの関わりで印象に残っていること

◇十島：　はい、関わっていて、印象に残っている言葉が、「あなた、顔が変わったわね」って。今、どう見えているかわからないですけど、優しい顔をしてるはずなんですよ、はい。でも、当時は、まあ、こう、ずっと睨(にら)んでたような顔だったんでしょうね。

で、「表情が柔らかくなった」って言われて。意識してなかった時に、そういうふうに言われて。「ああ、なんだ、俺、優しい顔してるんだ」と思ったら、だんだん、いろんな人に言われるようになったんで。

何か、見た目から褒められたというのは、表情がよくなったって言われたというのが、何て言うんだろ、そんなことを褒められたのが、一番、私のなかでは印象に残ってます。

◇日野原（4年）：　ありがとうございます。中澤さんにも、質問なんですけれども、私もBBS会で、一度、中澤さんのカフェ・ラララに伺って、食事を振舞っていただいたことがあって、すごく美味しくて。それが今でも心に残ってるんです。

◇中澤：　本当、ありがとうございます。

◇日野原（4年）：　私も、BBS会で、まあ、端くれなんですけれども、関わっていくなかで、その関わっている人のためを思うほど、見返りがどうでもよくなる感覚があって、それを中澤さんは、人生を通して、やってきているのではないかなって推測しているんですけれども。

保護司や更生保護に関わる人のなかでも、本当に、中澤さんみたいな人が、更生保護を体現してるんじゃないかというふうに、私自身は感じています。

更生保護のなかでも、保護司全体だったり、あるいは更生保護制度自体を、全体を盛り上げていくためには、どうしたらいいのか、中澤さん自身の考えがあったら教えていただきたいと思います。

■ 更生保護制度を盛り上げていくためには

◇中澤：　更生保護を盛り上げていくっていうのは、これはね、なかなか……私、保護司に、どうしてなったのかっていったら、個人プレイでやっていけると思ったからなんです。自分の考えで、自分の時間をつくって、自分の心と体を動かせばいい、それは、基本的に、できるかなって。

やはり、保護司の制度があって、保護司会【※】っていう大きな組織、これは全国的にあって、その関連組織に、更生保護女性会【※】とか、いろんな組織がある。そのなかで、自由闊達に、自分だけで活動しようというのが難しい時もあるんですね。

だけど、私的には申し訳ないけど、自由にやらせてもらったなと……誰か、他の先輩の保護司の人が、目を避けたくなるような、眉を寄せたくなるようなこともあったんじゃないかなと思いますけれども、それはそれで、私がしたい、私がすることで人に喜んでもらえるという、基本的なものが自分のなかにあったものですから、割と自由に、活動をしてきたんです。

これを、全体的に盛り上げていこうというのは、これは、すごい難しいですね。60年も70年も脈々と更生保護の関わりが積み重なっているわけですから。それを、いい方向に、変わった方向に、というのは、すごく難しいと思うんですけど、やっていかなくちゃいけない。

「社会を明るくする運動【※】」なんかね、毎年、70数年もやってるわけですけれど、知名度が薄かったりとか、ネーミングが古すぎたりとか、何かやってることはティッシュ配ってというので啓発活動ができるのかなとか、クエッションはいっぱいあるんですけれども。それでも、意味もなく70年間やってきたわけじゃないでしょうからね、諸先輩の人たちが。だから、何かメリットなり、何か良いことがあるから、それを繋げて70数年もやってきたんでしょうから。

だから、それ以上に、何か新しいことを、何か繋げていこうということは、皆さん、考えて、やられて、少しずつですけれども、やっていく方向に向いていると思いますが、目に見えて、何かこう大きく変わったというようなことは、私自身も感じてはいません。ごめんね。

◇日野原（4年）：　ありがとうございます。

◇成川遥（4年）：　4年の成川と申します。本日はお話ありがとうございました。おふたりのお話を聞いていて、たとえば、十島さんが、中澤さんに褒めてもらえるとか、他の大人には言わないようなことを言っていたといったお話だったり、中澤さんが最後におっしゃっていた、会話を大事にするというところが印象的でした。

そこで、お伺いしたいことがありまして。たとえば、親世代との会話や周囲とのコミュニケーションが不全であるとか、親や周囲に認められてこなかったとか、そういう人、非行少年の子どもたちがいたとして、そういう子ども、少年たちとの関わりのなかで、過去に満たされていなかったものや、親に認められてこなかったこと等を、何か褒めたり、声をかけたりして、満たしていくことで、それが、非行少年のモチベーションアップになったり、更生に繋がったりしているのかなと思いました。

そういった点について、おふたりにお考えをお伺いしたいなと思いました。

■ 何が更生に役立つのか

◇十島：　まず、私から。人間ってみんな褒められると嬉しいじゃないですか。でも、なんか、やっぱり、何て言うんだろうな、褒められるためにやってるわけじゃないじゃないですか。

ただ、当たり前のことを当たり前にやってるだけのことを、たとえば、ちっちゃい子どもには、おもちゃで遊んでて、そのおもちゃを元に戻しただけでも、普通、「あ、偉いね」って言うじゃないですか。

だけど、それが、大きくなるにつれて、片付けるのが当たり前で、片付けないと、「かたせよ」って、なるわけですよね。その当たり前のことを、当たり前にやってきたことを、親だとか、学校の先生だとかは、いちいち取り上げないですよね。

だけど、そういったところを、たまに、拾ってもらうと、嬉しかったりするじゃないですか。ただ、どこで満たされるか、ちょっとわからないですけども、そのおのおの、人それぞれ、どこで喜ぶかっていうポイントは、人それぞれだと思うんですけれども。何か、たまに、いつも当たり前にやってることを、それが当たり前なんじゃなくて、褒めてやるのは、絶対にプラスに……何て言うんだろう、人間関係のアレですよね、それって。更生がどうのこうのって言うんじゃなくて、人との繋がりが、人と上手くコミュニケーションが取れていれば、その人の言ったことを素直に聞き入れてくれたりっていうのがあるのかなあと思います。

◇中澤：　あのね、どんな子でもね、存在を認めてあげる。君がそこにいるのを知ってるよ、わかってるよ、歩いてるのわかってるよ。それはね、やっぱり、アイコンタクトでも、言葉でも、何でもね、「お、元気そうだね」とかね。

で、どんな子でも、それに気がついたらね、やっぱり、「俺のこと、見てる人がいる」とか、「俺のこと、気にかけてくれてる人がいる」って思えば、自分自身でも、嬉しいわけじゃないですか。ちょっと気にかけて、声をかけてくれるって。

私ね、３年くらい、ずーっと、声をかけ続けて、ずーっと、無視されてた子がいるんです。もう、ちょっとでも見かけると、「おう、元気？　帰ってきた」って言う。それでも、すーっと行っちゃう。全然……これ、もう、ゲームの一つみたいに、ずーっと声かけしてました。

そしたらね、ある日、地下鉄の階段をのぼってたんです。その日、雨が降ってたんです。私は、傘、持ってたの。で、その子が、私を通り過ぎて、行っちゃったんです。ああ、あの子だなって思ったら、出口で立って、待ってるんです、私のことを。私だっていうことを百も承知で、通り過ぎて、それで階段の上で待ってる。

で、私、「傘、入る？」って言ったら、「入ります」って言うの。ずっと、何年も私のことを無視して、聞いてないふりしてたのに。でも、この子には伝わってたんだって思った。で、傘のなかに彼が入ってきて、たった、ほんと、百何十メートルくらいしか、行かなかったんですけど、一緒に歩いて、「またね。また、会おうね」って、「元気で学校行きなよ」って、彼、「はい……」って。

たったそれだけ。それだけだけど、また、ところどころで、私を意識してくれる、私の存在を認めてくれる。こっちもちゃんと、目を皿のようにして、彼を見つけては、声をかける。そういうこともありました。やっぱり、知っててくれるっていうのは、自分のことを知ってるというのは、悪い気はしないんじゃないかと思います。

もうひとり、やっぱり、なかなか反応を示さない子に、ずっと、声をかけてて、ある日、阪神タイガースが好きだっていうことが、わかって。その子も、何年もかかりましたけど、ふたりで、「は～ん、し～ん、タイガース！」って、公園で歌ったんです。あの時はね、すごい、私も幸せだったけど、彼も心をちょっと開いてくれたんだなって思えた。

だから、諦めないで、「君がいるっていうことを知ってるよ」って、「あなたがいることを知ってるよ」っていう、ちょっとメッセージを送るっていうことは、重要だと思います。

◇森下維友（３年）：　小西ゼミ３年の森下です。本日は貴重なお話、ありがとうございました。１点、質問があります。保護司をするうえで、やはり、一般的には、金銭的な余裕であったり、時間的な余裕がないと、やっていくことが難しいとか、モチベーションを保つことが難しいと思うのですが。

おふたりが、保護司のご経験のうえで、行政に対して、こういうサポートがあったらよかったなとか、こうして欲しかったなとか、そういうことがあれば、お聞きしたいです。

■ 保護司の活動に、金銭的、時間的な余裕は必要か

◇十島：　そうなんです、書いてあるんです、保護司になるのに、金銭的な余裕がどうのこうのって。私は、金銭的な余裕なんてないです、まったく。

で、中澤さんに推薦された時に言ったんです、「金銭的にどうのこうの……」って。そしたら、中澤さん、「金銭的な余裕なんて……心の余裕があればいいのよ」って言って。

モチベーションとか､何て言うんだろうな､めちゃくちゃモチベーションがあって、「保護司、やってます！」っていう人より、「なんか、流れでやってます」っていう人のほうが、多いんじゃないかな。

でも、みんな、なんとか、うまくモチベーションをつくってやってると思います。行政に対する要望とかは、とりあえず、まだ、私のなかには、ありません。

◇中澤：　だからね、保護司って、保護司会のためだからって、やってないからね、私。対(たい)、その人であったり、その子だったりして、やっているので。

こう、気持ちを高めて、保護司だからというような、なんか肩に力を入れてるようなやり方は、全然……日常のなかでの、日常の延長のなかで、保護司をしてるところがありますから。

まあ、持ち出しは、結構、あったりすることもあるけど、自分が、宝石を身につけたい､どこか海外旅行に行きたい､お酒を飲みに行きたい､カラオケでお金使いたい､ホストクラブに行きたい、そういうのが、全然ないから。

人との、まわりの人との繋がりで、自分は、非常に、幸福感をもっていますので、なんとなく、自然のなかでやってましたね。ただ、行政としてね、ずっと、この、保護司の無給の状態に、甘んじてていいんですかっていうことは、少し思ってます。

善意だけで、これだけ、４万も、５万もの人たちが、保護司をやってるんですよ。それを､お国の人は､「ありがとうございました」で､いいのって。たまに､表彰状や､なんかをくれてね、「なんとかの賞です。差しあげます」って、そういうことで……そういうのが欲しくてやってるわけじゃないしね。

もう少し、国も、何か考えて、そういう無給でやってるんだったら、たとえば、毎月、交通費のプリペイドカードをあげましょうとか、携帯でいろんな連絡をとっているから、最低、携帯の基本料金は差しあげましょうとか。何かね、方法はいくらでもあると思うんです。お給料は払わなくても、援助してくれるかたち、何かそういうことって、ありそうじゃないですか。ラーメン券、くれなくてもいいけども、何かあると、もう少し、若い人たちもやる気になってくださる人がいるかなあ、と思うけど。

でもね､これ､保護司の役割ってお金に換算できないの。だから､お給料を､もし､くれたとしたら、これだけやってるのに、これだけの給料しかくれないのって、そういうかたちになると思うんですね。私の、気持ちだとか、身体、その動いた分、目方に測って､「あ～あ、これだけのもんなの」って、言いたくなっちゃうかもしれない。

だから、お金が関わってないっていうことで、また、やり甲斐がある、と言うか、金銭でアレできない、そういうことをやってるんだっていうことのほうが、自由にできるのかもしれませんね。

でも、それに、国が、ずっと甘んじてていいのかなっていう、クエッションは持っています。

◇山田恵利花（３年）：　本日は貴重なお話、ありがとうございます。小西ゼミ３年の山田と申します。

中澤さんに質問させていただきたいです。先ほどお話にもありましたように、保護司の管轄の区が違えば、保護司の担当もまた変わってしまうといった、保護司さんの限界って、数々あると思いまして。それで、中澤さんは、そういった限界を突破されてこられたんだろうなあと感じたのですが。中澤さんでも、ちょっと直面してしまった、保護司さんの限界等があれば、教えていただきたいです。

■ 保護司の限界といったことを感じられたことは

◇中澤：　あのね、「玄界灘の波高し」でね、乗り越えられないことなんて、たくさんあるんです。自分のなかで、納得のいかない終わり方っていうのが、保護観察のなかでいくつかありますけれども。やっぱり、人を殺(あや)めたりした対象者を受け持った時に、被害者の側に立つわけですね、こちら側も……被害者の気持ちになる。

こんな子に、自分の子どもを亡くされた親は、どんな気持ちだろうって思うと、やはり、反省の度合いが浅かったりすると、非常に、こちらもムキになって、関わっちゃうようなところがあるんですね。

でも、保護司には、それを求めてないわけです。その限界を超えなくてもいいわけです。保護司は、あくまでも、立ち直りの支援をするわけですから。

だけどそのなかで、納得がいかないこともあって……自分の更生の話ばっかり、給料はこうなりました、こういうところに就職できました、こういうものを買いました、あ～だこ～だって、自分がどんどんよくなっていく話ばかりを……。普通だったら、丸印(まるじるし)なわけですよ、更生の道を進んでいるわけですから。

だけど、私のなかには、もう少し反省をしながらの更生に、結び付けたいと思うんです。だけれども、そこまでしなくていいんですね。更生してくれればいい。とりあえず、二度と同じ過(あやま)ちを繰り返さなければ、まずはいいわけです。

だけど、亡くなった人に対しての、もう少し心配り、気持ちを運んでくれないかなあ、とかって思って、「じゃあ、現場に行って、この前、私、花を置いてきたんだけど、君も行ってみない」って、「いや、僕は行きません」って。

それじゃあ、済まないだろうって、心のなかで思うわけです。それを何回もやってるうちに、「じゃあ、１回、行きますけど、でも、行きたくないのに、何で俺が、花、買わなくちゃいけないんですか」って、こういう言い方になるんですね。

本来だったら、親御さんが、「行くんだったら、花、持って行きなさい。お線香の一つも持って行きなさい」っていう話になるのかもしれないんだけれども。親御さんとの関わりも少ない、そういうような子を、担当した時に、なんの反省の言葉も引き出せない、無理やり引き出そうとしても、できないしね。

で、そのまま、元気よく、保護観察が終わる。そのあとね、もう本当に、気持ちがすごい重いんです。４年間も付き合ってきたのに、何の反省の言葉も、彼から引き出すことができなかった。それは、被害者の親御さんの無念にも繋がっていくような、そんな気持ちにもなるんですけれども。

だけど、彼は見事に更生している。本当に立派に働いてる。だから、それはそれで、丸(まる)なんですけど、私の気持ちのなかでは、花丸(はなまる)はつけられない。

そういうこともありますし、一生懸命、関わってきたのに、関わって何年も経って、何年もの付き合いもしてきたはずなのに、保護観察が終わっても、ずっと家族ぐるみの付き合いもしてきたのに、ある日、その人が亡くなった。それも、自分自身で亡くなった様子だと、知った時に、何でこんな長い付き合いをしてきてね、その子が死なくちゃいけないようなことに直面してる時に、私が関われなかった……向こうも、関わろうとしないで、ひとりで、自分で、逝っちゃって……。

ものすごい腹が立ったんですけど、一日、その日は、泣いてましたね、その子が死んだ話を聞いた日は。だけど、翌日、考え直すと、「ああ、よくぞ、家族を連れていかないで、自分ひとりで逝って、よかった」って、そう思いました。今、家族みんなを巻き込んで、事件を起こす人たちがいるけど、まあ、あの子、可哀想だったけれど、ひとりだけで、自分だけで逝って、褒めてあげなくちゃいけない、かなって。

そういうことがね、いくつもあります。いい話ばっかりじゃなくてね。でも、それもそれで、やっぱり、乗り越えていかなくちゃなんないから……辛い時もいくつもあります。

◇佐藤太一（３年）：　法学部３年生で、早稲田大学広域BBS会【※】所属の佐藤と申します。僕は、現在、BBS会のほうでは、友だち活動を担当しております。そこで、保護司の方に是非お聞きしたいなと思っているのが、いろいろな方をご担当されて、たとえば、発達障害だったりして、そういった子はこうだなっていう、パターンだったり、そういうところを……僕が、少年の相手をする時に、勝手に推測して対応をしてしまっていいのか、そういう人に対して、真剣に向き合って、寄り添って、理解するように努めるべきなのかというところをお聞きしたくて。

中澤さんが、とりわけ、少年ひとり一人と向き合ううえで意識していることがありましたら、今後のBBS会のノウハウにも繋げたいと思っておりますので、教えていただければと思います。

■ 多様な子どもたちに向き合うにあたっての心得

◇中澤：　今ね、いろいろ難しくて、病名をつけると、いっぱいいろんな病名がつく、お子さんがいるんですね。だから、きっと、私にも、何か病名が、いくつかつくんじゃないかと思うくらい。何か仕分けされてるような気がしてね、あんまり、いい気持ちはしないんですけれども。

いろんな、多動性だとか、集中力が少ないとか、いろんな人が、若い子たちにも、親御さんにも、いますけど。やっぱり、ちょっと、まず、平らにしちゃって、そういう人、子だから、こうやって向き合わなくちゃいけないとかは、思わないようにして、みんな、平らなかたちで、まず、対応していって、それで、どこか凹んでる部分を、少しずつ埋めていくみたいな感じ。

初めから、凸凹してる子なんだって思わないで、平らな感じで接して、見ていく、関わっていく。そして、平らな視線で関わっていく時に、どこが出っぱっているのか、どこが引っ込んでいるのかっていうことを、見極めていって、引っ込んでるんだったら、引っこんでいる部分を、埋めていかなくちゃいけない、出っぱりすぎてたら、そこを削っていかなくちゃいけない。

これは、保護司はね、職人の仕事と同じだと思うんです。もし、少し壊れたお人形があったら、そこを縫ってみたり、貼ってみたり、中に綿を詰めてみたりね、いろんな形にして、元の形に戻していく。そういうことを、ずっと、長い時間がかかるかもしれないけれども、そういうことをしていくうちに、力がついてくるんですね、中身に、子どもたちに。

あと、立派な子に育てようなんて思わなくても、何かいいところを、本当のところを、いいところを見つけてあげる。子どもたちってね、本当にそうですね、ちょっと悪さした子どもたちでもね、嘘を見抜くのがすごく、敏感に、嘘っぽいことを言ってるなとかっていうのが、わかるんでね、本当のことで褒める。

褒めるところがない子もいっぱいいるんですけど、なかったら、まつ毛を褒めるとか、歯並びを褒めるとか、耳がいい耳してるとか、とりあえず、いいところから、褒めていって、そのいい気分を広げていくというかたちでやっていくと、なんかこう、両方が、お互いに、近づいてこれる。

だって、私なんかも、そうですけど、悪いところをあげたらいっぱいあるんだもん。私も小学校の時に、「照子ちゃん、目、綺麗ね」って言われたら、私ね、石鹸箱のなかに水を入れて、目、パチパチパチパチやってましたよ。目薬のない時に。で、私に、「モトコちゃん、歯、綺麗ね」って言われた子は、ずっと、しょっちゅう、歯を磨いてました。

だから、そんなもんでね、褒められたことってね、割とね、心に残ったりするんですね。みんなもね、いいとこ、見つけて、褒め合ってください。

closing comment

◇小西暁和（早稲田大学 法学学術院 教授）

本日は大変貴重なお話を二先生からお伺いしまして、このタイトルの「保護司の限界を超えて」というように、中澤さんも、必要以上のことをしすぎる、ほっとけない、そういうようなことで、今まで関わられてこられたとお話しされていました。

「ここまでということに、ルールではなっていますよ」、「法律ではこうなっていますよ」ということもありますけど、むしろ、それを超えることのほうが、人間の生きていくなかでは、必要な場合というのが、実は多いのではないかなと感じています。

やはり、人間が、生身の人間が生きていくなかでは、「法律の限界」というようなところがあると、今日お話をお伺いしながら強く感じました。

そして、やはり、それも、ボランティアの強味でもあります。ただ、中澤さんも指摘されていたように、善意だけでやっていていいのですか、といった気持ちも、本当に今後、この保護司の仕組み等を考えていくうえでは、我々もしっかりと認識していかなければいけない点ではないかなと思いました。

中澤さんが保護司の活動をずっとされてこられて、さらに、十島さんが弟子ということで表現されておられましたが、十島さんが継がれて、その次の代へと引き継がれていかれるというのは、すごく大事なことですし、とてもいいかたちで、これまでの中澤さんのご活動が、さらに次の代へと展開されていかれているということで、今日のお話をお伺いしながら、すごく心に響きました。本当に今日はありがとうございました。

（授業実施 2021 年 6 月 18 日）

〈補足解説〉

※BBS会：BBSとは“Big Brothers and Sisters Movement”の略であり、兄や姉のような身近な存在として様々な問題を抱える少年に接しながら、少年が自分自身で問題を解決するようになり、健全に成長していくのを支援する更生保護ボランティア団体。犯罪や非行のない地域社会の実現も目指されている。

※児童自立支援施設：「不良行為をなし、又はなすおそれのある児童」及び「家庭環境その他の環境上の理由により生活指導等を要する児童」を入所又は通所させて、個々の児童の状況に応じて必要な指導を行い、その自立を支援するとともに、退所者についてもアフターケアを行うことを目的とする施設。かつては、感化院・少年教護院・教護院と呼ばれていた。

※試験観察：家庭裁判所の少年保護手続の中で、少年に対する最終的な処分を留保して、相当の期間、家庭裁判所調査官の観察に付すること。観察の結果を踏まえて最終的な処分が決定されることになる。

※保護観察：40頁ご参照。

※生活環境調整：刑務所や少年院に収容されている人が釈放後に円滑な社会復帰を果たせるように、釈放後の帰住先の調査、引受人との話合い、就職の確保などを行い必要な受入態勢を整えること。

※保護司会：保護司が配属されたそれぞれの保護区において加入する団体。研修、犯罪予防活動、関係機関との連絡調整、広報活動など組織的な活動を実施している。

※更生保護女性会：青少年の健全な育成を助け、犯罪を行った者や非行のある少年の改善更生に協力するとともに、地域社会の犯罪・非行の未然防止のための啓発活動を行うことを目的とする更生保護ボランティア団体。

※社会を明るくする運動：犯罪や非行のない明るい社会を実現するために、犯罪・非行の防止や矯正・更生保護に対する国民の理解を促進し、全国民それぞれの立場での協力を呼び掛ける法務省主唱の啓発活動。

※早稲田大学広域BBS会：更生保護ボランティア団体のBBS会として活動している早稲田大学公認サークル。保護観察を受けている少年や様々な生きづらさを抱えた子ども達に対して、話し相手になったり勉強を教えたりする活動をしている。様々な大学等の学生が所属するインカレサークルであり、全国屈指の規模を誇る学域BBS会（大学に本拠を置くBBS会）である。

4th viewpoint

【医療・福祉の視点】

医療・福祉の視点が不可欠の時代に

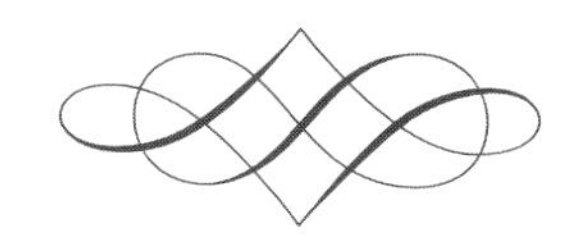

opening comment

◇**小西暁和**（早稲田大学 法学学術院 教授）

第４回となります、更生支援事業団と早稲田大学法学部小西ゼミとの共催プロジェクト、特別連続講義を始めたいと思います。医療・福祉の視点から、この行刑・矯正、更生保護という領域について考えていこうと思います。

本日は、おふた方の先生方から、お話を伺うことになります。

まず、福田祐典さん。医師であるとともに、厚生労働省の健康局長も務められてこられました。

もうおひと方、伊豆丸剛史さん。現在、厚生労働省社会・援護局の矯正施設退所者地域支援対策官という役職で、これは新しく2020年の10月につくられた役職ということでもあり、そのご活動の現状等を、お話いただくこととなります。

では、まずはじめに、福田さんからお話をいただければと思います。お願いいたします。

keynote lecture 4-1

矯正における医療の役割とは

福田祐典

（医師）

■ 前置きとして

皆さん、こんにちは、ご紹介いただきました福田と申します。授業の前、小西先生とのお話で、現場からの視点が大事ということで、その通りなんですけども、私は、医者の免許は持っていることは持っていますが、先ほどもお話がありましたように、私自身のキャリアというのは、34年間、厚生労働省の役人をやっていたということなので、どうしても、今日の話も、制度の企画から、制度をつくっていって、どう運用するかみたいなお話になってしまうと思うんです。

なので、私のあとに、今、厚生労働省で活躍いただいている伊豆丸さんからお話しいただいて、伊豆丸さんは、南高愛隣会【※】で現場をやってこられた方なので、私の話は、前座で聞いていただいて、世の中、こんな枠組みなんだねって、念のための確認みたいなお話とさせていただいて、伊豆丸さんのお話で盛り上がっていただければということで考えております。

で、私自身、なぜここにいるのか、という話なんですが、今から十数年前、行刑改革で、監獄法から刑事収容施設法になって、段階的に施行されていく時に、法務省の矯正医療の担当者ということで、法務省に２年ちょっと、お世話になったということもあって、一応、厚生労働省の医療・福祉の世界と、法務省の世界を、少しだけ知ってるということで、今日は、そういう立場から、お話ができたらいいかなと思っております。

今日は、大きく三つに分けてお話ししたいと思います。

一つは、国全体が、医療も含めて、対象者、それから、考え方がどう変わってきているかということ。

□ 人口転換 → 健康転換→制度転換
〈平成７年厚生白書の視点〉

二つ目が、矯正・保護の対象者の状況と、それに対して矯正・保護はどう対応してきたか。これはもうすでにお話があったかもしれませんけど。

> □ 日本の社会保障制度は如何に対応してきたのか
> 〈司法分野の動き、国際社会の動きも念頭に〉
> □ 矯正・保護の対象者の現状と課題
> 〈犯罪白書等のデータから ＋ 矯正医療とは〉

そして、具体事例として、いわゆる刑の一部執行猶予の関係で、薬物依存、薬物事犯の方々についての対応ということで、医療がどう関わっているかということを簡単にお話をさせていただければと思っています。

> □ 医療の視点からの取り組み事例のご紹介
> 〈刑の一部施行猶予（薬物）、医療観察法【※】（心神喪失等）〉

■「人口転換」：人の支え合いが大切な時代に

世の中のいろいろなことを考えて、制度をつくっていくうえで、何が一番大事かというと、「人口」なんですね。人口がどうなっているか、人口がどう変わっていくか、というところが、実は非常に大きい。

最初から結論を申しあげますと、「高齢化が進む」。これは、皆さん、ご存知のとおりで。

そして、「少子化」。で、10年ほど前から、人口減少の話が声高にいわれるようになってきている。どうなってきているかというと、世帯は、単身世帯、単身化してきて小さくなってきている。

で、結局、人の数は減ってきていて、人々のそれぞれの価値、ひとり一人が社会の構成員として、今まで以上に重要になってきている。なのに、それを支える地域の力や、世帯、家庭の力、そういった支える力が弱くなってきている。

ひとり一人が大事なのに、支える力が弱くなっている。これに、どう対応するのかというのが、大きな、社会全体の取り組みになっているということです。

> □ 人口転換
> 高齢化、少子化、人口減少、単身世帯化 →〈家庭や地域力の低下〉

これ（次頁図）は、皆さん、よくご存知だと思います。人口の推移です。

Population Trends in Japan

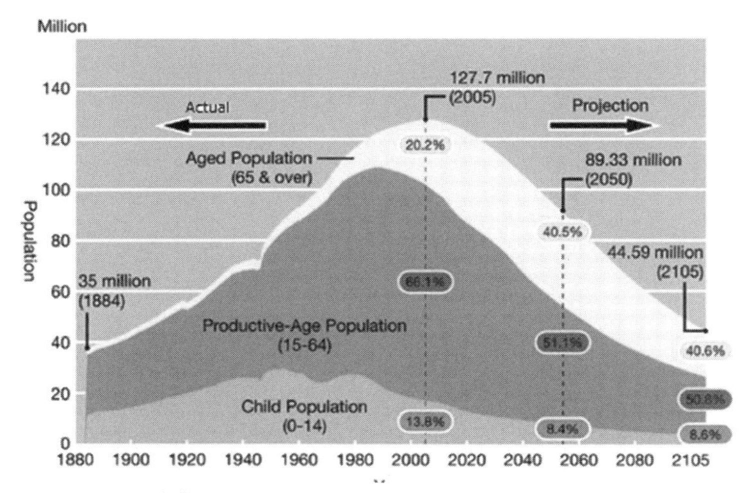

出典：国立社会保障・人口問題研究所　http://www.ipss.go.jp/pr-ad/e/eng/04.html

一番の上の山、白い山が、高齢者です。もう高齢者はピークアウトしていまして、しばらくこの高い水準が続くんです。

で、次の山が、若者、皆さんは、このなかに入っていると思うんですけど、今は、そこそこいるんですけど、これから、もう、減っていくんです。

一番下の山が、子どもです。子どもはどんどん減っていくので、この減っている子どもが、若者になっていくので、それが積み重なっていくと、ある意味では、より影響力を増して、いわゆる労働生産年齢人口【※】が、より小さく、減っていくというかたちとなっています。ただ、当面の間は、高齢者の数は変わらないと。

こういう状況にあるということだけはご理解いただいて、また、皆さんがちょうど、社会の責任ある立場として活躍される、20年後くらいのところでは、なかなか大変な状況になるんだよ、というところだけ、あらかじめご理解いただければと思います。

次に、これ（次頁図）は、人口ピラミッドですね。いわゆる社会政策をつくる時には、こういう人口の様子を見ながら、制度を考えていくわけなんです。

今の日本の制度というのは、戦後の1950年、高齢化率4.9パーセントの綺麗なピラミッドの頃につくられたものなんですね。子どもは、戦争のあとで、たくさん生まれました。戦後のベビーブームです。

これが、50年、60年経って、2010年、こういうふうに飛び出した人たちが、高齢者になりますよ、という話なんです。2020年になって、これらの人たちが、高齢者から、後期高齢者になろうとしてる。

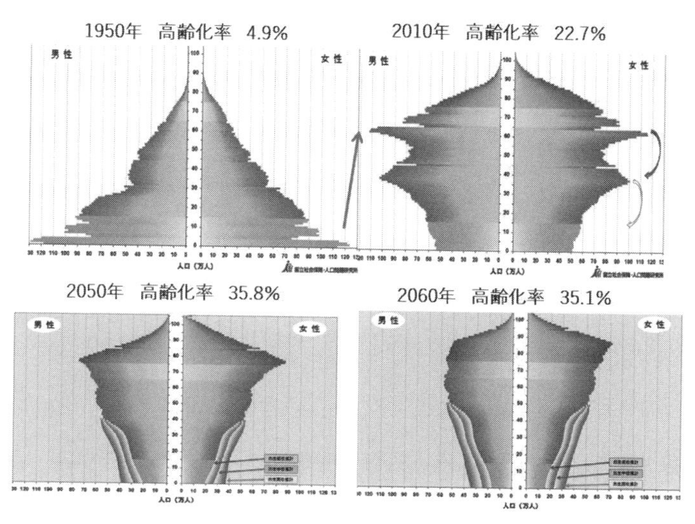

出典：国立社会保障・人口問題研究所

で、何が言いたいかというと、この「戦後ベビーブーム」の人たちは、子どもをそこそこ、産んでるんです。自分たちが飛び出してる分だけ、その子どもも飛び出している、産んでくれている。ところがですね、その下の飛び出した人たち、ちょうど、皆さんのお父さんやお母さんの世代に近い人たちなのかもしれませんけども、そこの人たちは、あまり子どもは産んでないんですね。

結果的に、これで世の中のトレンドが決まって、もうずっと、それは、いい悪いの話ではなくて、これでトレンドが決まって、あとはどのくらい、いわゆる、子どもの数、要するに、ボトムが狭まるか……。一旦、ボトムが狭まると、いくら子どもを産んでも、簡単には、なかなか人口は回復しないことがおわかりいただけると思います。少子化の影響は幾何級数的に効いてくるのです。

社会政策を考える時に、「少子高齢化・人口減少を前提とした制度設計が必要で、仮に、人口置換水準を維持できるようになっても、実際に人口が安定するまでにしばらく減少し続ける」ということなんです。要は、社会は、これから、いろんな意味で、本当の意味で、支え合わないとたいへんな時代になりますね、ということなんです。

□1 世帯当たりの人数の減少

＊全国平均は 2.27 人　　0.11 人減（5 年前の前回調査）

＊東京は 1.95 人と全国最低　　初の「2 割れ」

出典：2020 年国勢調査の速報集計（総務省 2021 年 6 月）

これは少し前に行われた、国勢調査です。調査は年次でやってますが、その結果が速報値で出ています。これを見ると、世帯が小さくなっている。高齢世帯で、どっちかが先立たれて、ひとりになっちゃう。

で、若い人たちは、あまり結婚しなかったりとか、親に寄生する人もいるみたいですけど、まあ、世帯としては、全体としては、非常に小さくなってきていて、やはり、支える力や包含する力というのは、非常に弱くなってきているということなんです。

■「健康転換」:合理的配慮における社会参加の実現

ここまでが、おおむねデモグラフィックな、人口的な話ですけれども、一方で、ヘルスはどうなっているかと言うと……。

□ 我が国における死因別死亡割合の経年変化（1899-1998）

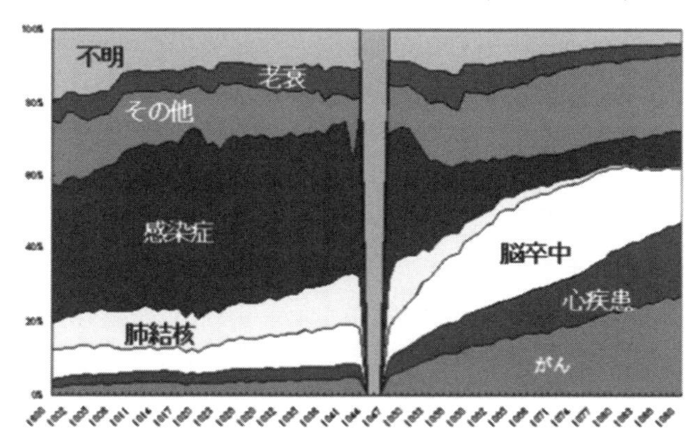

出典：厚生省人口動態統計

これはよく皆さん、ご存知ですけれども、この真ん中の部分は、戦争の時で、データがない時です。戦争より前は、今、ちょっと大変ですけど、「感染症」が。死因の主なものだったんですね。

戦争からあとは、経済が発展して、高齢化で、みんな長生きするようになって、どういうふうになったかっていうと、「生活習慣病」で亡くなるようになったと。

死因の分析はとても大事ですが、健康転換により疾病構造が変わると、それだけでは社会政策の立案には十分ではなくなった。そこで登場したのが世界保健機関（WHO）が示す障害調整生命年（Disability-Adjusted Life Years: DALY）なんです。

DALY は「疾病により失われた寿命」と「疾病による生活への障害を余儀なくされた期間」の二つの要素の和により、その疾病による人々への生命や生活への負担を測る指標なんです。

たとえば、80歳まで生きることが期待されているとします。そして、その人が、50歳くらいで病気になったとします。

もし、その50歳で死んでしまった場合には、要するに、本来は生きていたのに死んでしまったので、その30年間、50歳から80歳までの30年間、死亡による損失を1とすると、30(年)×1=30の損失が生じたと計算するわけです。

あるいは、50歳で病気になったけど、治った。治ったけれども、社会で仕事が十分にできなくなって、活動量が半分になった、0.5になった。そうすると、この30年間、死ぬまでの30年間、0.5で生きる。そうすると、逆にいうと、0.5だけ損をしているということになるんです。30×0.5で、15になりますね、かけ算すると。この場合は、15の損失が生じたと考えるわけです。

□ DALY (Disability-Adjusted Life Years: 障害で調整した生存年)
DALY = 損失生存年数 (YLL) + 障害生存年数 (YLD)

そういうようなかたちで、損失したものを、積分して、足し上げていく。それで、その病気、たとえば、ガンならガンという病気が、どのくらい社会にインパクト(負荷、損失)があって、それをどういうふうに対応したらいいのか、というところが、今、限られた資源の中で政策の優先順位を考えるうえで、とても大事になってきているんです。

国のほうでは、これにどういうふうに対応するかと言うと、一つには、健康寿命の延伸ということで、「なるべく元気で生きてちょうだい」ということです。

ただ、世の中は、元気で生きられない人、障害を持ってる人もいらっしゃいます。このような方々に対しては、社会の責任で、「社会のみんなで、治療中の人、障害をお持ちの人の社会参加を支えましょう」、そういうことによって、「活力のある社会を実現しましょう」と。こういうような、大きな流れになっているということです。

これは、障害の世界から始まり、広がっていますが、「合理的配慮」と言います。英語では、「リーゾナブル・アコモデーション(reasonable accommodation)」ということで、国家公務員試験には出るかもしれません。

いずれにしても、そういうようなかたちで、世の中の考えは、ひとり一人を支えていく方向で、今、進んできているということです。

そういうふうにして、病気の重さを見ていく、健康の重さを見ていくと、先進国共通で、重たいものが何かと言ったら、ガンとかそういうものではなくて、一番は、精神疾患なんですね。これは、OECD諸国もそうだし、日本もそうでした。

□ DALY（Disability-Adjusted Life Year）（障害調整生命年）

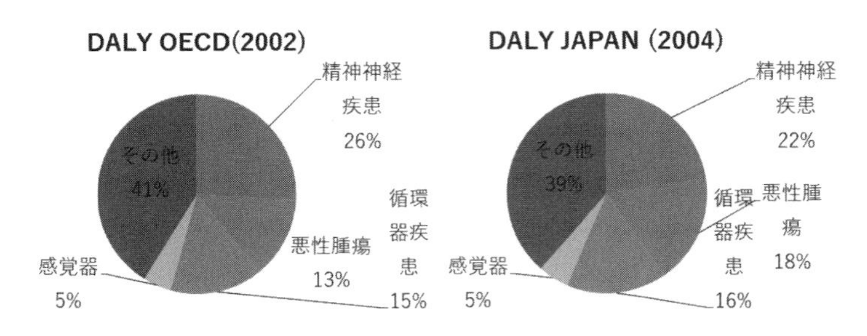

WHO, Disease and injury regional estimates for 2004

なぜ精神疾患の負荷が大きいのでしょう。この図（下図）は、私が精神の担当課長時代に担当した「今後の精神保健福祉医療のあり方等に関する検討会」の第16回の資料に有識者から提出されたものから抜粋したものです。

図は日本におけるDALYを性別、年代別に示したものですが、ご覧いただくとわかるように、疾病の罹患が少ない若者や働き盛り世代の中にあって、男女ともその大部分を精神・神経疾患が占めていることがわかると思います。

その後、DALYの算出方法（状態や年齢の重み付け係数の変化）が変更され、若年層の重み付けが相対的に減少しましたが、依然として若年層において精神疾患のDALYが高いことに変わりありません。

□ DALYs in Japan

DALYs（性・年齢階級・主要疾患別）

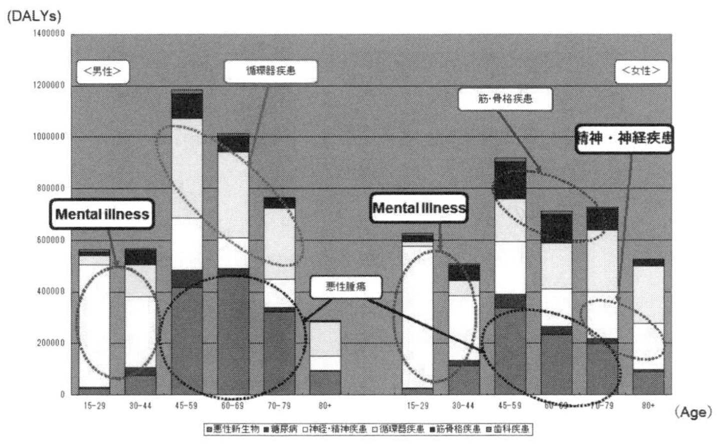

※ DALYs（Disability-Adjusted Life Years）－疾病により失われた生命や生活の質を包括的に測定するための指標

佐藤敏彦先生提供資料より

このことは、若者・働き盛り世代における健康問題、ひいては社会問題（課題）として、精神疾患に関する問題が大きいことを物語っているのです。「合理的な配慮」で、精神疾患の方もこれからは今まで以上に、しかも加速度的に社会参加が進み、能力を発揮されることが期待されています。

そうなると、この（前頁図）「Mental Illness 精神・神経疾患」のところが減っていくわけですね。合理的配慮と社会的包摂の進捗がためされているとも言えましょう。

ということで、「精神疾患への対応をしないといけないですね」と。まあ、このなかには、あとでお話しする、薬物依存というようなものも含まれるということです。

■「制度転換」：すべての人に社会参加が求められる時代にあって

そういうなかで、国全体の制度とすると、どのようになっているかと言うと、先ほども申しあげましたが、昔は、先ほどお示した1950年型の人口ピラミッドがあって、元気な人がたくさんいた。なので、元気な人に、元気なりに、ちゃんと働いてもらう。

そして、元気な人が働いている時のリスクは、二つです。

一つは、健康問題。医療です。なので、健康保険、国民皆保険法みたいなものをつくっていく。もう一つは、失業ですね。働いていれば、本人の事情、会社の事情で、失業することがある。だから、雇用保険。

この二つを、きちんと、1950年頃には、この二つをきちんとやることが、日本の人々を、みんな幸せにして、日本の国の活力が上がるんだと考えられていた。

で、そういう人たちが、ちゃんと、ちゃんとですけど、年金を払っていれば、辞めたあとは、国民皆年金で、老後も心配いりませんよ、と。

□ 社会保障制度に関する勧告　昭和25年(1950年)10月

社会保障制度審議会会長　大内兵衛

主として自力で自立、社会参加可能なひとの自立を制度的に支援

〈基本パラダイム〉　国民皆保険、国民皆年金、雇用保険　等

まあ、こういう物事のつくりだったわけです。つまり、世の中は、「自分の力でなんとかやっていけるぜ」っていう人たちは、その人たちの努力を、うしろから、やんわりと応援する、そういうかたちになっていたんです。

ところが、今、申しあげましたように、21世紀は、高齢者、まさに、3分の1が高齢者です。そして、障害者、だいたい1000万人くらいが、障害者だと言う人がいます。定義にもよりますけれども、実際はもっといるかもしれない。高齢者、障害者のみならず、いわゆる犯罪者も含めて、もはや、マイノリティなのか、マジョリティなのか、もう、わからない。

そういう人たちも含めて、これからは、社会参加をしてもらって、自立と自尊、その人たちの支援をしていくんだと。これが、基本的な、大きな考え方に、政府全体でもなってきているということなんですね。

□21 世紀の社会保障
高齢、障害、犯罪者等も含め、社会参加と自立・自尊を支援
〈基本パラダイム〉
世界：人権、合理的配慮（reasonable accommodation）
日本：加えて、人手不足、福祉から就労へ、治療と仕事の両立支援

これは、基本パラダイムで、日本は、よく遅れていると言われていて、僕も、法務省にいる時も、厚労省にいる時も、ジュネーブの人権委員会のほうから、いつも文句を言われてましたけど……。「人権」と「合理的配慮」、これはもう、世の中の常識になってきているということです。

日本はですね、加えて、人手不足なので、とにかく、何とか、みんなに社会参加してもらわないと社会が回りません、という部分があるわけです。

なので、今までは、ちょっと弱っちゃった人たちは、「なんとか生きていてください」という話だったんですけど、「社会で応援するから、一緒に働きましょうよ」ということで、福祉から就労へというかたちになっています。

もう一つは、今までは、治療をしていたら、「ゆっくり休んでください、治るまでは」という時代だったんですけれど、もう今は、治療しながら、「会社に行って、働ける範囲で働く」と。

僕が役所に入った頃は、ガンになったら、だいたい退職していましたけど、今はガンになっても、みんな働くわけです。死ぬまで働く。働くことのできる機会と環境を整える。いずれにしても、そういうふうに、「治療と仕事の両立支援」となっています。

で、制度的な考え方としては、このようになっているんですけれども、やはり、日本人って、結構、保守的な部分があって、「社会的包摂」、インクルーシブな社会とか、ダイバーシティとか、そういったものに、非常に弱いです。私も、アメリカやヨーロッパで暮らしていますけど、日本人はやっぱり弱い、全然弱いです。それが一つですね。

もう一つ、「スティグマ（偏見）」がある。決定権のあるひとほど、弱者、失敗者、犯罪者、障害者への偏見が強い。というか、妙に潔癖なんです。だから、少しでも、道から外れると、なかなか……本人は戻りたいんですよ、けれども、なかなか戻れない。

そこが、すごい問題なのです。皆さん、これから、社会のリーダーになるわけですから、是非、ここらあたりを意識して、物事を進めていただけるといいな、というふうに思います。

■ 今という時代の矯正のあり様

で、矯正・保護は、どうなっているのかという話なんですけど、早稲田大学の教育学部の出身者でもある、山本譲司【※】さんが書かれた『獄窓記』という本が、僕が法務省にいた時に出ました。

皆さんも読まれたことが、あると思いますけど、この本は、刑務所の中の様子を書いたわけですね。「高齢化がすすんでいて、障害者も増えて……」、そういうような話です。「これは、大変ですね」という話です。「今までの、いわゆる刑務作業とか、そういうものでいいんですか」っていう話です。

また、『累犯障害者』。この本には、何が書かれているかというと、しょっちゅう刑務所に入っている人たちって、高齢者の人、障害者の人、それから、生活困窮者、そういう人たちが、結局、社会から十分な支援、適切な支援がないので、結果的に、本人が意図するしないにかかわらず、「累犯障害者」になってしまった、というものです。

こういった問題提起があって、南高愛隣会が中心になって、国の研究費を活用して、活動をしていただいて、それが今の、法務省と厚労省の自立支援のベースになっているわけです。

最近の犯罪白書でみると、どんな人が検挙されているかといったら、やはり、半分は、窃盗みたいな比較的軽い刑の人、年齢はどうなっているのかというと、高齢化がやはり進んでいるんですね。そして、特別法犯（刑法犯以外の犯罪。道路交通法違反、覚醒剤取締法違反、売春防止法違反など）でいうと、薬関係ですね、覚せい剤や大麻の関係がすごい多い。

□ 矯正・保護の対象者の現状（犯罪白書）

＊刑法犯 検挙人員の罪名別構成比（総数 192,607 人中）

窃盗 48.9%（令和元年）

＊刑法犯 検挙人員の年齢層別構成比の推移

65 歳以上 22.0%（令和元年） ＊平成２年は５%未満

＊特別法犯 検察庁新規受理人員の罪名別構成比（総数 87,868 人）

覚醒剤取締法 15.2% 大麻取締法 7.1%（令和元年）

で、どこに帰っているんだというと、だんだん帰れる場所が限られてきていて、男の人は特に、どこに帰っているのかわからない、という状況になってきている。

あと、入所して、もう１回、再入所するような人たちが、働いているのか、働いていないのか……やはり、働いているほうが、再入所は少ないんですね。

＊出所受刑者の帰住先別構成比（令和元年）

男性　父・母 27.0%　配偶者 7.8%　その他 19.6%

女性　父・母 23.8%　配偶者 13.8%　その他 8.5%

＊入所受刑者の就労状況別構成比（無職）（令和元年）

男性　初入者 62.6%　再入者 69.7%

女性　初入者 77.2%　再入者 86.2%

だから、結局、住むところ、それから、社会との繋がり、そして、働くところ。そして、薬物もそうですけれども、やはり、健康。こうした、医療と住居と働くところ、これを包括的に支援をしていくことが、結果的に、再犯防止にもなるし、社会にとってもプラスにもなるし、もちろん本人にとってもプラスになる。そういうことが、これらの数字からも、わかるということで、積極的にやっていく必要があるポイント。

これはもうすでにお話があったかもしれませんが、刑事収容施設法で、すごいことが書かれている。それまでの監獄法と比べてみても、僕がイメージしている刑務所とも、全然違うわけです。

□ 刑事収容施設法第 30 条　（受刑者の処遇の原則）

受刑者の処遇は、その者の資質及び環境に応じ、その自覚に訴え、改善更生の意欲の喚起 及び社会生活に適応する能力の育成を図ることを旨として行うものとする。

法律条文を読むと、その人の「改善更生の意欲の喚起及び社会生活に適応する能力の育成を図る」。具体的には、改善指導［※］とか、社会での自立支援、社会復帰のための就労支援や、福祉政策の支援をしていくと。

□ 矯正処遇の実施；受刑者に義務付け

作業　　改善指導　　教科指導

社会復帰支援（就労支援・福祉的支援等）

先ほど申しあげたように、要は、福祉支援と就労支援をしていく、生活の場、そういうところをちゃんとやっていくんですよ、という話です。

■ 矯正医療の基本となる考え方

そこで、やっと医療の話になるんですけど、医療は、実は、矯正のなかであろうと、社会のなかであろうと、あまり変わらないわけです。暴力団の親分であろうが、総理であろうが、我々、医者として患者に接する時は、まったく平等です。まったく、そこには、差がないんですね。

医療保険上も、生活保護も含めて、医療費の保障も同じようにされますから、基本的には、あまり差がないので、そういう意味では、意識のなかには、あまり、のぼってこないんです。

矯正医療の歴史をみてみますと、明治26年（1893年）に第1回監獄医協議会が開催されたとのことです。行政組織としては、大正10年（1921年）に司法省衛生官が設置され、それ以降、現在につらなる行刑衛生法規の大半が整備されたとのことです。昭和26年（1951年）新たに矯正医学会が結成され、今日に至っております。

ここでは、日本矯正医学会誌等から定義の変遷を考察することで、矯正医学のもつ意義について改めて考えてみたいと思います。

□ 定義の変遷_1

我々の仕事が、膨大なる犯罪者の健康を快復し、医療によって社会衛生に寄与するだけでなく犯罪性を解明して治療と処遇によって犯罪者の更生による社会福祉への寄与につながっている事実である。

「矯正医学会雑誌」創刊号 初代理事長 大津 政雄

1951年 日本矯正医学会 ← 1925年　行刑衛生会

1957年 矯正医学 ← 1926年　行刑衛生会雑誌

「ヒポクラテスの原則【※】」から始まって、初めヒューマニズムとともに起こった監獄衛生運動が、犯罪者の更生を視野にいれた「矯正医学」と、この時点ではその意義が認識されていたと考えられます。

その後、刑事法制を専門とする皆様のほうがお詳しいと思いますが、医療のなかで議論が戦わされました。その論旨をご紹介します。

□ 定義の変遷_2　；定義への反論

「法理念から演繹的に導出されるような処遇理論とそれに基づく実践は、近代医学の方法論とは正面から対立する。」

「矯正とか、さらには社会防衛というような刑事政策上の理念によって、矯正医学の領域を限定しようとする試みは、この上なく危険であるといわなければならない。」

樋口幸吉「矯正医学の対象と方法について」矯正医学第12巻1号1963年

で、刑務所に入っていると、拘禁的な状態における被収容者の病気を適切に治療することが医療の目的ですよ、というふうに、矯正医療、法務省の医療を定義しました。

□ 定義の変遷 _3　；定義変更 1965 年
本会は、矯正医学の進歩発展に資することを目的とする。
＊犯罪（司法）と疾病（医学）の分離
＊拘禁的環境における被収容者の疾病が研究対象

刑事収容施設法では、それを具体的にどういうふうに対応するのかというと、一般社会の水準と照らし合わせて、適切なものとしたんですね。

□ 刑事収容施設法 第 56 条　〈矯正施設に求められる医療レベル〉
矯正施設において講じるべき保健衛生上及び医療上の措置は、
一般社会のそれらの水準と照らし、適切なものでなければならない。

ちょうどこの法律が施行される時に、私は、いわゆる担当課長みたいなかたちだったので、この三つの仕事をしました。

＊ 刑務所等における医療の充実
＊ 高度医療等は外部医療機関との連携システムを構築、制度化
＊ 治療継続性の確保

一つは、刑務所等における医療の充実ということ。社会と照らして、適切な措置、ただまあ、刑務所の中では、限界もあるわけですが、基本診療の充実をめざし、医師の積極的な確保や外部委託の試み、現在の矯正医療センターの検討開始、矯正医学会の研究活動の充実などに取り組みました。

そして、矯正医療は、外の医療機関と連携をする。まさに、シームレス、壁のない、透明な壁、そういった部分を、医療でも、やっていく、という話です。

もう一つは、刑務所の壁から出て、社会の壁のほうに行く時に、治療が止まってしまうかもしれない。

これまでは、ある意味、強制的に管理されていたわけですけれども、ここからは自由になるわけです。自由になるというのは、いろんなリスクがあるわけです。リスクがあるから、自由というのが、楽しくて、価値があるんです。いずれにしても、治療を継続してもらう必要があるという、そういうことですね。

こういった公（おおやけ）の仕組みによって、「社会と繋がりましょうね」とか、「（出所直後の）

当面の間は、薬を出しましょうね」とか、そういうようなところをやってきたということであります。

■ 医療的視点による刑の一部執行猶予制度について

ここまでは、世の中、矯正の全体の話なんですけれども、最後に、具体的に、「刑の一部執行猶予」ということで、お話したいと思います。

これは、薬物事犯等の人たちに、どのように対応したらいいんだろうということで、長い間、論争もあるので、そういった論争のことも含めて、少しお話をしたいと思っています。

ちょうど、私が法務省にいた頃は、過剰収容だったんです。今はそうじゃないと思いますけども、その頃は、ものすごい過剰収容でした。２階建て風ベッドの部屋があったりするくらいでした。

その一方で、刑務所に勤務している人たちのジレンマ、一種の悩みというものがあったんです。要は、「こんなに過剰収容で詰め込んで、一生懸命にやっているのに、やっと出所してもらったと思ったら、すぐに戻ってくる、５年以内に半分戻ってくる、クスリの人たちとかが……。俺たちって、適切なことをやっているんだろうか」と。または、「こういうことをしている人たちに、過剰収容なのに、こういう場を提供する、このかたちで、果たして、適切、適正、適法なのか」と。

□ 制度施行前

◎刑期の全部を実刑とするか、刑期の全部を執行猶予とするかの２つしか選択肢がなかった。

◎刑務所出所者の再犯防止・社会復帰のための仕組みとして、以前から仮釈放制度があるが、仮釈放期間が短く十分な地域移行ができずに、期間の経過後再犯に至るケースが多数見られた。

例）刑務所出所者のうち５年以内に約５割の者が刑務所へ再入所（覚せい剤取締法違反の者の場合。平成 27 年版犯罪白書による）

ちょうどその頃、アメリカでは、「ドラッグコート【※】」といって、社会内で処遇をする、社会内とセットで処遇をする。そのことによって、要は、受刑者は、最後には、社会に出て来るわけですから、社会においてもクスリを使わない、そういう生活を身につけてもらう仕組みですね、そういうものができた。

そして、「アメリカでは、そんなのをやってるよ」という話と、日本では、監獄法も改正されて、刑事収容施設法で、改善指導があって、社会への再統合、それを支えるんだ、それを支援するんだというように、刑事施設の役割が、一つ、変わってきた。

＊過剰収容（議論開始当時）
＊ドラッグコート（米国）などの他国例
＊刑事収容施設法　特別改善指導：Ｒ１薬物依存離脱指導

じゃあ、それを、社会でどう受け容れていくのか、社会にうまく溶け込んでいくためには、どういう仕組みが必要なのかということに、当然、なるわけです。

それで、刑の一部執行猶予の話で、制度そのものは、もう皆さんのほうが詳しいと思いますが……今までは、いわゆる、全部実刑か、全部執行猶予しかなかった。これに対して、実刑と執行猶予、両方、足して２で割って、うまく組み合わせをすることができる。薬物事犯について言うと、保護観察【※】に付して、刑務所内の教育と合わせて社会の中でも指導していくというような、そういう、まあ、便利な仕組みができた。

□ 刑の一部の執行猶予制度の創設について
３年以下の懲役・禁錮を言い渡す時、判決で１～５年の間
その一部の執行を猶予することができる。
・前に禁錮以上の実刑に処せられたことがない初入者等
……猶予中、保護観察に付すことができる（裁判所の裁量）
・薬物使用等の罪を犯した者で初入者でないもの（累犯者）
……猶予中は必ず保護観察に付す。

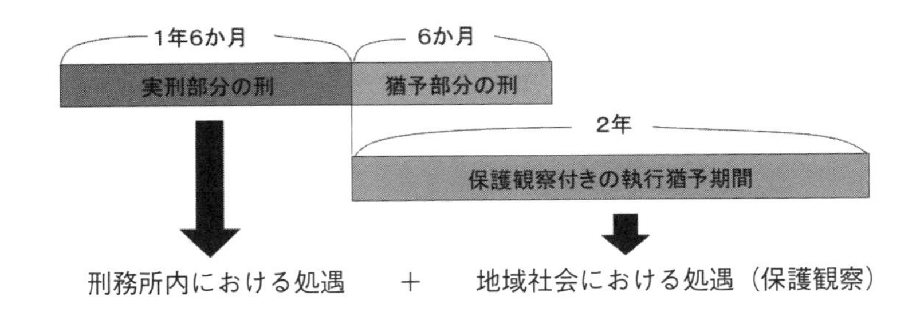

これ自体、結果的には、いろいろ……受刑者にとっても、「刑を終えるまでの期間が長くなっちゃう。真っ白くなるまで長くなるじゃんか」というような批判も、あるんですけど。

しかしながら、こういうかたちで、本人、全体としての、「本人と社会の利益を確保していきましょう」というかたちになったんだと思います。地域社会における処遇、保護観察を中心として、そこに、医療も含めて支援を行っていく体制が、法律上も整備がされた、ということになります。

この制度ができるにあたって、ポイントというのは、薬物依存で、もともとの問題があって、放っておくと、また刑務所に戻ってきてしまう。だとすると、やはり、保護観察期間の長期化が見込まれますよね、という点です。それをどういうふうに解決するのか、ということです。それから、保護観察が終わっても、なるべく、今まで通りにやってもらわなければいけない。その体制をどうつくるのかということです。

□ 制度導入に当たってのポイント

◎薬物依存のある保護観察対象者の増加、保護観察期間の長期化が見込まれる。

◎保護観察終了後も、必要な支援等（薬物依存に対する治療・相談支援、家族支援など）を受けられる体制を整えておくことが特に重要

→ 保護観察所と地域の医療・保健・福祉機関等との連携が不可欠

それで、先ほどもお話しましたが、地域医療や保護、それから、福祉ですね、それらの連携が不可欠ということです。医療だけでできるわけではないので、医療もそのなかの一つの役割、パーツとしての役割を果たす、ということになっています。

そうすると、次に考えないといけないのは、これは少し医療の領域になるんですけれども、今まで、対策がなくて、塀から出たら、また戻ってしまうと……「なんで戻っちゃうんだ？」っていう話ですよね。

それは、薬物に依存している人たち、まあ、いろんな人たちがいるんでしょうけれど、そのなかで、なぜ、もう１回戻ってきちゃう人がいるのか。どんなに楽しいことだって飽きたりするはずなのに、どうしてクスリには飽きないのか。その本質を理解しないと、適切な対応ができないんじゃないか、ということです。

これについては、いろいろな仮説があるわけなんですが、新しい仮説が出てきて、要は、本人は、楽しくてクスリをやっているんではない、クスリが楽しくウハウハだからではなくて、現実が厳しいから、その現実の厳しさから逃れるために、クスリを使う、クスリに逃れるんだ、という仮説です。

これは、いわゆる、「自己治療仮説」と言われていて、痛みが……つらい感情や生きづらさ、孤立、そういう痛みがあって、自分の居場所もなく、でもそれを何とか耐えて、それでも、やはり、耐えきれずに、クスリを使ってしまうという考え方です。

□ 自己治療仮説

依存症の核には「痛み」がある　(E.J. Khantzian & M.J. Albanese, 2008)

＊つらい感情　＊自信のなさ　＊孤独・孤立　＊つらい関係

これは、松本俊彦【※】さんがよく使ってるスライドから言葉を借りてきましたが、

人は私を裏切るが、クスリは私を裏切らない。
——依存症は「安心して人に依存できない」病気
出典：松本俊彦

要は、薬物依存症から回復した人が、すべてとは言いませんけれども、そのうちのかなりの人たちは、やはり、お互いに信頼できる、社会の繋がりをきちっとできる、これがやはり、病気というもの、依存症というものから脱却していく、大きな力になっているということが、一つの仮説としてあるわけです。

そして、薬物事犯についていうと、厳罰主義が、これまで、ずっときていましたけども、この10年前くらいから、世界の様々な政策も、徐々に変わってきていて、厳罰主義という、法の支配がいけないわけではなくて、ちゃんと一定の法律的な枠組みは必要なんだけれども、ただ、懲罰だけではなくて、治療や回復、社会への再統合、こういったものも使っていくということに、もっと重きをおくべきですね、という方向になってきているわけです。

＊薬物戦争の用語は、1971年6月17日にアメリカ合衆国大統領リチャード・ニクソンによって初めて用いられた。
＊2011年6月、薬物政策国際委員会は薬物戦争に関する批判的な報告書を公表
＊2013年の国連の薬物乱用防止デーにおいて、法の支配は一部の手段でしかなく、刑罰が解決策ではないという研究が進んでおり、健康への負担や囚役者を減らすという目標に沿って、人権や公衆衛生、また科学に基づく予防と治療の手段が必要
＊2019年6月、国際麻薬統制委員会：
懲罰ではなく治療回復、社会への再統合といった、代替策の可能性
（出典：Wikipediaより一部改変）

（ご参考）

1980年代以降　オランダ、スイス、カナダでのHR実践
2001年　ポルトガルで薬物使用・保持の「非犯罪化」
2013年　WHOが各国に「薬物問題の非犯罪化」を勧告

（出典：松本俊彦；ハーム・リダクションの理念とわが国における可能性と課題、精神神経学雑誌、第121巻第12号（2019）914-925）

で、そうなってくると、治療と支援の継続を支援する仕組みをつくらないといけないということで、それがちょうど、私が、精神・障害保健課長とか、精神保健研究所長をやっていた頃に、そういう枠組みができてきました。

初診3ヶ月後にはすでに7割が治療中断といったら、1回受診したら、もう次、来ないということですから、事実上、全然、治療に繋がっていないという話になるわけです。

□ 薬物依存症者は治療・支援から「脱落」しやすい

＊薬物依存症専門外来初診3ヶ月後の治療状況

(Kobayashi. Matsumoto, et al. PCN 2007)

治療中断：70%　治療継続：30%

＊治療継続者のうち…　断薬：96%　使用：4%

これに対して、アメリカの実績、モデルをベースにして日本風につくりあげたのが、これは、ダルクの話でも出たかもしれませんけど、薬物依存、回復のプログラム、「スマープ　SMARPP」というやり方、集団療法です。

□ 薬物依存集団療法

SMARPP（スマープ）；Serigaya Methamphetamine Relapse Prevention Program

＊研究費で開発、効果検証

＊全国展開を見据えて各県最低1箇所の実施拠点を要請（課長時代）

＊診療報酬評価、刑の一部執行猶予制度、依存症対策強化

で、その中身はここでは触れませんけど、研究費で開発して、一定の効果がありそう、ということでした。この時は、まだ、刑の一部執行猶予は、具体化していませんでしたけれども。

いずれにしても、薬物依存というのは、基本的に嫌われるんです、病院からも。と言うのは、なんとなく、怖い人たちの仲間が来るから他の患者が逃げちゃうとか、それから、薬物依存自体は、先ほどの厳罰主義の話もありますけど、「第三者行為【※】だろう。何で、公的保険で面倒をみて、医療費で上乗せをしてあげないといけないんだよ。本来だったら、そんなん、自分で払えよ」という意見が、根強いわけですね。

だけど、一応、世の中も、刑の一部執行猶予の話も出て、それから、政府も、IR【※】の関係もあって、依存症対策も強化されて、診療報酬でも、一応、評価もされて、医療機関でも治療がやりやすくなってきている。各県でも、こういったプログラムにも対応できるところを、ちゃんとつくろうというかたちですすんできている。

私が、厚労省にいた時は、40、50箇所ぐらい、名乗りをあげてくださって。自分のところの名前を、この（集団）プログラムにつけて、多摩地区だったら、「タマープ」とか、そういった感じでプログラムをつくって、社会で貢献していくというようなことになっています。

このプログラムは繋がることが大事であることと、繋がりをつくり維持する仕方で構成されています。

研究費による調査結果をみると、やはり、プログラムを使ったほうが、「治療が継続しますね。それから、自助グループを含めて、参加が続きますね。まあ、非常に効果がありますね」と、統計上も、プログラムとしては、有意差がある、効果がある、ということです。

□「つながり」が高まります。
　より長く、よりたくさん　支え手につなぎます。
（松本俊彦班　平成24年度厚生労働科学研究報告書）

〈SMARPP群〉　治療継続率　92.3%　$P < 0.01$
　自助グループ参加率　26.9%　$P < 0.05$
〈通常群〉　治療継続率　57.5%
　自助グループ参加率　9.7%

で、そういうことも含めて、刑の一部執行猶予の関係で言うと、ガイドラインもつくられております。

基本方針としては、薬物事犯者を、犯罪者としてだけ扱うと、まずい、うまくいかないので、薬物依存症という精神疾患を有する者としての認識を共有して、塀の中から外まで、シームレスな支援をして、そして、それを保護観察が終わっても……という話です。

それにあたっては、やはり、民間の力、つまり、医療だけじゃ駄目。医療は、結局、一種のお題目ですよね。医療だと言うと、何となく、「まあ、しょうがねえか」というふうに、社会も、みんなも応援してくれるというところがあって、「病気なんだから、仕方ないじゃないか」と。

そういうところで、一種の差別のない包摂的な役割も果たしながら、医療としての本来の役割を果たしていく、というかたちになっているということであります。

□ 薬物依存のある刑務所出所者等の支援に関する
地域連携ガイドライン 概要

〈基本方針〉

・精神疾患としての認識共有

・シームレスな支援

・民間支援団体との連携

〈薬物依存者本人に対する支援〉

(刑事施設入所中の支援)(略)

(保護観察中の支援)

・医療機関は、支援対象者の治療や、必要に応じて関係機関に対する情報提供等を行う。

・都道府県、精神保健福祉センター又は保健所は、支援対象者の希望に応じ、回復プログラム等を実施する。

・福祉事務所又は市町村障害保健福祉主管課は、支援対象者の希望に応じ、必要な福祉的支援を実施する。

・関係機関は、保護観察所等の求めに応じ、支援対象者に対する支援に関するケア会議等に出席する。　等

(保護観察終了後の支援)

・保護観察所は、支援対象者の希望に応じ、精神保健福祉センターその他の関係機関に支援を引き継ぐ。　等

で、実際は、どうなっているかというと、法の施行前と施行後ですと、２割くらいで、刑の一部執行猶予が出ているというのが、最近の犯罪白書に出ています。

□ 薬物犯罪 地方裁判所における有期刑(懲役)科刑状況別構成比(罪名別)
覚醒剤取締法(平成27年・令和元年)

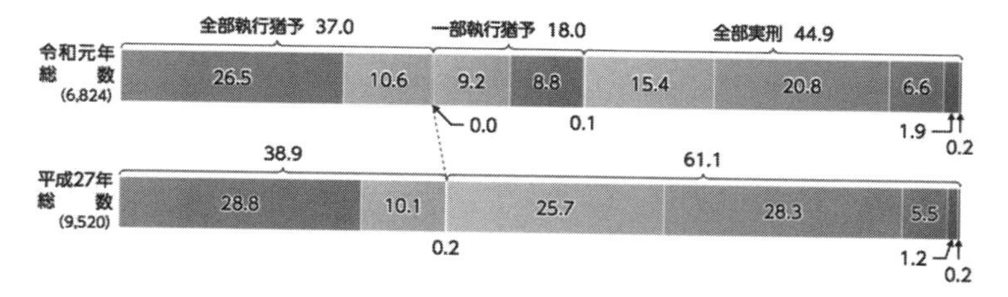

(出典：令和２年版犯罪白書)

制度が始まって、しばらくした時から、「ちゃんと社会に引き続き繋がっていますか」という調査、研究をずっとやっておりまして。

□ 薬物のことを相談できるひと（家族以外）

「刑の一部執行猶予制度」施行後の地域支援（熊倉、高野、松本　2017）

＊自助グループの仲間…	13.0：登録時	8.7：１年後
＊ダルク職員…	8.7：登録時	8.7：１年後
＊保護観察官…	26.1：登録時	4.3：１年後
＊保護司…	39.1：登録時	8.7：１年後
＊保健機関関係者…		8.7：１年後

要は、これを、どうみるかという問題はありますけれど、１年後、どうしても保護観察官、保護司さんとの関係とかは、少し下がりますけど、それ以外のところとは、比較的、ずっと同じ程度で繋がっていますし、保健医療関係者では、新しい繋がりも、出てきているということです。

まあ、全体として、刑の一部執行猶予制度において、医療を一つの梃子（てこ）にしながら、いろんな人たちが協力し合うという仕組みができてきている。

で、それが、塀の中から、塀を越えて塀の外、そして、さらには、普通の社会に繋がる、そういうものとして、医療も、一定の役割を果たしている、そういう事例として、お話をさしあげました。

ご清聴ありがとうございました。

keynote lecture 4-2

刑務所のリアル それは 社会のリアル

伊豆丸剛史

（厚生労働省 社会・援護局 総務課 矯正施設退所者地域支援対策官）

■ 様々なものが剥がれ落ちていく受刑者たち

皆さん、こんにちは。厚生労働省の伊豆丸といいます。先ほどから、ご紹介いただいておりますけれども、私は、令和２年10月に、厚生労働省に、罪を犯した人たちの社会復帰を専門とする対策官として着任しました。対策官に着任するまでは、長崎県にある社会福祉法人南高愛隣会（以下、南高愛隣会）というところで、罪を犯した人の立ち直りに寄り添う長崎県地域生活定着支援センター（以下、長崎定着）の所長をしていました。長崎定着は、平成21年1月に、全国で最初に、南高愛隣会によってモデル的に開設されました。私は、その開設時のひとり相談員から始まったんですけども、令和2年9月までの約11年半で、830人以上の罪を犯した人たちの立ち直りに寄り添ってきました。

で、今日は、その私が、これまでの約11年半のなかで出会ってきた、その830人のリアルを皆さんと少しでも共有できたらいいかなと思っています。もっと具体的にいうと、刑務所の中にあるリアルというのは、社会のリアルであって、マスメディアやSNSで知るリアルとは、実は、ギャップがあるんだということです。

これまでの講義でもあったかもしれませんけれども、刑務所の現状、「罪を重ねて、高齢化していく受刑者とは？」と訊かれて、皆さんは、どんな人たちを、どんなビジュアル、どんな様相を想像されますか。

刑務所の中には、たとえば、車椅子で服役するとか、押し車を押さないと歩けない人たちとか、あるいは、オムツをした人とか……私は、そういった受刑者の人たちの社会復帰に寄り添ってきました。その多くは、出所しても帰り先がなかったので、帰り先を探して、社会の中で寄り添うという福祉的なサポートをしてきました。

このような人たちのなかには、認知症を発症している人たちもいるんですね。これは、刑務所に入る前に、すでに認知症を発症していて、気づかれずに刑務所で服役している、あるいは、長い服役のなかで認知症を発症したという、そんな受刑者の人たちにも、たくさん出会ってきました。

各都道府県に1箇所ずつ設置（北海度は2箇所）されている地域生活定着支援センター（以下、定着センター）では、まず、刑務所の中で、帰り先がない受刑者の人たちと面会をするんですけど。その時に、すごく驚いたのが、まあ、ドラマであるような、アクリル板がある部屋ではなくて、私たちは福祉の支援者として、アクリル板がない部屋で面と向かって出会います。その受刑者のうしろには、刑務官がいるという状況にあるんですけども。

で、目の前にいる私が、自己紹介はしていたはずなんですけど、自分の息子なのか、福祉の支援者なのか、それがわからない。そして、うしろにいる刑務官が、刑務官なのか、自分の息子、娘なのか、それもわからない。もっと認知症が進行したような受刑者は……信じられないかもしれませんけども、ここが、刑務所なのか、社会なのか、それもわかってない受刑者の人たちにも出会ってきました

そういう人たちに出会うと、罪を償うために受刑しているはずなんですけれども、ここが、社会なのか、刑務所なのかの区別がつかない人たちが、罪を償う……その罪

を償う意味って、いったい何なのかなという、そういった現実を突きつけられるような出会いをたくさんしてきました。

まあ、罪を犯した悪い奴は刑務所に行けっていう声も、一つありますけれども、刑務所の中には、実は、生きづらさを抱えて、社会の中で生きていけないような人たちも、一部にいる、そういった現実があるということなんですね。

「剥ぎ取られ、生きる」――これは、百合の花みたいなイメージで描いてみました。悪いことをしたら、刑務所に行け。それも一つかもしれませんけれども、じゃあ、刑務所に行くと、どうなっていくのか。

一枚一枚、花びらが、剥がれ落ちるように、刑務所に入ると、社会基盤がなければ、住まいが剥がれ落ちていきます。そして、家族も、仲間も、剥がれ落ちていきます。なかには、親身に支えてくれる家族がいたとしても、１回、２回、３回、４回と服役を繰り返すうちに、「あいつはもう駄目だ……」ということで、家族も、仲間も、剥がれ落ちていく。当然、職も失っていきますよね。もちろん生活費も剥がれ落ちていく。

私、この業務に携わって、本当に驚いたのが、身寄りがいなければ、刑務所に入っているあいだに、自治体から、職権消除（しょっけんしょうじょ）、本人が知らないところで、住民票が抹消されていく人たちも少なくなかったんです。

それで、自信も剥がれるんですよ。やはり、本人が一番、「悪いことをしてしまって、ああ、とうとう、俺はここまで来てしまった」と。「同世代とか、そういう人たちとかから、置いていかれてしまった」と感じていました。そうやって自信も剥がれ落ちるわけですね。

で、そういう剥がれ落ちるものがある人はいいけれども、２回、３回と繰り返していると、そもそも、そういう剥がれ落ちるものすらなくなって、先ほど、福田先生のお話もありましたけども、いろんな生きづらさ、虐待とか、いろんなサバイバルをしてきた方たちにとっては、そういった剥がれ落ちるものすら、もはやないと……。

で、刑務所で罪を償って、社会に戻る時に、これだけのものが剥がれ落ちている。

私たちみたいに、生きる力が強い人たちだったら、こういうものが剥がれ落ちたとしても、すぐに、自分の力とか、家族の力とか、いろんなもので剥ぎ取られなかったり、あるいは、剥ぎ取られたものを手当てしていくということが、できると思うんですけれども。まあ、罪を償ったとしても、こういったものが、住民票も剥がれ落ちたなかで、帰り先もないなかで、じゃあ、どうやって社会復帰するのかって……。

今までの講義でもあったかもしれませんけれども、刑務所に服役するシステムというのは、たとえば、長崎市で事件を起こした方が、一番近い長崎刑務所に服役するというシステムではなくて、その方の犯罪傾向によって、送られる刑務所、場所が違うんですね。

私が830人に出会ってきて、長崎から一番遠い刑務所に服役していた長崎出身の受刑者の人は、北海道の刑務所でしていました。長崎で起こした事件で、すぐに北海道の刑務所に飛ばされたわけではなくて、その間、いろんな刑務所で服役を経験し、そして、罪を償い、そこから出所したとしても、帰り先が無いがために、今度は、結局、出所した刑務所の近くで犯罪を繰り返していくというかたちで、50代の方で、知的障害の方でしたけども。で、今度、北海道の刑務所から出所したら、長崎に帰りたいという障害のある受刑者がいるということで、北海道の定着センターと私たちで、帰り先を調整した方がいました。これだけ剥がれ落ちていたとして、しかも、自分の出身地じゃない、北海道に飛ばされて。知的障害もあって。身寄りもなくて。じゃあ、皆さんだったらどうやって長崎まで帰りますか。どうやって生きていきますか……。

私は、現在の厚生労働省の対策官として着任する数年前、1月1日に出所する受刑者の支援を担当しました。当然、元旦に、刑務所に出迎えに行きました。たとえば、懲役3年で、その3年目の日、ちょうどその刑期終了日が1月1日であれば、1月1日に出所するわけです。刑期終了日が、お正月であっても、たとえ、大雪の日であっても、お盆であっても、それらの事情は関係なく、ある意味では、刑務所から放り出されるような状況に陥ってしまうわけです。

そこで、家族が迎えに来る、あるいは、自分で、刑務所から帰る能力や、力がある人だったらいいんですけど、これだけのものが剥がれ落ちて、出身地や生活実態があった地域と全然違う地域の刑務所から、しかも、官公庁の閉まってる1月1日に出所して、どうやって社会復帰しますか。

■ 地域生活定着支援センターについて

ということで、社会と刑務所の狭間に落ちていく人たちが、たくさんいる、と。で、先ほどのような方たちが、ぐるぐると社会と刑務所を行き来している現状があるということなんですね。

先ほど福田先生も言われましたけども、そういった現状が、山本譲司さんの『獄窓記』等で、少し、社会に認知されるようになってきました。やはり、単に、刑務所で罪を償えというだけではなくて、福祉的なサポートが必要な方たちが、いるんじゃないかということが少しずつ理解されてきました。

それで、平成21年の7月に、厚生労働省が、地域生活定着支援センターを事業化したわけです。

私は、この定着センターが、全国で最初に、厚生労働省の事業化よりも半年早い21年1月に、長崎にある南高愛隣会がモデル的に立ち上げた、定着センターのひとり相談員として、スタートしました。

定着センターは、基本的に、各都道府県に1箇所ずつ、47都道府県に、48センター設置されています。北海道は大きいので、2箇所あります。各都道府県が実施主体となり、社会福祉法人やNPO法人等に委託し、実施されています。

定着センターではどんな業務をしているかというと、刑務所や少年院といった矯正施設の中には、帰り先のない生きづらさを抱えた受刑者の人たちが多くいるので、そういった人たちに、受刑中から関わって、帰る先を探していく、そして、いろんな福祉の手立てを整えながら、地域のなかで、関係機関と一緒に寄り添っていく。そんな実践を、11年半現場でしていました。

■ 繋がりを生み出す「想像力」の大切さ

罪を犯した人たちの中には、司法と福祉、そして地域社会との狭間に陥ってる人たちがたくさんいます。そこで、定着センターのような機関ができ、全国にある定着センター職員たちが関わってきました。で、皆さんに投げかけたいのは、この狭間に何が足りないと思いますか、何が不足していたと思いますか。

私は、830人と出会ってきて、ここに不足していたものは、「想像力」じゃないかと思うんです。これは、私の個人的な感覚ですが、法律や制度、サービス等ではなくて、「想像力」が不足していたんじゃないかと。

それは、なぜかというと、830人の人に出会ってきたなかで、一番最初に、山本譲司さんの本をたまたま地元の本屋で立ち読みして、そこから衝撃を受けて、この分野に入ってきたんですけども、最初は、福祉とか、サービスにまったく接点がない人たちが、犯罪行為をしているんだと、刑務所に至っているのだと思ってました。

でも、罪を犯した人たちに出会えば出会うほど、多くの人たちは、生活保護を知っていました。市役所に行かなければいけないことも知っていました。で、実際に、刑務所の刑務官等から「出所したら生活保護課に行きなさい」と言われ、多くの人たちが市役所まで行っていました。過去にも、生活保護を受けていた方も少なくなかったです。実際、出会って聞くと、刑務所を出て、市役所という支援のゲートや、生活保護という支援のゲートを通ってる人は、結構、いることに驚きました。

でも、たとえば、せっかく市役所の窓口近くまで行ったんだけれども、○○課というサイン、案内板がわからずに、結局、市役所を出てしまって、再犯しましたっていう人もひとり、ふたりじゃなかったんです。

あるいは、市役所の受付で聞いて、「生活保護課は３階です」って言われて、３階まで行ったんだけれども、何て言うか、窓口の向こうの忙しそうな雰囲気や、殺伐とした雰囲気から、「すみません、生活保護を申請したいんですけど……」って言葉が言い出せなかった。それは、字も読めないから、窓口で、「すいません」って言うと、この雰囲気で言っちゃうと、ちょっと嫌な顔をされるんじゃないかと……。そういった理由で、せっかく３階の窓口までは行ったんだけども、結局、市役所を出て、再犯をした。こういう人たちに、たくさん出会ってきました。

このような出会いを経験するまでは、社会資源やサービスと当事者、制度と当事者が、まったく重なっていないんだと思っていましたけども、重なっている人はたくさんいたんです。

じゃあ、たとえば、わかりやすいサインがあったら、希望する窓口までたどり着いた人がいたかもしれない。あるいは、たとえばコンシェルジュのように、手を引いて窓口まで届けられるような人がいたら、サービスにも繋がった人がいたかもしれない。あるいは、ニコニコした雰囲気の人がいたら、「すいません」ってひと言が言えたかもしれません。

結局、こういった見えない壁で、繋がってない人たちがいるんだという現実に、たくさん出会ってきました。なので、こういうところで、繋がっていないんだというリアルを知らないと、どこで躓(つまず)いているのかという「想像力」が働かないと、サービスの窓口をたくさんつくったとしても、制度をたくさんつくったとしても、リンクしない人たちが出てくるんじゃないかと思うんです。大切なのは、何が生きづらさになっているのか、ということを掴もうとする「想像力」なんじゃないかなと思っています。

■ 医療、福祉、そして、司法の壁を打ち破った「たまごの会」

で、私なりのこの「想像力」を養うための答え、これはもう、リアルに出会うしかないと思うんですね。私は、これまで、いろんな大学でも、今日お話したような現実を学生の皆さんに話してきました。そういった機会を通じて、若い世代に、イノベーションを起こせる世代に、社会にあるリアルを届けるというのが、私たち大人世代の責務じゃないかと考えています。

そして、それはなぜかと言うと、長崎にある「長崎多職種連携・たまごの会」（以下、たまごの会）という活動に出会ったからなんです。たまごの会の活動が、私に、今の発想を与えてくれました。

たまごの会は、主に長崎大学医学部の学生と長崎純心大学という福祉系の大学、この二つの大学の学生、すなわち社会に巣立つ前のいわば専門職のたまご同士が中心となって、たまごの会というサークルをつくりました。

どうして、このサークルをつくったかというと、医療と福祉の連携、この連携については、その必要性、重要性がもう長らく叫ばれているんですけれども、なかなか有機的な連携ができない。

その有機的な連携を阻んでいるのは、社会の中にある医療と福祉のあいだの壁、つまり、医療と福祉のそもそも文化の違いとか、個人としては繋がりたいと思っているんだけども、たとえば、医療と福祉の文化の違い（壁）、医療法人と社会福祉法人等といった所属の壁、そういったものが邪魔をしているんじゃないかと。

そうだとしたら、その社会に巣立つ前のたまごの時から、ドクターのたまご、ナースのたまご、ソーシャルワーカーのたまご同士が、社会にある医療と福祉の壁、問題を一緒に学び合うことで、あるいは、一緒にフィールドワークをすることで、そこから巣立って、医療機関に行くなり、社会福祉法人に行くなり、自治体に行くなりした時に、どこどこ法人の誰々さんではなくて、たまごの会の誰々くん、誰々さんという感覚で、その医療と福祉にある、連携の壁を、しなやかに超えていくことができるんじゃないかという、素晴らしい発想のサークルなんです。

そのことを初めて聞いて、私、すごく面白い発想だなと。だったら、医療と福祉だけじゃなくて、せっかく、長崎から始まったんだから、そこに、今日お話してきたような、司法福祉の領域にある問題も「一緒に混ぜてよ」って、たまごの会の部長の学生さんたちに相談し、初めてセッションさせてもらうことになりました。

そのセッション当日、今でも鮮明に覚えていますが、学生さんたちの反応もとても良く、この日のセッションは、私が想像していた以上に好感触でした。今日、皆さんにお話してるような内容を、ドクターのたまご、ナースのたまご、ソーシャルワーカーのたまごの学生さんたちに話した訳なんですが、すごく盛り上がったんです。すごく盛り上がったんですけど、学生さんたちの関心はこの１回きりで終わるんだろうなと思ってました。するとですね、たまご世代って、やっぱりすごく柔らかいんですね、皆さんもそうだと思うんですけども。

その日セッションが終わって、私が帰る時に、10人ぐらい、ばっーと、私を追いかけてきて、「伊豆丸さん、なんで、刑務所に認知症の受刑者がいるんですか」「なんで、オムツをしたまま服役しているんですか」「なんで、出所しても福祉のサポートに繋がっていなかったんですか」って、わーっと、ドクターのたまご、ナースのたまご、ソーシャルワーカーのたまご、みんながやって来て、質問責めにあいました。

で、「もっと知りたい！」って声があり、「じゃあ、一緒にやろう！」ということで、それから、医療と福祉と司法とのごちゃまぜの勉強会やセッションを、たまごの会の学生の代が替わりながらも続けていました。

すると、どんどん、学生のみんなが主体的になっていって、自分たちで「こんなセッションがしたい」と企画するようになっていったんです。たとえば、「司法の魅力にギャップ萌え」というテーマをつくって、セッションをしたこともありました。私がこんなテーマをつくったら気持ち悪いと思うんですけども、たまごの会の学生の感性で企画していくというのがミソなんですね。

じゃあ、私たち大人世代は何をするのか。大人世代は、テーマのヒントになるような社会資源やソースを学生たちに提供する。たとえば、「司法の魅力にギャップ萌え」の企画には、実際に長崎で起きた少年事件などを追っている新聞記者の方を紹介し、医療、福祉、司法に、メディアを加えたセッションをしたこともありました。

あるいは、今日、薬物の話が出ましたけど、たまごの会の学生から「薬物依存のことを知りたいんだ」っていうような声があると、じゃあ、長崎ダルクっていうところがあるよって、そういった社会の中にあるリアルな資源を私たちが紹介するんです。そうすると、学生が自分たちの目で見学に行って、実際に学んで、そして、自分たちでセッションのパンフをつくって、セッションを主体的に企画する。で、そこに、私や、ダルクのスタッフさんや当事者の皆さんも参加して、一緒にセッションをするようなことをしていました。

すると、長崎大学と純心大学の「ナイスキャンパス長崎」という共修(きょうしゅう)科目の一つとして認めていただき、実際に、たまごの会のメンバー以外のドクターや、ナースや、ソーシャルワーカーのたまごの学生さんたちにも、共修科目として、刑務所のリアルや罪の背景にある生きづらさなどを伝えることなどにも繋がりました。

■「現場を見たい。フィールドワークがしたい」……

こんなことを繰り返してると、今度は、学生が、「伊豆丸さん、机上の勉強はもういい、セッションももういい、私たちは、刑務所の現場を見てみたい、フィールドワークをしたいんだ」という声が、どんどん大きくなってきて。「じゃあ、よし、行こう」ということで、長崎刑務所の皆さんにお力添えをいただき、たまごの会のメンバーと、刑務所の参観を初めて企画しました。参観当日は、実際に刑務所の中を見たり、刑務官の方とも意見交換をするような機会もいただけました。

私は、長崎定着の所長として、これまでにもいろんな団体を刑務所の参観に、お連れしましたけども、この時の参観は、すごく盛り上がりました。「なんで刑務官になろうと思ったですか？」といった学生さんからの率直な質問に、刑務官も思わずたじたじになるような、そんな場面もありました。

その日の夜、参観に参加していたたまごの会のひとりのメンバーが、私にメールをくれたんです。彼女のそのメールが、私にある気づきを与えてくれました。

どのようなメールだったかというと、「伊豆丸さん、今日、すごく面白かった。刑務所ってこんなところなんですね。私は、長崎大学医学部の門をたたいた時には、地域医療をしたいと思って入りました。でも今日、刑務所を見学して、私は近い将来、ドクター、刑務医官になるという目標ができました」と。

ご存知の方もいるかもしれませんけど、刑務所の医官というのは、定員割れをしている状況があるため、法務省のほうでも、いろんな施策等がなされておりますけれども、たった１回ですよ、刑務所のリアルを１、２時間見ただけで、「私は医官になるんだ、刑務所の」って。

そういった、何て言うか、イノベーションの種が出てくるんです。私、彼女のメールを見た時に、たとえば、たまごの会の 30 人が卒業して、そして、長崎の地に住まう。その卒業生たちは、福祉施設なのか、医療機関なのか、自治体なのか、あるいは、専業主婦なのか、なんでもいいんです。こういった、若い、イノベーションの種が、30 個、長崎のどこかに、芽吹いていく。もし、この活動を 10 年間やったら、300 個、そういった社会の中にある課題を解決するようなしなやかな発想を持ったイノベーションの種が、長崎に芽吹いていく訳です。

これ、もしかすると、制度とか、サービスをつくって、あるいは、それが必要だって要望をあげたりしていくことよりも、こういう社会に巣立つ前のたまご世代に、今、社会の中にある、いろんなリアルを伝えたり、見る機会を提供していったほうが、社会が５年、10 年早く、より〝やさしい社会〟のベクトルになっていくんじゃないかということ、その可能性に気づかせてもらいました。

■ イノベーションの種が繋がっていく

それからはたまご世代の学生たちに、いろんなリアルを伝えたいという思いから、いろいろな大学の講義でもお話させていただくようになりました。東京大学の野澤和弘さんが顧問をされる「障害者のリアルに迫る」ゼミでも、２回、呼んでもいただき、今日お話したようなリアルを東大生にも届けました。

すると、どこでもたまご世代は、柔らかいんですね。東大の学生たちは、「じゃあ、長崎に見に行こうよ」って言って、長崎まで、その現場を見に来てくれました。で、せっかくだから「たまごの会も一緒においでよ」って言って、たまごの会と東大生たちと一緒に、セッションも行いました。

で、そのような〝出会い〟をつくっていくと、今度は、たまごの会のメンバーと、東大の学生たちが繋がり、私たち大人世代が離れても、イノベーションの種同士で繋がり合っていく。こういうイノベーションの種を、どんどん繋げることで、勝手に、

〝やさしい社会〟へと向かうイノベーションがどんどん大きくなっていくのではないか、と思っています。

で、九州で、司法、福祉の関係者を集めた啓発研修会を開いた時に、私たち大人世代の専門職が関係者に話をするのではなくて、学生のたまごの会のメンバーに、たまごの会と長崎定着との取り組みについて、話をしてもらったんです。私たちが見てきた現状とか、定着センターがどんなことをやってきたのか、たまごの会のメンバーが発表をしてくれたんです。

これは、すごく好評でした。この時に、この発表を見ていた法務省のある幹部の方が、「学生 BBS【※】の活動が、やっぱり、もうひと押し、何かほしいんだ」ということで、「たまごの会みたいな活動が、BBS でも何かできないかなぁ」という宿題をいただいて。

じゃあ、BBS の事務局が東京にあるということでご紹介いただき、私、当時の事務局長さんに東京まで会いに行って、今日、お話したようなたまごの会の活動等のお話をして。で、「BBS も全国にあるから、何かリンクをしていくことができないですかね」っていうことで、私が「どこが一番活発ですか？」と訊くと、「早稲田大学の広域 BBS【※】が活発ですよ」ということで、３年くらい前に、早稲田大学の広域 BBS の部室にもお邪魔して、学生の皆さんにお話ししたこともありました。

社会の中には、こういったリアルがあって、そのリアルを越えていくためには、当然、法律や制度も必要なんだけれども、私は、もっとしなやかなもの、想像力やたまご世代の柔軟な繋がりをつくっていくことが大切なのかなと思っています。

すみません、少しお時間、過ぎましたね。ご清聴ありがとうございました。

Discussion

◇小西：　ディスカッションを始めたいと思います。まず、私のほうから、本日の二先生からのご講話を伺って、いくつか質問等をさせていただきたいと思います。まず、福田さんですけれども、医師でいらっしゃいまして、ご専門はどういった領域なんでしょうか。

◇福田：　ご専門は、あまりないんですけれども、最近、評判のあまり良くない、公衆衛生と考えていただけると……一応、アメリカでは、疫学とか、感染症とかやっていますけれども。まあ、ひととおり。

◇小西：　一時期、法務省の矯正局にいらっしゃったということですが、そちらでは、どういった職務をされていたのでしょうか。

■ 矯正医療の独自性とその役割

◇福田：　矯正医療企画官と管理官をやってまして。どういうことかというと、刑事施設における、受刑者の健康管理といった医療領域ですね。

で、それは、結局、目的としての医療とか健康管理であって、手段としては、施設の充実、先ほどもお話ありましたけど、お医者さんや看護師さん、ソーシャルワーカー……ソーシャルワーカーは別の組織ですけれども、そういった方々を適切に確保して、トレーニングをして、デイサービスを、きちっと法の目的に沿ったサービスをしていただく、そういう仕事をしていました。

◇小西：　ありがとうございます。日本の場合は、矯正医療ということで、本日のお話のなかにも、矯正医学会のなかでの、様々な定義のお話がありましたが、日本の矯正医療というのは、一つの領域を形成されていて、刑務所、少年院等というところで医療サービスを提供されておられます。ただ、国によっては、地域医療と完全にリンクして、地域の医師が矯正施設での医療行為を行うという国もあるかと思います。

日本のように矯正医療ということで、一つのカテゴリーというんですか、そういったものをつくって、矯正に関して専門的に医療行為を行う、そういう専門職をつくることのプラスの意味といいますか、メリットとか、そこらあたりのところについて教えてください。

◇福田：　すごくいい質問だと思います。これは別に、公の意見があるわけではないので、私の個人的な意見になりますけども、結局、法務省って司法省なんです、昔で言うと。厚生省というのは内務省なんです。で、明治政府の時代の歴史を考えていただくと、司法省と内務省って、ものすごく仲が悪くて、お互いに首を切ったり、切られたりしていたわけです、本物の首ですよ。

なので、やっぱり、よくわからないんですけど、刑事施設のなかの医療システムというのは、お話があったかもしれないんですけど、名古屋刑務所の事件があるまでは、事実上は、国の制度として医療は一本だったんですけれども、お互いが何をやっているのかという観点においての交流というのは、ほとんどなかったんですね。

だから、もちろんメリットもあったと思うんですけれども、やっぱり、透明性だとか、社会一般との照らし合わせだとか、それから、利用者、サービスの対象者である受刑者に対する考え方という観点からすると、なるべく一体化したほうがいいんじゃないかという、たぶん、そういう考えもあって、私は、法務省に出向した２代目なんですけど、そういうかたちで交流が始まったんですね。

なので、独自のポリシーや哲学を持つメリットと、社会が非常に多様化してきている、それに対して、きちっとそれを汲みあげて、それをサービスの対象者に、適切に提供するという、その両面性を掛け合わした時に、ちょうど、今みたいな形態で、一部、ハイブリッド型になっている部分もあるのかなと思います。

これは、医療観察法とか、そういう時にも同じような議論があって、イギリスは、基本的に、医療はNHS（国民健康保険:National Health Service)、国の、国家医療サービスのなかで提供しているんですね。だから、医療が必要になった人たちは、そちらのほうに行く、そういうような枠組みになっている。で、医療サービスのほうに行って、また、戻ってくると。

私もイギリスに見に行ったりもしていますけども、それはそれで……たぶん、日本でもやろうとしたんだけど、日本は、その時点で、そもそも国の機関がなくなったんです。国立病院とか療養所というのがあったんですが、それがみんな独法化してしまって、受け皿としても適切なものがないということがあって、現在の体制、運用を維持しながら、いわゆるソフト面の交流をきちっとやっていくというかたちで、法律の目的を達成できるようにしよう、というかたちになったと考えております。

◇小西：　ありがとうございます。では続きまして、伊豆丸さんにお伺いしたいと思います。現在、矯正施設退所者地域支援対策官をされているということですが、これはどのような職務内容でいらっしゃるのでしょうか。

■ 扉を開け続けるということ

◇伊豆丸：　そうですね、これはもともとあったポストのようなんですけれど、令和２年10月から、初めての民間公募というかたちで、私が着任したというかたちです。

で、端的に言うと、私が思っているのは、やはり、現場のリアルを、どれだけ施策のなかに溶け込ませられるかということや、国が描くような施策を、地域のなかで使ってもらったり、理解してもらわないといけないと思うので、そのリアルを施策に溶け込ませながら、あるいは、国が描く施策を、地域でどう浸透していくかっていう、その継ぎ目のところにいるポストなのかなと、私は思っています。

そのなかの一つとして、本日お話したような私が長崎で取り組んできた、たまご世代の多くの学生たちに、社会のリアルを届けるというところは、何らかの仕組みになればいいなと思いながらやっているところです。

◇小西：　ありがとうございます。伊豆丸さんも、先程のお話のなかで、福岡で山本譲司さんの本を立ち読みされて、衝撃を受けられて、現在の方向に進まれたということなのですが、南高愛隣会に勤められることにもなられ、もともと福祉の領域等に関心があって、最終的に繋がっていくことになったのでしょうか。

◇伊豆丸：　それ、本当によく訊かれるんです。たぶん、このメッセージが、今日、皆さんに一番届くメッセージなのかなと思うんですけれども……私は、もともと、全然、福祉ではなくて、大学では建築デザインを学んで、大学卒業後、たいして就職活動もせずに、「俺はアーティストになるんだ！」と息巻いて、福岡の博多でオブジェをつくったりするような活動をしていました。まあ、若気の至りっていうやつですね。

で、そんな活動にいろいろと思うところがあって、あるとき、ひとりでヒッチハイクで旅をして、ちょっと、はしょりますけども、でまあ、そこで、いろんな人たちに出会って、たまたま障害者のボランティア、障害者の農作業のボランティアに行き始めて。そこでは、障害者の人たちが農作物を育て、その収穫をすごく喜ばれていました。その姿が、自分の目にはすごくピュアに映ったんですね。

で、それまでは目に見える、形あるものの美しさを求めてアート活動をしていたんですけども、人と人との絆という、同じ、「築(きず)く」でも、オブジェを築く、ではなくて、人と人との絆を築く、というほうが、私には合ってるんじゃないかなと思って、それから福岡で障害者福祉に、どっぷりはまっていきました。

そうして、これこそ天職だと思っていたところで、私は、『累犯障害者』という本に出合いました。たまたま博多の本屋で立ち読みをしているときに、自分がこう巡り巡って、これこそ天職だとどっぷりはまっている。この障害者福祉の網の目から漏れて、刑務所に至っている障害者がいるということが、その『累犯障害者』には書かれてあって、すごく衝撃を受けたんです。

でも当時は、何も頼れるものがなかったので、自分で、手探りで何かいろんなものを調べながら、悶々とする日々を過ごしてたんですけれども。そしたら、長崎にある南高愛隣会という法人が、罪を犯した障害のある受刑者の調査研究事業をやっているというのを知って、求人も、何もなかったんですけれども、「もし、長崎に何かセンターをつくるんだったら、僕を雇ってください」、みたいな無鉄砲な手紙を当時の理事長に書いたら、どうにか拾ってもらって、今があるみたいな……そういう感じなんです。

なので、そんな、何もないところから、やっぱり、人と出会って、アクションを起こしていったというところから、その結果として、今がゴールだとは思っていませんけれども、まあ、扉を開け続けるということが大事なんだなあ、と思っています。

◇小西：　そういう、実際に、現場に行って、リアルに触れて、そこで大きく響くものがあったという感じ、なんですね。

◇伊豆丸：　響く……まあ、アクションを起こし続けたということでしょうか。で、扉を開けるのか、開けないのかだったら、開け続けてきたということでしょうか。

でも、大学を卒業してから、ずっと、自分は、「周回遅れ」だと思ってました、同世代とか、仲間たちから。大学を卒業した仲間たちは、企業に入って、活躍してて……。私は、その当時、当然、アートでは食えなかったので、朝４時半から、博多駅に並んで、日雇い労働をするようなことをやっていたので。

でも、それでも、扉を開け続けていくということが、大事なのかなと思っています。

◇小西：　それは、次の世代にも、是非、知ってもらいたいという、そういった思いがある。

◇伊豆丸：　そうです。何も専門性もなくてもいいんです。皆さんは、たぶん、私たちより、たまご世代の若い皆さんの感性のほうが、たぶん感性がトガってると思うので、私は、いろんな大学で話す時に言ってるんですけど、皆さんのその感性で、やり続けるということが大事だと思っています。

私、巡り巡って、犯罪者の立ち直りに、830人に出会ってきましたけど、今、何が一番生きていますか、何が一番大切ですかと、よく訊かれるんです。私、この業務に入って、一番生きているのは――それこそ、俺はアーティストになるんだって、博多でアーティストを目指して、全然、食えなくて、で、朝4時半から、博多駅に並んで、日雇い労働をして。本当に、当時、過酷だったので、社会の最底辺の仕事だったと思うのですが、そのくらい過酷な現場でやっていて、昼休みなんかに、俺、何やってるんだろうって、夢ばっかり語って、同世代からも置いていかれていると。

でも、結局、巡り巡って、今、この領域にきた時に、受刑者の人たち、生きづらさを抱えた人たちに、初めて対面する時に、何かですね、たぶん、社会の最底辺と言われるところを経験した者同士の、抽象的ですけど、何か、香りが合うというか、チャンネルが合うんですよね。

――で、結局、一番失敗したなと、一番最低だなと思っていたような経験が、巡り巡って今、一番生きてるんですよ。

なので、皆さんは、これから社会に巣立っていくと思うんですけど、失敗だと思っていたことが、結果的に一番生きる経験に変わったりと、失敗や成功って近視眼的にはよくわからないものなので、あまり、目先の失敗を気にせず、とにかく、皆さんの感性で、扉を開け続けていくということが、たぶん、大切なのかなって思います。

すいません、長くなって、申し訳ないです。

◇小西：　ありがとうございます。あと、今日、お話があったなかで、地域生活定着支援センターが、長崎では、いち早く、モデル事業的に開設されて、そのあと、全国で、現在、展開されていると思うのですが、地域生活定着支援センターを通じて、最終的な受け皿になる地域社会、行政、福祉という、そういう受け皿の側の変化というのが、この開設後、見られたりしていますでしょうか。

■ 地域社会、行政、福祉の変化

◇伊豆丸：　それは、すごくあります。それは、西田さんとかのお力で、刑務所も社会も、この10年で、すごく変わってきていると思います。

その変わってきている一つの例として、私、12年前に、ひとり目の出所者、その当時は、全国に、長崎にしかセンターがなくて、私しか相談員がいなかったんです。

で、長崎県にまったく関係のない、佐賀県の刑務所から、大分県に帰るという人を、ひとりで、佐賀県に行って、大分県で帰り先を探すってことを、ずっとやっていたんですけれども……お恥ずかしい話、その当時の私は、出所日までにその受刑者を受け入れてくれるところを見つけきれなかったんです。

なので、私は、出所日に、寝袋を持って、その彼女、おばあちゃんでしたけども、帰り先のないまま、一緒に大分まで向かって。で、なんとか、教会で、一泊させてもらって、彼女と一緒に寝て。翌日、生活保護課に行って、「もう、ここで一泊したから、現在地でしょ」ということで、生活保護申請を、無理やり通したんです。まあ、そうでもしないと、当時は、生活保護もなかなか受け付けてくれなかったんです。

でも、そういったことから考えると、今、そんな、寝袋持って、一泊しないと、生活保護申請がつけられないとか、そういう時代ではないので。そういった意味では、変わってきたな、と思ってます。

◇小西：　ありがとうございます。では、学生の皆さんと、質疑応答等をしていきたいと思います。どうぞお願いします。

◇田中遼（４年）：　本日は貴重なお話ありがとうございました。４年の田中遼と申します。伊豆丸さんに、１点質問させていただきます。お話のなかにあったように、今の大学生とか、そういった若い世代に対して働きかけることというのは、「イノベーションの種」という言葉があったように、私自身、本当に、医療や福祉にとどまらない、何かすごく可能性といいますか、そういったものがあるなと思っていて、いいなと感じました。

で今現在は、社会を担っている立場の、30代、40代、50代、そういった方たちが、やはり中心となっているものだと思うんです。そういった、経験を積んでいる世代に対して、「想像力」が必要みたいなことをおっしゃっていたと思うんですが、何か、今の新しい世代ではなくて、今現在、社会を担っている世代に対して、これから「想像力」を持ってもらうために、働きかけ等、何か必要だと思われることについて、お考えをお聞きしたいと思います。

■ 何がその人の支えになるのかは

◇伊豆丸：　ありがとうございます。ちょっと、お答えにならないかもしれませんけども、私は、これから社会に巣立つたまごの世代の人たちだけに力を注ぐということを言いたいのではなく、もちろん、今社会を担っている大人世代にも注がないといけないとは思っていますが、では、どこに注ぐのが一番効率的で、効果的かというと、やはり、これから社会に巣立つたまご世代にリアルを届ける、ということに力を注ぐほうが最も効率的、効果的に、社会が〝やさしい〟ベクトルになっていくのではないか、と思っているんです。

それと、私、12年前に、身体障害、精神障害、知的障害、三つの障害者手帳を持っていて、元暴力団員という方の支援をしていました。その方は、お金を管理していても、所持金が無くなると管理している社会福祉協議会に「俺の金を返せー」と怒鳴りに行ったり、あるいは、所持金が無くてもスナックでツケを繰り返したりと……もう、なんとか地域のみんなで、支えていたような状況だったんですけれども、もう、刑務所に片足をつっこんでるような時間がすごく長かったんです。

そんな時に、私たち、福祉関係者は、当初、彼にどんな支援をしてたかっていうと、「スナックには行かせない」という支援をしてたんですよ。あるいは、彼がスナックに行ってるんじゃないかっていう時には、先回りをして行かせないっていうような、そんな支援がベストだと勘違いしていました。

それで、そんな支援をやっていて、10年くらい月日が経つなかで、5年目を過ぎたくらいから、だんだんと彼の生活も落ち着いてきて、スナックを月に1回行くというのが、彼のサイクル、生活リズムになっていったんです。で、彼には、高次脳機能障害の影響で、欲求コントロールが得意ではないという障害があったので、一定のサイクルで、通所していた日中の福祉事業所先でよく人間関係のトラブルを起こし、その福祉事業所を辞めてしまうということが続いていました。そうすると、今度は私たち支援者が慌てて次の通い先の福祉事業所を探すわけなんですけども。そんな生活を10年くらい続けていると、今度は私たち福祉支援者が繋ぎ先を見つけきれなくなってくるわけです。あるいは、繋ぎ先を探すまでに、時間をどんどん要するようになっていって、私たち福祉関係者は、困り果てていたんです。

そんな時、彼の行き先を見つけてくれたのは誰だったかというと、実はそのスナックのママだったんです。「あんた、最近、フラフラしてるね」ということで、そのスナックのお客さんに、福祉の就労支援事業所を運営しているオーナーさんがいるからって、スナックで彼との面接をしてくれて。で、今でもその就労支援事業所に彼は通って行っているんです。

ちょっと、お答えになっていないかもしれませんが、この経験は私自身にとっても大切な視座を与えてくれた経験でした。当初、「行ってはダメだ」と、社会資源としては考えてもいなかった人たちが、結果的に、福祉の専門職だけでは紡(つむ)げなかった狭間を紡いでくれたわけです。だからこそ、地域社会が想像力を育むためには、とにかく、福祉に携わる人が福祉関係者としか交わらないといったことではなく、まずは地域社会の中で、どれだけ当事者も、福祉関係者も多様な出会いを増やしていくことができるか、それが大切なんだろうなあ、と思っています。すいません、うまくお答えできなくて。

◇福田：　ちょっと、教えてほしいのは、やっぱり、駄目って言わないで、上手に生活のなかに入れ込む……これは、クスリも同じで、今、法律上の議論になっていますけど、「いいじゃん、たまには使っても」っていう、そういう気楽さのなかから、自分自身のリズムをつくる。

もう一つは、今のお話で、スナックのママさんと支援された方と元暴力団の方、そこの人間関係というのは、どうなのかなと思って、お聞きをしてたんですね。というのは、生きづらさの話や底辺の話もされていた。僕らも、刑務所にいた時には、受刑者の方と、一対一面接というのが、法律上定められていて、誰もいないところでやるわけですけれども。そういうなかでは、非常に、自分自身はどう見られてるかっていうところに、敏感だと思うわけです。「いや、君、いいね」って言ってるあいだは、彼らは、すごく何でも喋ってくれる。でも、ちょっと疑問的な質問をすると、やっぱり……非常に敏感なんだなって。

そういう意味において、今、おっしゃられたような方々の、いろいろ繋げていく時の、お互いに繋げていく時の人間関係とか、どうだったのかなというのは、ちょっと気になったんですけれども。

■ 制度の枠を越えた多様な支援のあり様

◇伊豆丸：　何か、私も話しながら整理しているところがあるので、すいません。でも、ちょっと、今のお話でいくと、なんとなく自分の言いたいことがわかってきました。あの、12年前に、専門職だけで、やっていたら、うまくいかなかったと思ってるんです。全然、関係ないスナックのママなんかが、巡り巡って、彼を支える人になってたんですね。

たとえば、厚生労働省の施策でいくと、令和３年４月から、重層的支援体制整備事業【※】という、制度の狭間にある方たちを、市町村の任意事業ですが、地域住民も含めて、どう支えるかという、新しい事業が始まったんですけれども。

そういう、専門職だけが活躍する支援や制度ではなくて、専門職じゃないような方々が、専門職になる可能性もあるので、そういう人たちが溶け込んだような施策をつくっていくということ、そういうリソースを使っていく、子ども食堂も、そうですけど。そういった、今あるリソースに、いろんな多様な方々が、出会えるように、あまり敷居を高くせずに出会うということを、制度じゃなくても、そういった発想で、やれるようなことをやっていくということが、一つ。

あと、今の福田先生のご質問でいくと、これもうまくちょっと答えられないかもしれませんけど、「スナックに行っては駄目だ」って言っていたんです、みんなで。「行っては駄目」と言っても、行く。お金、管理してても、タクシーで、怒鳴り込みに行く。そういうことをやっていて、みんなで、疲弊していく日もあったんです、どんどん。

でも、支える人たちもいたんです。ひとりだったら、バーンアウトしてたけれども、みんなでやっていたから、それでも何とか、ワイワイやれてたんですね。

そのうち、彼が、パチンコに行って、スッカラカンになっていたのが、50円残してきた。「今日、50円残したね」と。今まで、みんな、「駄目だよ、何で……」って言ってたんですけど。「ハームリダクション」じゃないですけれども、50円残してきた、それ、すごいじゃないか、と、それ、褒めようよ、みたいな発想が出てきた。

そうやってワイワイやっているうちに、「エコ・マップ」って、普通、福祉の資源とか、社会資源を描くと思うんですけど、「スナックのエコ・マップって作ろうよ」とか言って、「ここのスナック、休みだから、彼、あっち行ってるんじゃないか」、みたいな。

そういう、みんなで、ワイワイやっているうちに、駄目だったものが、駄目って言ってたものが、何て言うのか、駄目っていうものしか見えなかったのが、「ちっちゃいことでも、いいところを褒めていこう」とか、「こんなことあったんだけど、それ、面白がっていこうよ」、みたいなことをやっていくなかで、そのうち、スナックだから、駄目……私たちの価値観で、駄目って言ってたんですけど、でも、スナックに行くっていうことは、私たちも行くじゃないですか。

福祉の感覚で、駄目って言って、でも、ハームリダクション、害にならなければ、いいじゃないかという考え方がありますけども、多少、生きてきたバックボーンが、違うんで、スナックに行こうが、ちょっとはみ出したことをしようが、社会の中にいればいいじゃないか、みたいな。「お金、何で残さなかったの」って言っていたのが、「ちょっと残したから、いいじゃないか」って。「スナック、行ってもいいじゃないか」って。そういうハームリダクション、害をなくす、「タバコを今日から、やめろ」じゃなくて、「フィルターを使って、害を軽減すれば、まあ、いいじゃないか」みたいな。

こういう考え方になって、彼は、ずっと、生活を築いていって……彼は、よく、「時間の天秤」って——刑務所から出所する時は、「どうせ、俺はこんな生活だから」とか、「こういう目でお前ら見てるんだろ」みたいな、劣等感がある。でも、社会の中で、３年、４年、５年……彼は５年って言ってましたけれども、５年経つと、「刑務所に行ってもいい」っていう天秤が、パターンと、「俺は、社会にいたい」ってなるんだって、彼はそう言ってました。

なので、とにかく、「社会で過ごすという時間」「地域社会の中で生きるという時間」が、少しでも長く、積み重なっていけばいいのかなあと思っています。

◇福田：　やっぱり、その人の生活をどうつくるかっていうことだと思うんですよね。だから、そこが専門職の弱いところで、司法の人もそうで、僕が法務省にいた時に、ハームリダクションの話を、エイズの関係があるので、当時の検事総長と、エイズをやっている研究者が高校の同級生で、それで、１回、法務省で議論しようとなったんです。

で、結局、「駄目だ」って。「それは、刑法違反で駄目です」という話になったんですけれども。だけど、ハームリダクション的な発想というのは、要は、自然なかたちで、人がどうやって、地域の中で暮らすか、まさに、おっしゃることを、ある意味で、別の観点から言っているという話なので……そういったこと等を、皆さんも、是非、ちょっと、伊豆丸さんのお話を、頭の片隅においていただければいいなと思います。
◇伊豆丸：　あるとき、彼を就労支援事業所に繋いでくれたママさんのスナックに、彼に関わっていた支援者と、彼も含めて一緒に飲みに行ったことがありました。その時に何がよかったかっていうと、飲みに行って、私のほうが先に潰れちゃったんです。で、潰れて、彼が、タクシーを呼んでくれて、彼が私を介抱してくれて……翌日、私は、彼のアパートに行って、「昨日は迷惑かけました」って、頭を下げるんですよね。そうすると、彼が「気にしなくていいですよ」って。

で、何か、支援する、されるだけの一方通行の関係性じゃなくて、何かこういう双方向の関係性が、心地よいというか、生きづらさを抱えた方たちに寄り添うときの大切な視点なんじゃないかな、ということを、彼から教えてもらいました。
◇福田：　役割と存在意義みたいなことを、自ずと、本人が感じたわけですよね。素晴らしい。仕掛けてやってたら、すごいです。
◇伊豆丸：　仕掛けてなんて、ないですよ、ハハハ。
◇成川遥（４年）：　お話ありがとうございました。４年の成川です。まず、福田さんに、１点お伺いしたいのですが、刑罰は、反省を促し、再犯を予防するというもので、これが機能しない場合は、やっぱり、刑罰という方法が適切ではないのではないかというふうに思いました。

政策的にも、そういう、反省を促すことが難しいような、たとえば、障害がある方等、そういう方には、刑罰よりも、福祉にシフトしていくほうが、効果的であるなと、お話を聞いて思ったのですが、薬物事犯の方に、一部執行猶予制度などが整備されてきているという現状は、理解できたのですけれども、たとえば、知的障害がある方、少し軽度の障害のある方等に対して、国からの施策として、福祉に、よりシフトできるというような動きは、国として、これまであったのか、お伺いしたいです。

■ ソーシャルキャピタル、地域包括ケア……

◇福田：　すごく難しくて……僕自身は、法務省の人間というよりは、厚生労働省の人間だったので……。

先ほど、伊豆丸さんのお話もありましたように、そういう現実を踏まえて、どういうふうに支援をしていったらいいのか、「ソーシャルキャピタル」の話もされていました、社会にある資源そのものが、実は、その人たちを支えるものなんですよ、っていう話ですよね。

で、介護や障害の世界では、この言葉、ご存知かどうかわかりませんが、「地域包括ケア」というかたちで、その人の持っている能力と、その人のやりたいことや主体性といったものを尊重しながら、みんなで、支援の枠組みをつくっていきましょう、というかたちです。

だから、「地域包括ケア」というのは——生活を支えるということで、結果として、刑罰にいかないとか、刑罰から出てきた人は、また支えるとか、そういうことになると思うんですけど、ダイレクトに、刑事司法の話を議論してるわけではないんですが、その人を、人としてみた時に、地域でちゃんと生活できる、そういうことを、その人の能力を踏まえながら、しかしながら、本人の意思決定権というものを尊重してやっていく——この方向で動いてることは、確かなんです。

ただまあ、日本の場合は、まだまだ不十分だと、世界からは言われております。そこはまさに、ご質問の点、そのものかなというふうに思っております。

◇成川（４年）：　ありがとうございます。すいません、もう１点、伊豆丸さんに、お伺いしたいのですが、矯正と社会の狭間にいる、お話されていたような方の犯罪を、未然に防止することが必要だなと、お話を聞いていて思ったんですが、やはり、地域社会を構成するひとり一人の理解を促進することが、支援する方向に、犯罪防止にも向かうのかなとも思いました。

そこで、第三者、地域社会の一員として、私たちができることがあるのか、たとえば、市町村の窓口に繋ぐとか、そういうこと……私たちに、社会の一員としてできるのかなというふうに思ったので、そういったことについて、お考えをお伺いしたいです。

■ 盥（たらい）の下から見ると物事がよく見える

◇伊豆丸：　まあ、皆さんが思っている現実と、リアルって、違うということ、それは、わかってほしい。そのことを、まず、今日は、皆さんには、一番、伝えたかった。

なので、先ほどの彼（学生）の質問と被るかもしれませんけど、犯罪者……生きづらさを抱えた人というのは、要は、様々な重層的な社会の課題を、一番ギュッと凝縮していることが多いので、そういう人たちの領域にあるものに出会うと、社会のいろんなリアルが感じられ、想像力が育まれていくと思うんです。

湯浅誠【※】さんが、著書の中で、盥の下から、こう、見ると、穴が空いているところがわかるけど、上から見てもわからない、と書かれています。で、漏れているところを知れば、すごく効率的に、いろんな政策も打てると、言われますけれども。

なので、そんな、犯罪者の人をどう繋ぐ、とか、そういうことではなくて、皆さんの感性のなかで、そういう生きづらさを抱えた方には、皆さんが知らないリアルをギュッと濃縮しているものがあるんだ、ということを知ってもらいたいんです。

あとは、その扉を開け続けていけばいいんじゃないですか。その扉を開ける知恵は、僕たち世代が、持ってると思うので。リアルを知る、たとえば、刑務所を見に行くだけでも違うと思うし、じゃあ、それをどうやって見に行くのか、誰が繋いでくれるのかとかっていうのは、大人世代が知恵として持っていると思うので。

要は、皆さんが思っている現実と、犯罪者だけに限らず社会の中にある様々なリアル、そこにはすごくギャップがあって、でも、そのギャップが一番面白いんだよね。で、それは、皆さんのまわりにある。で、そこに興味を持つ、ちょっと扉を開いてみる。そういうことは、すごく人生を豊かにするんじゃないかなというふうに思っています。

◇渡邊柊（3年）：　貴重なお話ありがとうございました。3年の渡邊と申します。伊豆丸さんに、2点質問があるんですが、1点目が、お話のなかで、福祉的支援に繋がろうとしている高齢者、障害者がいる一方で、制度側が、想像力が欠けているというお話があって。そこにこそ、行政と司法と福祉の認識の差、壁があるのではないかなと思いました。

そこで、伊豆丸さんが、地域生活定着支援センターで、いろんな支援を行っていくなかで、最も行政と司法と福祉の壁というのを感じた経験があればお伺いしたいです。

■ 70年以上、無戸籍を放置したのは

◇伊豆丸：　それはですね……70年以上、無戸籍で、日本で生活してきた人に、刑務所で出会いました。これは、本当にびっくりしました。この先進国の日本で、70年以上も、無戸籍、住民票がじゃないです、無戸籍で生きてこれるのかと。今でこそ、DV関係の被害児童で、無戸籍児童の問題等ありますけども、そんなものではなくて、70年以上も無戸籍ということなんですね。

そういう人に出会って、驚いたのが、私、その方と出会って、1年がかりで、法テラスの弁護士と、就籍（しゅうせき）という、戸籍をつくる作業をしました。1年かかりました。

それをやるなかで、彼の無戸籍については、警察も、裁判官も、検察官も、刑務所の方も、保護観察官も……いろんなプロフェッショナル、すなわち専門職が、彼の無戸籍に出会い続けているんです。逮捕される時には無戸籍という状況がわかりますし、彼は、社会の中で生活保護も受けていました。無戸籍でも、日本で生活保護を受けられるんです。

でも、彼の無戸籍に出会い続けるけれども、その専門職の人たちが、そのセクションだけの専門職になっていて、結局、そのセクションを通って、彼が社会で生きていくのだという想像力が欠けていたのではないかと思うんです。で、彼の無戸籍を知っていたけども、そのセクションのなかでは、つまり、逮捕する、取り調べる、弁護する、裁くといったことには、彼が無戸籍であることは関係なかったので、素通りされ

てきたのではないかと。

で、彼、1年がかりで、戸籍が取れた時に、彼、なんて言ったと思いますか、「これで、やっと、結婚ができる」って言ったんですよ。元気だなあ、と思いましたけどね。若い時に、結婚したかったけど戸籍がないので諦めた、そんな生きづらさもあったようです。そんな方にも出会ってきました。

◇渡邊（3年）：　ありがとうございます。2点目なんですけど、これはちょっと、今日のお話と、直接は関係しない話で恐縮なんですが、伊豆丸さんは、長崎県の地域生活定着支援センターでは、捜査・公判段階の障害者や高齢者に対する、福祉的支援に取り組んでいらっしゃったということで、入口支援に特化した、司法福祉支援センターを開設したということで、お聞きしていたんですが。

地域生活定着支援センターとして、入口支援と出口支援を両立させる際に、何か困難というか、難しさということがあれば、お聞きしたいです。

■ 入口支援と出口支援の両立

◇伊豆丸：　すごい、めちゃくちゃ詳しいですね。今の、入口、出口というのは、刑務所を出てくる人たちと、刑務所に入る前に、逮捕されたり、裁判になったりという段階で、社会に戻るという方もいらっしゃるので、今、その両方で支援をできるように、令和3年度から、全国の地域生活定着支援センターでも入口支援ができるように、新たに機能を強化しました。。

で、入口支援と出口支援という言い方をすると、その難しさでいくと、刑務所に入るのは、1年、2年、3年、4年、5年と入ります。つまり、社会に戻ってくるまでの準備期間は、長いですね。

でも、たとえば、捜査中だと、1週間とか、10日とか、14日間で、不起訴等になれば、社会に戻ってくるので、準備する期間が短い。福祉の手あて、福祉の申請をしたとしても、10日間では整わないので、そういう時間の難しさは、一つあります。

でも、逆に、冒頭申したように、刑務所に入ることで、自分の出身地と全然違うところに飛ばされて、しかも、その間に、家もなくなる、住民票もなくなる……整える時間はあるんですけど、生活再建という意味では、刑務所にいることで、いろんなものを失う人もいるんです。でも、捜査公判段階においては、社会に戻ってくる時間は短いけども、多くは、住民票は残っています、アパートも残ってます。その当人を知ってる地域住民や、自治体職員や、福祉関係者も。

なので、生活再建という意味では、私は、入口支援のほうがしやすいと思っていて。まあ、目線は違えど、どちらも、難しさ、よさ、よさと言うのはおかしいけれども、あるのかなと思います。

でも、大事なのは、入口、出口、関係なくて、私が出会ってきた罪を犯した障害者、高齢者の多くは、いろんなものを失っているので、入口の切り口でも、出口の切り口でも、スタートはどこかっていうだけで、要は、社会に戻った時がスタートなので、多様な資源で、官民協働で、寄り添い続けるということが大事だというふうに思っています。
◇藤川百佳（3年）：　本日は貴重なお話をありがとうございました。3年の藤川です。伊豆丸さんに1点、お伺いしたいです。自分がしていることをそもそも理解ができない人、今、自分が司法のどういう過程にあるのかということを理解できない人に、やはり、その理解のための、そもそも理解するための支援であったり、自分で道を選ぶことができるようになるための支援というのも必要なのかなと考えたのですが、その点、どのようにお考えでしょうか。

■ そもそも状況が理解できていない人たちに……

◇伊豆丸：　はい、そこは、大切な視点ですね。たぶん、その点に関する支援もいろいろと充実してきてはいると思うんですけども、12年前に出会った聾唖者がいました。その彼の時点でいくと、もちろん、取り調べや裁判の段階でも、手話通訳士はついていたと思うんです。

でも、彼の特性として、理解していても理解していなくても、何でもニコニコして、ウンウンって、反応しちゃんうんですね。なので、そういうところで、本当は理解してないのに、理解したって周囲には感じられて、あるいは、そういう生きづらさを見落とされて、刑事司法手続を何度も何度も通ってきたのかなと。それは、刑事手続だけではなく、地域社会も同じだったのではないかと思います。

今、そういうことが、どこまで、どう進んでるかわかりませんけれども、この10年程度のなかで、そういう生きづらさを抱えた犯罪者に対しても、定着支援センターができてきたように、いろんな福祉施策、制度等ができてきたように、12年前よりも、そういったところは進んできているとは思います。
◇秋山龍（2年）：　本日は貴重なお話ありがとうございます。2年の秋山と申します。自分はまだ、なかなか専門知識が乏しいので質問しようか迷ったんですけども、せっかくの機会なので、福田さんに、1点、質問させていただきたいと思います。

福田さんは、お話のなかで、日本人の社会的包摂の弱さ、要は、障害者や犯罪者等に対する包摂の弱さや、スティグマ、偏見の強さ等について言及されていました。たとえば、薬物依存者が、病院等になかなか受け入れられないような状況があって、それを診療報酬評価等で、なんとか受け入れられるような制度設計をなさった等のお話をされたと思うのですが。

実際に、制度設計において、このような日本人の社会的包摂の弱さや、スティグマ、偏見の強さというのは、ちょっと抽象的な質問になってしまい大変恐縮なのですが、どのように留意して、あるいはどのように対応していくべきとお考えでしょうか。

■ スティグマ、偏見の強い日本社会にあって

◇福田：　ありがとうございます。伊豆丸さんのお話にも関係するんですけれども、結局、人が生きていくというえで大事なのは、健康と、住むところ、働くところと、まあ、人間関係、という話ですよね。

住むところも……住めないわけですよ。たとえば、薬物なんかは、ダルクのお話もあったかもしれませんけど、ダルクが、ある地域で、「みんなで頑張ろうぜ」って言うと、「帰れ」っていう立て看板が並んで……そういう話もある。

あるいは、たとえば、精神障害者が、「アパートに住みます」という時に、今、一応、建前上はないんですけれども、事前に、住民の合意をとりなさいとか……ずっと、そういう積み重ねがあるんですね。

一方で、伊豆丸さんのお話にもあったんですけど、「出会い」っていうのが、実は、すごく大事で、悪い人も、いい人もそうですけど……いい人にも、悪い人もいます。悪い人も、いい人なんですよ。出会わないと、人間ってわからないんですよ。

ずっと、障害者施策を10何年前からやってきたなかで感じてきたのは、日本人って、頭がいいんですよ。だから、「障害者、あるいは、犯罪者は、差別しちゃいけませんね」って言ったらですね、「そのとおりです。私は差別しません」って言うんです。で、「隣に、障害者が来たら、どうしますか？」。「嫌です」って返ってくるんですよ。これが、現実なんですよね。

だからやっぱり、今、私たちがやらないといけないことは、まさに、伊豆丸さんもおっしゃってたけど、何て言うのかな、そういう人たちと、実際に出会うことなんですよ。でも、出会う場をつくらないといけないけど、刑務所の中にずっといたら、出会えない。病院の中に、ずっといたら、出会えないんです。

なので、出会う場をつくる、そして、皆さんみたいな若い人たちに、その出会う場で何か気づいて、ほしいんですよね。で、気づいたあと、どうするか。

法務省も、実は、「どんどん、刑務所に来てください」って、僕らや、西田さんもいた頃に、ルールを改正して、どんどん来るようにお願いをして、来てもらって、見てもらうようには、なってきてるんですけど。

そして、気づく。やはり、若い人たちは、良くも悪くも、気づいたあとの発想は、社会の常識には、とらわれにくいので。

つまり、最初、制度があっても、生かされないのは、当たり前なんですよ。僕も、そうでしたけど、たとえば、タバコ対策で、受動喫煙の防止施策を担当して、法律を成立させましたけど、その時には、その法律を成立させるのが、私たちの仕事なんです。これは、何て言うか、国家公務員としては、やらないといけないことなんです。

もちろん、それ以外のことにも、気がつきますよ。気がつくけど、まあ、やりたくても、やれない。そこは、時間という問題と、なかなか踏み出せない、社会の常識の制約が出てくるわけです。

やっぱり、そういったしがらみに、ある意味で、弱い人たち、逆に言うと、何も知らない人たちなのかもしれないけど、そこには、パワーがあるんですよ。なぜって、おかしいねっていうことに気がつく。やはり、埋め込まれた、一種の先入観みたいものとは違うものに気づいてもらうということが、すごく大事だと思うんです。

そういうようなところを、もう、皆さんのお力で、伊豆丸さんの今日のお話を参考にしていただいて、突き破っていっていただけると、すごくいいんじゃないかなっていう感じがしています。すみません、お答えになっているか、わかりませんけど。

closing comment

◇西田博（更生支援事業団 代表理事）

今日はどうもありがとうございました。久しぶりに、この年齢になって、みっともないんですけど、すごく勉強になりました。新鮮な話で、本当にありがたかったです。

実は、私が、現職中に、つくづく思っていたこと、ずっと気にしていたことは、「医療」のことなんです。

受刑者というのは、ご存知かもしれませんけど、67パーセントくらいが、病人なんですね。身体疾患、精神疾患等があるんですけれども、３人のうち２人が、病人なんです。

で、刑務所でやらないといけないことは、何かと言うと、刑期の間、彼らに、安全で健康な生活をさせるっていうことと、できれば、病気を治して、社会に帰してやることだろうと、私は、ずっと思っていたんです。

矯正・保護というのは、刑務所の中で、病気が治って出る人間ばかりではなくて、病気のまま出る人間のほうが多いんです。それが、保護に繋がるわけですね。で、保護は、保護観察が終われば、縁が切れるんです。

そう考えると、矯正・保護においては、「医療」というのは、とても大事なことなのにもかかわらず、すごく弱い。そういうふうに、私は、ずっと思っていて、今でもそう思っています。だから、それをどのように強くするのか……それを、是非、皆さんの柔軟な発想で考えていただきたいということが一つです。

あと、「医療」について、矯正と保護で、できなかったということは、どこが拾ってくれるのかといえば、やっぱり、「福祉」が拾ってくれるんですよね。

そういった意味で、やはり、厚生労働省と法務省って、福田さんに言わせると、仲が悪かったらしいですけども、これが連携がすごくとれてきた。私が法務省に入ったころと比べたら、格段に違うんですよね。

だから、やはり、今日のテーマ「医療・福祉の視点」というのは、とても大事な視点だと思っていますので、繰り返しになりますが、是非、皆さんは、その柔軟な発想で、どうあるべきか、どうあったほうがいいのか、一歩も二歩も進めて考えていただいて、是非、矯正局か、保護局に来て、制度設計等していただければありがたいなと思っています。今日はどうもありがとうございました。

◇小西暁和（早稲田大学 法学学術院 教授）

ありがとうございました。今日は、対象者の「社会的な包摂」という話がありましたが、それを実現するうえでも、矯正も保護も、こうした医療や福祉との連携が、非常に重要になってきていると言えます。まさに、対象者の背景にある、生きづらさを解決していくうえでも、医療や福祉との連携が必要だということが、今日、お話をお伺いしながら、よく理解できたのではないかと思います。

また、さらに、もっと広く、専門職以外の社会的な資本、「ソーシャルキャピタル」、「地域包括ケア」の話もございましたが、地域社会のなかで、どういうふうに支援していくのかということ、より広く、専門職と一般の市民、住民も、連携をはかりながら支援していくということの大切さも、よくわかったのではないかと思います。

そして、学生の皆さん、これからの時代をつくる若い世代の皆さんが、リアルを知るということ。出会い、我々が偏見を持ちがちなものごととの出会いを通じて、リアルを知っていくことの大切さというのも、本当に、今日、つくづく感じられました。

大学生の時代というのは、比較的、自由な時間がある時代でもありますので、このゼミを通じて、また、ゼミ外でも、是非、そういう出会いをもって、リアルを知り、そして、次の時代をつくっていくというようなことが大事なのではないかと思います。是非、皆さん、そういった意識を持って、これからも、卒業される皆さんも、まだ半年間もありますので、そうした大学生活を過ごしてもらいたいなと思いました。

本日も、また長時間にわたりご講義いただき、ありがとうございました。

（授業実施 2021 年 7 月 9 日）

〈補足解説〉

※南高愛隣会：長崎県諫早市に本部が置かれている社会福祉法人。1977（昭和 52）年に田島良昭初代理事長によって設立され、種々の先進的な社会福祉事業を推進してきたとともに、刑事司法と福祉の連携の問題にもいち早く着目しその解決策に取り組んできた。

※医療観察法：「心神喪失等の状態で重大な他害行為を行った者の医療及び観察等に関する法律」の略称。医療観察法は、心神喪失又は心神耗弱の状態で重大な他害行為を行った者に対して、専門的な治療と処遇を行う仕組みを定めている法律。司法が処遇の決定を行う点に特徴がある。

※生産年齢人口：労働意欲の有無に関わりなく、労働に従事できる年齢の人口層のこと。日本では、15 歳以上 65 歳未満の年齢に該当する人口がこれに当たるとされる。

※山本譲司（やまもと・じょうじ）：作家、元衆議院議員。代議士の公設秘書、都議会議員等を経て、1996（平成 8）年に衆議院議員に当選。政策秘書給与の流用事件により 2001（平成 13）年に実刑判決を受ける。作品に、433 日に及んだ獄中での生活を著した『獄窓記』（ポプラ社）他、『累犯障害者』（新潮社）など。

※改善指導：40 頁ご参照。

※ヒポクラテスの原則 / ヒポクラテスの誓い（Hippocratic Oath）：ヒポクラテスは紀元前 5 世紀にエーゲ海のコス島に生まれたギリシャの医師で、科学に基づく医学の基礎を作ったとして「医学の祖」と称されている。彼の弟子達によって編纂された「ヒポクラテス全集」において、医師の倫理・任務などについて書かれた宣誓文が「ヒポクラテスの誓い」である。この中で、身分に関係なく医術を行うべきことが謳われている。

※ドラッグコート：71 頁ご参照。
※保護観察：40 頁ご参照。

※松本俊彦（まつもと・としひこ）：国立研究開発法人国立精神・神経医療研究センター精神保健研究所 薬物依存研究部 部長、同国立精神・神経医療研究センター病院 薬物依存症センターセンター長。

※第三者行為：保険者（第一者）・被保険者（第二者）以外の者（第三者）が行った不法行為。交通事故や喧嘩など。

※ IR：IR（Integrated Resort（統合型リゾート））とは、カジノの他、ホテル・劇場・国際会議場・展示会場・ショッピングモール等が集まった複合的な施設。日本国内に開設されることになれば、カジノの解禁を伴うことになり得るので、ギャンブル依存症への対策が求められた。そこで、2018（平成 30）年にギャンブル等依存症対策基本法が制定されることにもなった。

※ BBS 会：105 頁ご参照。
※早稲田大学広域 BBS 会：105 頁ご参照。

※重層的支援体制整備事業：市町村において、既存の相談支援等の取組みを活かしながらも、地域住民の複雑化・複合化した支援ニーズに対応する包括的な支援体制を構築するために、「属性を問わない相談支援」、「参加支援」及び「地域づくりに向けた支援」を一体的に実施する事業。市町村全体で支援機関や地域の関係者が断ることなく受け止めて、つながり続けるような支援体制を構築することが目指される。

※湯浅誠（ゆあさ・まこと）：社会活動家。東京大学先端科学技術研究センター特任教授。認定 NPO 法人全国こども食堂支援センター・むすびえ理事長。

5th viewpoint

【事業者の視点】

社会の公器としての使命とは

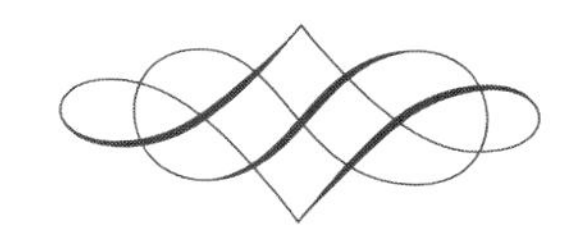

opening comment

◇**小西暁和**（早稲田大学 法学学術院 教授）

本日は、暑い夏真っ盛りのなか、お越しいただき、ありがとうございます。更生支援事業団と本学、早稲田大学法学部小西ゼミとの共催プロジェクト、矯正・保護に関わる外部講師を招いての学生向け特別講義、いよいよ、第５回となります。

本日は、「事業者の視点」として、「社会の公器としての使命とは」というサブタイトルにて、おふた方に、本日、お越しいただいております。

まず、歌代正さん。現在、株式会社大林組の顧問をされておりまして、元常勤監査役、また、島根あさひ社会復帰促進センターという刑務所、半官半民のPFI刑務所【※】とされていますが、こちらで、初代総括業務責任者をつとめておられました。

もうおひと方は、安田祐輔さん。現在、キズキグループの代表として、株式会社キズキの代表取締役社長、また、NPO法人キズキの理事長をつとめていらっしゃいます。

本日、この２先生から、お話をお伺いして、そのうえで、学生の皆さんとの間でディスカッションを深めていきたいと考えております。よろしくお願いいたします。

では、まずはじめに、早速ですけど、歌代正さんから、ご講義をお願いしたいと思います。よろしくお願いいたします。

keynote lecture 5-1

PFI 刑務所で私たちが目指し 実現したこと

歌代 正

（株式会社大林組 顧問）

■ 大林組のPFI事業について

どうも皆さん、こんにちは。歌代と申します。私は、1979年、昭和54年に、早稲田大学の政治経済学部を卒業しております。今日、久しぶりに、母校にお邪魔して、大変懐かしい思いがしました。昔はこんなに高層ビルもなくて、結構広々と見渡せたんですが、だいぶ風景が変わったなというふうに思っています。

さて、先ほど小西先生のほうから、ご紹介がございましたけれども、島根あさひ社会復帰促進センターという名前を皆さん、聞いたことありますか？　あるという方、挙手を……ああ、結構、いますね。

島根あさひ社会復帰促進センターというのは、法務省と民間事業者が共に運営をしていくという刑務所で、平成20年に開庁しました。

PFI事業【※】という手法を用いて、民間が資金を調達し刑務所を設計建設し、そこでこういう改善更生のための指導を行い、あるいは、刑務作業はこういうことを、また、職業訓練はこういうものを、といった様々な処遇についての提案をし、実現させたプロジェクトです。

「島根あさひ」の事業には、セコムグループと大林組グループが入札をして、私ども大林組グループが落札しました。

平成20年に開庁ですから、もうすでに13年になります。その時に法務省で、我々に様々な指導をしていただいたのが、西田様ということです。

次の図表（次頁）は、私ども大林組のPFI事業の実績となります。少し見づらいですが、中国地方にあるのが、島根あさひ社会復帰促進センターです。あと、兵庫県の加古川市にあるのが、播磨社会復帰促進センター。

この二つの刑務所、ともにPFIの刑務所で、これを大林グループが手がけています。「島根あさひ」に関していいますと、設計、建設から運営までを民間が関与し、「播磨」については、国が設計建設した公設の刑務所を民間事業者が運営する、公設民営というかたちになります。この二つの矯正施設を、大林組が事業として受注をし、運営を行っています。

□ 1999 年から代表企業として取り組む

国内最多の実績（49 件、うち代表企業 43 件）

当社では、刑務所以外にも、たくさんの PFI 事業に取り組んでいます。たとえば、大学関係では、九州大学、熊本大学、政策研究大学院大学などの研究施設であるとか、あるいは、公務員宿舎ですね。その他、浄水場、火葬場、プール、文化ホールなどなど、たくさんの PFI 事業に取り組んでいます。

■ 小西教授との思い出

当社が取り組む多くのＰＦＩ事業のなかで、最も事業規模が大きいのがこの島根あさひ社会復帰促進センターの事業です。それで、その取り組みをこれから、少しお話するんですけれども、その前に、小西先生との思い出話をさせていただきたいと思います。

PFI 刑務所の第１号案件として公示された、美祢社会復帰促進センターというのがあります。私ども、大林組も、入札をしたんですが、その事業はセコムチームに負けたんですね。提案内容の評価は、私どものほうが高かったんですけど、当方のチームの入札金額が高くて、それで、総合点でセコムチームに負けてしまったわけです。

そこで私としては、セコムさんがこんなに安い金額で入札してくるのではとてもかなわないから、もう次の刑務所の PFI 事業に取り組むのはやめてしまおうと、なかば諦めていました。

そんな時の話です。皆さんご存知だと思うんですけれども、小西先生の指導教員が先ごろご退職された石川正興先生ですよね、その石川先生をある方が紹介してくれたんです。今から 16 年前、2005 年ですね、そこで、小西先生にもお会いしたんです。

小西先生が、まだ、助手だった頃で、もっとスマートで、かっこよくてですね……今でも、かっこいいんですけど。

その時、石川先生は北海道・遠軽の北海道家庭学校【※】というところを参観する計画を立てていて、「歌代君も、一緒に来なさい」ということで誘われ、石川先生と小西さん、そして私と大林組からもうひとりの４人で行ってみたわけです。

北海道家庭学校では、虞犯少年【※】や、犯罪、非行を犯して施設から帰って来た少年たちと指導者が、家族のように寮で毎日生活をしながら、生活面での指導や就職に必要な職業訓練などに取り組んでいました。世の中、こうやって、予算も少ない中で苦労して、本当にいろんな物も不足しているんですが、そのなかで、少年たちをしっかりと社会に帰していくために苦労している団体があるんだ、ということを初めて知りました。

これから新たに「島根あさひ」という案件が出件されるという、まさにその時に出会った北海道家庭学校。それは私に「やっぱり、もう一度刑務所ＰＦＩ事業をやってみてはどうか」と思い直させる大きなきっかけになりました。石川先生、小西先生との思い出には、まずはこの北海道家庭学校があります。

それ以来、小西先生とは、いろいろな繋がりがありましたが、石川先生ご退職の記念のパーティーにもお呼びいただいたりもしました。実は、小西先生とは、そういう経緯がございます。

■ 島根あさひ社会復帰促進センターの概要

島根あさひの話に戻りますけれども、これがいわゆる、施設の全景です。

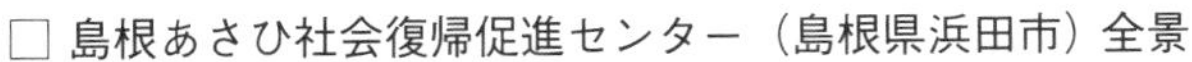
□ 島根あさひ社会復帰促進センター（島根県浜田市）全景

島根あさひに行かれた方というのはいますか？……まだ、いないのかな、行ったことがある方は、いらっしゃらないんですね。

少し説明しますと、写真の下のほうが広島県側、上のほうが島根県浜田市市街地です。二つの敷地の真ん中を通っているのが高速浜田道、広島市から島根県浜田市に繋がっている高速道路です。

高速道路をはさんで二つのエリアがありますが、これは法務省さんが島根県から購入した県の工業団地でした。この二つのエリアに、「刑務所と、公務員の官舎や武道場等をつくりなさい」、「あとは、民間側の提案として、何かつくってもいいですよ」という、おおざっぱに言いますとそのような法務省の募集要項だったんです。

□ 島根あさひ社会復帰促進センター 事業概要

＊建設場所	島根県浜田市旭町丸原 380 番 15
＊敷地面積	325,000㎡
＊構造規模	庁舎（S 造　地上 2 階）
	収容棟（S 及び RC 造　地上 4 階）9 棟
	管理・面会・医務棟（S 造　地上 2 階）
	公務員宿舎（RC 造　地上 6 階）6 棟 他
＊延床面積	114,863㎡
＊事業方式	BOT 方式
＊維持管理運営期間	2008 年 10 月～ 2026 年 3 月（17.5 年間）

敷地面積が 32 万 5000 平米、東京ドームが、7 個分くらいの面積で、結構、広いんです。そこに、向かって右側が収容棟エリア、「刑事施設エリア」と言ってますけれども、収容棟が 9 棟あります。そして、向かって左側のエリア、「地域開放エリア」と私どもが呼んで提案したんですが、ここに、刑務官の方々がお住まいになる公務員宿舎と、武道場、職員待機所、幼保一体型の保育園、後ほど詳しくお話ししますけれども、日本盲導犬協会のための盲導犬の育成のためのセンターなどをつくりました。延べ床面積で、11 万 4000 平米。これを落札後の 1 年間で設計をし、次の 1 年間で建設をしました。

この事業、全体で 900 億円ぐらいの事業費なんですが、そのうち、だいたい 200 億円くらいが、この施設整備費にかかってます。ですから、残りの 700 億円で、18 年間、事業運営をしていくということなんです。

しかし、施設整備（建設工事）の段階で、非常に大きな赤字になり、大変厳しい工事となりました。ただ、出来栄えは最高に素晴らしいです。

そして、維持管理運営期間というのがございまして、これが、2008 年から 2026 年までの18年間ですね、厳密には17.5年間、運営をしていく。ですから、もう残りでいいますと、あと、5年ぐらいしか事業期間が残ってないということになります。

それで、以下がこの島根あさひの私どもの事業スキームです。これは、PFIの事業スキーム、一般的に「SPC；Special Purpose Company」という「特別目的会社」というものを設立し、それが、法務省と契約をする主体になります。

□ 島根あさひ社会復帰促進センター 事業スキーム

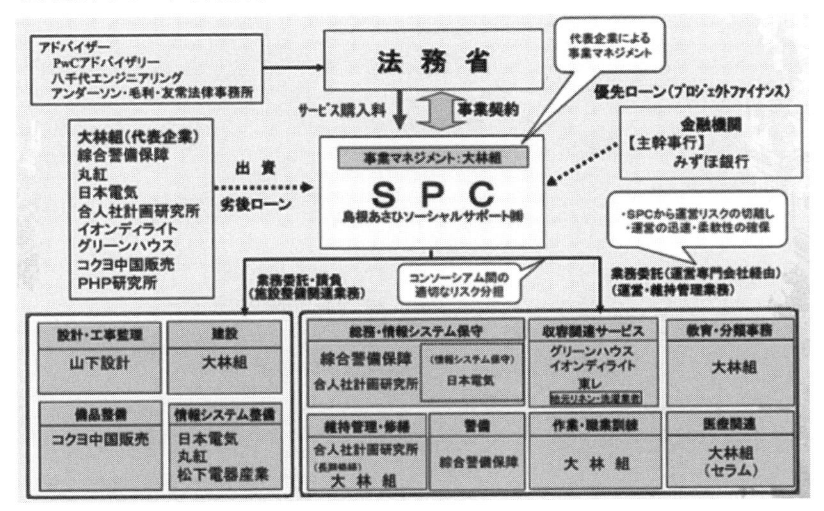

その SPC の株主としては、施設が刑務所ですから、警備が非常に大きな割合を占めます。その警備は、綜合警備保障（ALSOK）さん。あと、受刑者に電子タグをつけて、位置情報を施設内くまなく把握するというシステムをつくり上げましたのが、丸紅さんと NEC さんです。

あと、施設のなかの庶務業務、清掃業務等があるんですが、それを、合人社さんとイオンディライトさん。2000名の食事を朝昼晩、3食つくるのが、グリーンハウスさん。PHP 研究所さんには教育のプログラム、今としては画期的なんですが、施設内に設置されたサーバーに繋がった各収容棟内のパソコンで、受刑者が、自分で勉強できるという仕組み、教育ソフトをつくっていただきました。

で、設計は山下設計さん。建設は、大林組――このように、いろんな企業がコンソーシアムを組んで、知恵を出し合ってつくりあげ、そして、ここに書かれたような役割を担って、17.5年間、運営をしていくということで、今もやってるんです。

それで、肝心なのは、受刑者の教育ですね。いわゆる、再犯に至らせないための教育であるとか職業訓練、あるいは医療、こういうものを、代表企業である大林組が担いました。

これは、私の方針、考えでそのようにしました。つまり、この事業で肝心なところが、教育、作業、職業訓練、分類であり、どんなに立派な建物をつくっても、この肝心なところがうまく機能できていないことには、矯正施設本来の機能は果たせない施設になってしまうんです。

やはり、矯正施設であるということから、建設工事はもちろん行いますが、その他に教育、職業訓練、作業等の業務についても、代表企業として大林組がやるべきだということで会社を説得し、大林組がそれらの業務を一手に担うこととしました。これには、大変な苦労がありましたが、いい経験でもありました。

■ 島根あさひ社会復帰促進センターの理念と実践

このセンターには、基本方針というものがあります。これは、この事業を民間に公募する時に、法務省が決めた三つの方針、「官民協働の運営」と「地域との共生」、「人材の再生」となっています。

□ 島根あさひ社会復帰促進センター　基本方針
～本事業の骨格となるもの（法務省が民間事業者提案の加点項目として設定）
＊官民協働の運営　＊地域との共生　＊人材の再生

入札にあたっては膨大な提案書を書くんですが、この基本方針の３項目については、非常に配点が高くて、提案書全体の配点が300点、そのうちの100点が、この三つに関わる部分で、非常に、法務省が重きを置いたポイントでした。

ここの部分は、私がひとりで提案書を書いたんですが、結構いい点数が取れたかなと思っています。

「地域との共生」という部分で、私どもが重視したのは、まず、この事業を誘致した浜田市旭町という町が、単に、刑務所が来て、そこで働く人が増えればそれでいいや、ということではなくて、たとえば「受刑者には生きる望みを、地域住民には生きがいを」、あるいは、「旭の、浜田の、島根の、音と匂いと色を、受刑者の改善更生に生かしたい」、こういうことを当時の旭町の町報にきちんと書かれているほどに、受刑者の改善更生に関心を持っている町だったということです。そういう高い志（こころざし）をもって、この刑務所施設を浜田市旭町は誘致しました。

□ 基本方針「地域との共生」で私たちが提案したこと
誘致に傾けた地域の「情熱」を、そのまま事業に引き継ぎます。
〈私たちが心打たれた言葉〉
「受刑者には生きる望みを、地域住民には生きがいを。」

「旭の、浜田の、島根の音と匂いと色を、受刑者の改善更生に生かしたい。」

- 地域と施設の共存共栄の達成－我々の責務
- 地域と施設が未来に亘って共生できる仕組みの創出
- 「共生」から「共創」へ　～地域と共に創る施設をめざして

ですから、我々は、そういった旭町の想いを、民間事業者としてもしっかりと引き継ぎたいと考えました。

そして、「地域と施設の共存共栄」、これはもう、民間事業者が成し遂げなければならない責務であると、また、「地域と施設が、未来にわたって共生できるような仕組みをつくりだそう」と、そういうようなことを提案しております。

それから、「共生」、共に生きる、ということは、施設があれば否が応でも当たり前なことになっていくわけですが、共生から一歩進んで、共に創る、「共創」ですね、これを一番大事に考え、提案書をつくりました。この「共創：地域と共に創る施設を目指す」ということを大前提に、この13年間取り組んできています。

そして、私たちが目指し、実現したことです――

□ 私たちが目指し実現したこと

地域との共生・共創により、地域の課題解決に寄与

＊人口3000名の旭町に2000名収容の刑務所ができるということ

旭町の現状……増え続ける耕作放棄地、高齢化が進む中山間地

「要求水準」以前に重要なもの……地域に入り込んで初めて分かる事（大事）

誘致したこの事業を地域活性化の起爆剤にしたいという地元の熱い想い

過疎の町と刑務所とが永続的に共存共栄していく以外に成功の道はない

〈事業の大方針〉共生から共創へ～地域と共に創る施設をめざして

＊地域資源に力を借りる

多岐に亘る刑務所運営関連物品を可能な限り地元から調達（衣、食、住）

地域コンソーシアムを組成し、パッキング、配送の一括化

地元企業、農家、住民による処遇への参画（職業訓練、構外作業、文通、パピー）

＊過疎地に雇用機会を創出　民間職員の新たな雇用 約350名

多岐に亘る刑務所運営業務にかかわる民間人を地元から雇用

＊島根県内金融機関をプロジェクトファイナンスへ参加要請

山陰合同銀行、島根銀行、島根中央信用金庫、日本海信用金庫、島根県農業協同組合

「地域の課題解決に寄与」――たとえば、この刑務所がある島根県浜田市旭町というのは、人口3000名なんですね。そこに、2000名の受刑者が来て、それに加えて、受刑者を管理する刑務官の方たちが住むことになった場合、どういうことになるの

か。あるいは、旭町の現状……たとえば、高齢化率が大変すすみ、ひとりで暮らしている高齢の方がたくさんいたりします。そして、中山間地で、耕作放棄地が増え続けていたりしてます。

こういう町に、この施設が来ることによって、やはり、そこから何かを生み出す、あるいは、そういう集落のために、何かできることがあるんじゃないかということを考えていたわけなんです。

それで、後ほどお話ししますけど、たとえば、文通プログラム、地域の高齢者が受刑者と文通をするとか、あるいは、刑務所の職業訓練で介護の資格を取った受刑者が、地元の高齢者施設まで出向いて行って、入所者の介護のお手伝いをするとか、そういうことを、刑務所を運営していくなかで取り組んできました。

あるいは、構外作業といいまして、受刑者が、毎朝、バスで刑務所から外に出てハウスでの野菜栽培や、茶畑をつくったりして、耕作放棄地で耕作ができるような仕組みをつくるといったことも、この事業のなかでやりました。

それから、「地域資源に力を借りる」――刑務所というのは、皆さん、ご存知だと思うんですが、ある意味、ホテルのようなもので、衣食住が完備していなくてはなりません。着るもの、寝具なども供与、貸与しています。

ですから、そういったものも、なるべく地元から買うという仕組みにしました。あるいは、刑務所の中の図書館には、当然、本も何千冊と揃えるんですが、それも全部、地元の書店から調達をしていく。

そして、地域のコンソーシアムというものを地元の企業につくっていただいて、そこから、先ほど申しあげた特別目的会社、SPCが、運営に必要な物品を購入する、そういう仕組みをつくりました。

あと、ここ（前頁図表「＊地域資源に力を借りる」）に「パピー」と書いてますけれども、特に力を入れたのが、受刑者による盲導犬パピー（子犬）の育成です。盲導犬候補の子犬をこの刑務所の中で１年弱の間、受刑者、訓練生と呼んでいますけれども、訓練生が飼育をするプロジェクトです。週末には、ウィークエンドパピーウォーカーといいまして、子犬を刑務所から出して、地元の一般の家庭でその子犬を育てていただいて、また、月曜日には施設に戻って来る。月曜日から金曜日までの５日間は施設の中で訓練生が面倒を見て、土日は地元のご家庭で育てていただく、今では多少運営方法が変わっているかとは思いますが、そういうスキームでスタートしたプログラムです。

アメリカには同様のプログラムが取り入れられている刑務所があるのですが、日本では初の試みでした。それは、ある日本人のジャーナリストの方がアメリカでの刑務所での取り組みを書いた本を私が読み、日本の刑務所でも何とか取り組めないかと思って、導入したプログラムです。

このプログラムは、再犯率……再入率というんですね、刑務所を出てから、再犯を犯す率が、とても少ないプログラムの一つとなっています。

この再犯率が低いという点では、文通プログラムも再犯率の低下に寄与しているというような実績もあがっています。

■ 官民協働の運営のポイント

それから、官民協働の運営のポイントということについてですが、今日の講義のテーマは、民間の「社会の公器としての使命」ということなんですね。社会の公器、このPFI刑務所の事業では、民間企業が受刑者の改善指導【※】などにあたるというなかで、初めて民間がそういった仕事に入っていったわけなんです。

□ 官民協働の運営のポイント
 ＊官に確固たる信念があるか？　地域の想いは熱いか？
 そして、民間事業者の熱意は？　―― 熱い想いの三位一体
 ＊起点：官はリスク、民はベネフィット（どんないいことがあるか）
 行政の安定性、継続性はリスク精査により担保されている
 ＊同じ夢を追う仲間として
 センターの国家公務員、誘致した地元行政、民間社員、地元企業
 この４者の想いは同じはず＝責任・立場は異なるが共通の目標を持つ仲間
 異床同夢＝「同じ夢を追う仲間」として事業を推進
□ 人材の再生
 ＊諸外国で実績のある教育プログラムや多彩な職業訓練による人材の再生
 ＊充実した処遇により、訓練生の真の改善更生の一助となりたい（社員教育）
 ＊処遇効果検証をしっかりと行う（外部委託）
 ＊就労支援のための職業斡旋　Tax Eater を Tax Payer に

島根あさひのセンターでは、民間職員が法務省矯正局の職員と机を並べて、一緒に働くわけです。「官民協働」ということにおいては、法務省の現場の方々の熱意、あるいは、誘致した地元自治体の熱意、それらに民間も応(こた)えなければならない、民間側にも、その熱意がなければいけない。法務省だけが熱意を持っていても、あるいは、誘致した地元自治体に熱意があっても、民間側が「いやいや、そんなこと、できませんよ」というようなことを言っているようでは、なかなかうまくはいかない。

やはり、国、自治体、民間事業者、みんながみんな、その確固たる信念や、熱い思いを持たなければいけない。「熱い思いの三位一体」と書いていますけれども、そういったことがやはり重要だったなあ、というふうに思います。

■ 映画「プリズン・サークル」で描かれたこと

2020年1月から上映されている映画「プリズン・サークル【※】」ってご覧になった方いらっしゃいますか？　ああ、ご覧になりましたか……。この映画、ロードショーの前の2019年の9月、早稲田大学の小野記念講堂で試写会をやったんですね。

「プリズン・サークル」という映画は、島根あさひで取り組んでいる「TC；治療共同体（Therapeutic Community）【※】」を取材したドキュメンタリー映画です。アメリカのアミティ（Amity）【※】という団体でやっているTCプログラムの日本版で、島根あさひでどう取り組んでいるのかを取材したドキュメンタリー映画なんですね。

TCですが、これも私どもの提案で取り組み始めた受刑者処遇の一つです。西田さんはよくご存知だと思うんですが、新しい受刑者が刑務所に入ってくると、受刑者同士、「あなたは何の罪を犯してきたの？」なんて、普通は訊かないらしいんですよね。受刑者同士、自分の犯罪のことを他の受刑者の前で話したりはしないんです。

でも、アミティの考え方は違っていて、自分の犯した罪などについて、一度はきちんと向き合い、人の前でそれを話すことがなければ、自分の罪といったものをずっとひきずったままである、というようなことが、この「TC」の根本にあるんです。ですから、このプログラムでは、ＴＣで見たこと、聞いたことは、誰にも言わない、この場かぎりのこととして、取り組んでいるわけです。

まあ、そういうことで、私どもは、スタートしたわけなんですが、初代の国側のセンター長から、「歌代さん、困る。受刑者が、自分がどんな罪を犯して……云々って、他の受刑者の前で言うのは困る。そういうことは、今まで、日本の刑務所では、やってないんだ」とお叱りがありました。

私は、専門的な詳しいことはわかりませんでしたので、TCを担当する臨床心理士の方に来てもらって、どうしてそういったこと（自分の罪と向き合うこと、それを話すこと）が必要なのかということをセンター長に説明しました。で、「そうか、そういうことであれば、まあ、しょうがないな、しばらくは様子を見よう」ということで、始めたプログラムでした。実際にそのプログラムの中で受刑者が自分の罪を他の受刑者の前で話すことで何らかの問題が起きた、ということは、私が現地に常駐している間はありませんでした。

この「プリズン・サークル」をご覧になられた方は、たぶんわかると思うんですが、やはり、刑務所の中で受刑者同士が語り合うこと、輪になって語り合うことの大事さみたいなことが、伝わってきたのではないかと思います。この映画、法律の勉強をされる方には、是非、一度、観ていただきたいなと思っています。

最後に、一穂ミチ【※】さんという方が、『スモールワールズ』という本を執筆されています。今回、直木賞の候補になりましたが、残念ながら受賞はできなかったんですが、この本のなかに、「花うた」という短編があって、これが、島根あさひで「TC」

のプログラムを受けている受刑者、それは傷害致死で入所してきた人なんですが、その受刑者と、その傷害致死で亡くなった方の妹さんが、文通をするという、そういう小説があります。こちらも、是非、読んでください、面白いですから。

ですので、私どもが立ち上げた、こういう施設が、プログラムが、映画や小説になるくらい社会的に認知されつつあるというのが、私もこの事業に携わってきて、本当に嬉しいことだと思っています。

今日はどうもありがとうございました。あとでまた、質問があれば、たくさんしてください。どうもありがとうございました。

keynote lecture 5-2

ビジョンを事業に、そして 政策に

安田祐輔

（株式会社キズキ代表取締役社長 / NPO 法人キズキ理事長）

■ 少年院を出た人たちの現実

よろしくお願いします。私は、「何度でもやり直せる社会をつくる」というビジョンを掲げて、キズキという会社をやっています。詳しくは後ほどお伝えしますが、この会社は、私自身の原体験をもとに、ビジョンを掲げ、そして、ミッションとして、「事業を通じて社会的包摂を行っていく」ということで、企業活動を行っています。

□ キズキ・グループのビジョンとミッション
〈ビジョン〉　何度でもやり直せる社会をつくる
〈ミッション〉　事業を通じた社会的包摂を行う

一応、NPO 法人もあるんですが、ほとんど、株式会社で運営していて、概ね 550 人くらいの従業員が働いている会社です（2022 年 5 月現在：以下、「※ 22.5」）。もともとは、中退と不登校の方向けの塾から始まっています。中退とか不登校になると、やはり、「やり直す」ことが、なかなか難しくなってしまう、というところがありますので。

今、全国に 9 校舎、600 人くらいの生徒が通っています。（※ 22.5）

□ 各事業の概要 _1：株式会社
〈学習支援事業〉
＊学びとこころの両面から、不登校や引きこもり、高校中退等を経験した子ども・若者を支援
＊現在 生徒数600名、10年間で4,000名の卒業生。のべ8,000名の相談支援。首都圏に6校舎、関西に2校舎、東海に1校舎 (※22.5)

ただ、この塾は、普通に受講料をもらってやっている塾なんです。そうすると、お金がなくて通えない方や、生活困窮、生活保護の世帯の方、なかには、少年院を出たばかりの方、そういった方たちからも、たくさん問い合わせがあります。

実は、少年院を出た方の7割が、中卒か高校中退なんです。つまり、3割しか高卒の方はいない。それで、ここにいる早稲田大学の皆さんには、なかなか実感を持つのが難しいかもしれませんが、学歴が中卒で働ける仕事って、ほとんどないわけです。

そうすると、少年院を出た方々も、やはり、勉強をし直さないといけない。

ところが、この学歴の問題に加えて、少年院を出た方の7割くらいの方々が、両親が揃ってないんです。両親が揃っているのは3割くらい。そうすると、なかなか、塾に行くお金もないですよね。

さらに、お金だけで解決するのかと言うと、そういう問題でもありません。

少年院を出たあと、そして、家庭も不安定だと、やはり、メンタルも不安定になる。また、少年院を出た方は、最近、発達障害という方も増えてきているので、いろいろ、社会でうまくいかなくて、そういった面でも、不安定な方々がいる。

さらに、親もいないとなると、親のサポート、精神的なサポートも受けられない。お金もないし、親のサポートも受けられない、となると……。

そういう厳しい環境のなかにいらっしゃる方々から、我々に、問い合わせがくる。それで、ずっと、「何とかしたいな」と思っていました。

我々、中退や不登校の方のための学習塾をやっていたとしても、なかなか、そういう方々の支援はできない……そういったことを悩んでいたということが、当時、塾をやっていてありました。

■ 企業理念、ビジョンの実現のために

そうしたなか、少年院を出た方に限らず、お金がない人たち、そういう方々への支援ができないと、やはり、我々の真のビジョンの達成は成り立たないということで、「公民連携事業」というかたちで、新たな事業展開を始めました。

□ 各事業の概要 _2：株式会社

〈公民連携事業〉

* 新宿区より、若年者就労支援室「あんだんて」の業務を受託。新宿区自殺総合対策会議の委員も務める
* 足立区、八王子市、稲城市、横浜市の複数の区、川崎市の複数の区、大阪市の複数の区、吹田市、西宮市、京都府からは学習支援を、柏市からは就労支援を受託（※22.5）
* 大学での中退予防に向けた取り組みも支援

先ほど、PFIのお話がありましたけれども、いろんな自治体や国が、生活に困窮された方の支援を、民間企業に委託するということをやってるんです。今、だいたい、私たちは、26の自治体と１つの省庁の事業をやっています（※22.5）。税金を使うかたちで、お金のない家庭、お金のない方たちを支援しています。

もともと、塾で、メンタルが不安定だったり、勉強をゼロからやり直さないといけないという方の支援をしていたんですが、それだと、やはり、支援できない人たちがいるということで、自治体や国との公民連携事業をやるようになって、今もやっています。

で、そうすると、だんだん、「大人になってからは、どうする」「なかなか、大人の側も大変だな」ということになってきて、今度は、働くための支援をやらないといけないということで、うつ病と発達障害の方に特化した、就労移行支援事業所、つまり、ビジネス・スクールみたいなものをつくりました。今、４つの校舎で、「キズキビジネスカレッジ」事業としてやっています。

□ 各事業の概要 _3：株式会社

〈就労移行支援事業〉

* うつ病や発達障害のため「働くこと」に困難を抱える若者に、スキル習得の講座やキャリアカウンセリングを提供。2019年に創業し、2022年現在、都内に２校舎。大阪に１校舎、横浜に１校舎。

そういうことを、株式会社として、ずっとやってきています。その一方で、NPO法人は、小さくやっていて、少年院の支援も、我々はずっと持ち出しでやっていたんですが、国の予算がつくようになって、国のモデル事業として、法務省と一緒にやらせていただいたということがあります。

これらについては、あとでまた少しご説明いたします。

□ 各事業の概要 _4：NPO

〈スタディクーポン事業〉

＊渋谷区の困窮家庭の中学生を対象に、塾代に充てられるクーポンを配布

＊2019年4月より、渋谷区、千葉市の政策に

＊2020年4月より、東京都の政策に

〈少年院事業〉

＊首都圏、近畿の少年院において高卒認定試験の受験対策講座を実施

＊2019年8月より、法務省のモデル事業に

■ 自分自身の体験から会社設立を

いままでのお話は、これまでの会社の事業紹介でした。次に、どうして、僕が、株式会社キズキを設立したのかということについてお話しします。

その一つの要因には、僕自身も、少年院に入った子どもたちと同じような家庭環境で育っているということがあります。

僕が12歳くらいの時に、親がいなくなってしまって……父親が、外に女性をつくって、帰ってこなくなってしまった。その後、母親も彼氏をつくり家を空ける日が増えました。

それで、中学から寮に入ったのですが、結構、いじめられました。どうして、いじめられるかというと、僕自身、軽度の発達障害があり、今、僕、38歳（※22.5）なんですけど、その当時、25年くらい前というのは、「発達障害」という言葉もほぼなかったので、「ちょっと変わった子」みたいな扱いを、ずっと受けていました。

そういうわけで、学校でいじめにあう、寮でも駄目になり、寮も出るのですが、戻る家庭もちゃんとしていない……そうすると、どうなったかっていうと、暴走族の下っ端になったんですね。20年くらい前、僕は神奈川県出身なんですけど、神奈川県の暴走族のコミュニティに入りました。

今の非行少年、要するに、少年院に入る子って、暴走族の総長みたいな子は、もうほとんどいないんですね。でも、昔は、そんなのばっかりで、喧嘩の強い奴ばっかりだったんです。今は、だいたい、オレオレ詐欺の受け子みたいなかたちで、グレてる集団の一番下っ端の子で、おばあちゃんからお金を受け取るみたいな役割をやらされてるわけですね。

僕は、そういう犯罪はしなかったですけど、ある意味、似たような立場でした。社会の中で居場所がない。夜、みんなでコンビニの前でたむろしてるような環境のほうが、居心地がいい。僕も、そんな子どもでした。

だけど、僕は、喧嘩も強いほうじゃないし、迫力がある感じでもない、体も小さい。

そうすると、パシリみたいな感じで、「来週までに、２万円持って来い」みたいなことを言われるような立場で、高校生活を過ごしてました。

当時、地元の暴走族の総長みたいな奴がいて、そいつが僕に、「来週までに、２万円、持ってこい」とか要求するわけです。で、僕は、逃げ回るわけです。高校は、すごく勉強ができない高校だったんですが、一応、通ってました。そうすると、暴走族に、学校が囲われたりします。それは、結構、大変だったんです。

ある日、地元にいたら見つかってしまい、４人くらいにリンチされて、殴られて。なんとか、僕はその場を逃げて、そのあと、警察に「誰にやられたのか？」と聞かれたので、「地元の誰々」と話したところ、その子は警察のなかでも有名で、おそらく何度も問題になっているような子だった。その彼は、小学校の時に親が蒸発をしていて……16、7歳で、建設作業現場で働きながら、妹をひとりで養っているような子だったんです。

そういう話を聞いた時に、僕よりもたぶん、きつい家庭環境で育っている。そういう家庭環境で、ちょっとヤンチャな世界に行っちゃう人たち、僕もそうだし、彼もそうだし、そういう人たちは、同世代の子どもたちが生きている世の中……普通に高校に行って、親に囲まれて、勉強もさせてもらって、習い事もさせてもらってという世界と、別の世界で、日々、殴り合いの喧嘩をしているわけです。

その時くらいから、僕は、いろいろと思うことがあって、「ああ、なんか、こんな世界から抜け出したいな」と、強く思った。そして、18歳の時に一念発起して、「大学受験をしようかな」と思って、勉強をし始めたっていうのが、僕の、この会社をつくった経緯でもあります。

ここから、一念発起して、大学受験、受験勉強を開始しました。僕は、中高時代、まったく勉強をしていなかったので、日本の総理大臣の名前を知らないとか、漢字も小学生レベルで止まっているとか、そういうレベルでした。

でも、父親に頼んだら、予備校のお金は出してくれたんです。そして、予備校に行きながら、２年間、猛勉強をして、その結果、ICU（国際基督教大学）という大学に入りました。

ここで大事なのは、僕は、親には恵まれてないけど、予備校のお金は出してもらえたんです。でも、少年院を出る子たちって、親がお金を出せる家庭なんて、ほとんどないわけです。

やはり、そういう少年たちが抱えている課題というのは、親子関係がうまくいってないとか、様々な精神面での課題もある、そのうえ、社会復帰しようと思っても、お金を出せるような、出してくれるような家庭が、そもそもない。

そういう何重にも課題を抱えているというのが、今の、少年院を出院した少年たちの状況なんじゃないかなと思って、今も様々なことに取り組んでいます。

□ 若者を取り巻く社会課題

＊23.1 万人　小中高における不登校の児童生徒数 1)

＊19.7 万人　通信制高校の生徒数 2)

＊61.3 万人　40歳から64歳の引きこもり人数 3)

＊4.2 万人　高校中退者の数/年 1)

＊54.1 万人　39歳以下の引きこもりの人数 4)

＊119.5 万人　気分障害（うつ病等）の患者数 5)

1) 文部科学省「令和元年度児童生徒の問題行動・不登校等生徒指導上の諸課題に関する調査」（確定値）
2) 文部科学省「令和元年度学校基本調査」（確定値）
3) 内閣府　4) 内閣府「若者の生活に関する調査報告書」平成28年9月
5) 厚生労働省「平成29年患者調査」

もともと、不登校の、中退の人向けの塾から、会社を始めたのですが、そういう厳しい環境、状況にある少年たちの支援というのは、自分のライフワークとしてやりたいとずっと思っていました。

僕自身のこれ以降の話は、時間の関係で、あまりできないですが……大学時代、中東とか、バングラデシュとかに行って、そのあと、いったん、総合商社に入社しました。

でも、ちょっと会社が合わず、入社から４ヶ月で、僕自身が病んで、うつ病になりました。自分には会社員が合わなすぎると思って、どうしようかなって、悩んで……そのあと、「自分の会社をつくっていくか」って思って、起業したのが、今のこの会社になります。

■ 様々な少年院で行った手弁当での学習支援活動

少年院の事業は、我々のなかのごく一部の事業にはなるんですけども、少し現状の話をしたいと思います。もともとは、我々のNPO法人のほうで、少年院の支援をやっていました。NPO法人での支援については、利益は、ほとんどマイナスみたいなところで、はじめはやらさせていただいてました。

とはいえ、徐々に、少額でも、会社として利益がでているので、NPO法人も継続していいかなという感じで、小さく学習支援というところからやりました。

□ 少年院での高卒認定受験サポート（概要）

〈少年院の現状〉

＊少年院入院者のうち、
中学卒業が３割弱、高校中退が３割強 （平成29年度 犯罪白書）

＊少年院出院者のうち、
２割超が５年以内に再入院または刑事施設に入所 （同）

＊正社員として定着する割合は、
中卒及び高校中退の場合は1割程度
しかし、高校卒業の場合は3割超（労働政策研究・研修機構 2015）
↓
[2018年度]
関東、近畿の計4か所の少年院に講師を派遣
月2－3回程度、高卒認定試験に向けた学習支援を実施
[2019年度]
法務省のモデル事業に

少年院は、全国に、40、50ぐらいありますが、それぞれの少年院によって性質、特徴があって、たとえば、多摩少年院は、比較的、IQが高い方が入ってらっしゃる少年院ですね。

「キズキ共育塾」には、アルバイトの先生がたくさんいるので、そういう少年院で一対一での学習支援をするというところから、始めました。やはり、多摩少年院とかだと、ある程度、IQが高い方が多いので、少年院出院後として、大学進学や高卒認定試験を考えていたりする方が多いということがありました。

そのあと、茨城農芸学院という、牛久市というところにあるんですけれども、そこは、発達障害等を抱えた方が多くいらっしゃいます。どうして、発達障害を抱えた少年が、いわゆる少年犯罪に巻き込まれやすいのか、当事者になりやすいのかというと、先ほど私の例でお伝えしたように、少年院に入る最近の方々は、暴走族の総長とか、喧嘩が強すぎるみたいな方は、ほとんどいないわけです。どちらかというと、社会の中で、いろいろうまくいかない人たちなんです。

それは、過去の僕のように、親がいなくなっちゃった等々に、そこに、さらに発達障害等が加わると、より社会から疎外されますよね。小学校、中学校の時に、「空気が読めない」とかで、いじめにあいやすいですよね。あと、たとえば、忘れ物等、いろいろ多くて、親や先生に怒られやすいとか。

要するに、発達障害を抱えていると、社会から疎外感を感じやすいがゆえに、犯罪に巻き込まれやすい。そして、かつての僕がそうであったように、夜の街とかにいるほうが、学校や親といるより精神的に楽になっていく。

コミュニケーションがそれほどうまくなかったりすると、そんな暴走族の総長とか、偉くなれるわけじゃないわけで、結局、パシリのように、特殊詐欺の受け子みたいなかたちで、一番稼ぎも少なくて、一番捕まりやすいような役割になるので、少年院とかに行ってしまうという方が多いんじゃないかなと思います。もちろん、いろんなケースが、あるんですけれども。

茨城農芸学院は、発達障害の方たちが多くて、そういう方々のなかでも、障害が重かったりすると、高卒認定試験や大学受験という話ではなくて、また別の進路を考えないといけないんですが、それでも、高卒認定試験を受けて、動きだしたいという方もいたので、学習支援をやりました。

また、交野女子学院、大阪のほうの女性の少年院ですね。そういうところにも、我々は、講師の派遣を行ってまいりました。

□ 少年院での高卒認定受験サポート（事例）

多摩少年院（2017年～）	・週1～2回、1対1で学習支援（高卒認定試験対策を含む）を実施 ・進学希望者中心の参加、毎回生徒が変わる一期一会の学習支援 ・指導内容は生徒の希望に応じて対応（レベルは比較的高め・科目も多様化）
茨城農芸学院（2018年～）	・2019年8月から法務省のモデル事業（牛久市地域再犯防止推進モデル事業）として牛久市の委託事業に ・週1～2回、高卒認定取得に向けた学習支援を実施 ・合格実績は後述
交野女子学院（2018年～）	・複数団体が派遣する方式で実施（キズキからは週1回1名派遣） ・週3～4回、少人数集団個別指導 ・中学内容～高卒認定に向けて指導 ・合格実績は後述

その結果、高卒認定試験で、毎年合格実績を出すことができました。

□ 少年院での高卒認定受験サポート（実績）

○茨城農芸学院での実績（キズキが牛久市より受託した事業）

2019年度	・学習支援を受けた在院者数：8名 ・高認受験者数：6名 ・科目合格者数：4名
2020年度	・学習支援を受けた在院者数：17名 ・高認受験者数：17名 ・科目合格者数：15名

○交野女子学院での実績（2019年度以降は未集計）

2018年度	・数学：3/4 ・英語：4/4 ・現代社会：4/5 ・世界史：2/6　※1名は退所により合否不明 ・日本史：4/5　※1名は退所により合否不明 ・科学と人間生活：2/3　※1名は退所により合否不明 ・生物：4/6　※1名は退所により合否不明 ・物理化学：?/1　※1名は退所により合否不明

■ 少年院での学習支援のポイント

こういった方々へ、少年院での学習支援をする時に、弊社でもともと手がけていた、中退と不登校の方々のための塾と、非常にやり方は似ています。たとえば、一つには、「さかのぼって学習をしないといけない」といったことがあります。

それは、皆さんも、おわかりのように、小中高で勉強していなければ、なかなか難しいですよね。分数の計算ができないのに、２次関数とか、できるわけないじゃん、という話です。

結局、早稲田大学とかに来ている方々だと、高校の授業とか、ちゃんと聞いていた人も多いのかなと思うんですけれども、やはり、小学校くらいで勉強につまずいてたり、中高とか学校に通っていても、ただ座ってるだけ、ただ寝てるだけみたいなかたちの方だと、「高卒認定試験を受かって大学に行きたい」となっても、あらためて、さかのぼって勉強をし直さなければいけない。

それは、先ほども触れた、お金のハードルに加えて、もう一つのハードルになるんです。つまり、普通の予備校とかに行ってしまうと、そこでは、さかのぼって教えてもらえない。そこで、つまずいてしまう。かつ、こういった少年たちは、意外に、自分に自信がないところもあるわけです。そうすると、バカだと思われるのが嫌だから、聞けない、質問しづらいってなりますよね。

でも我々みたいな塾だと、「そういう人のための塾です」ということなので、18歳の子から、「分数がわかんない」って言われても、「もう、全然、大丈夫」って。そういう子どもたちにとっても、聞きやすい、質問しやすい学習環境があると思います。

□ 個別の学習支援における手法_1〈さかのぼり学習〉

＊学年を問わず、本人がどのレベル・分野から理解できていないか（理解できているか）を探る。

＊テストをする際は、「１、２学年下」のレベルのテストを実施し、学習者が結果を見て自信を失わないようにするとともに、基礎的な理解の抜け漏れを把握する。

■ 信頼関係を築くのが大事だけれど

そういう少年たちを支援していくうえで、もう一つ大事なのは、信頼関係です。

これは、我々、不登校や引きこもりの支援をずっとしてきたので、いわゆる、基礎的な心理的なケアというのは、とても大事だと思っています。

□ 個別の学習支援における手法_2〈信頼関係の構築〉

＊いきなり学習指導をするのではなく、学習者と雑談をする中で共感や傾聴の姿勢を示し、学習支援への安心と学習支援員への信頼感を醸成する。

たとえば、不登校や引きこもりの子が、大手の予備校に行った時に、チューターと相性が悪かったり、「何で、学校、行ってなかったの」とか、上からどんどん言われたりするわけです。

我々は、そうではなくて、子どもたちの背景も理解して、ある種、傾聴しながら学習を進めていくということをずっとやっています。

ただ、当然、不登校の子どもたちの支援と、少年院での支援というのは、やり方が違わないといけない面もあります。それは、少年院の中では、我々、外部の事業者は、少年たちの背景といったことを聞いちゃいけないんですよね。プライバシーの問題等、かなりセンシティブな問題なので。

だから、傾聴して、「今、何に悩んでる」「最近、どうなの」みたいなことは、少年院のなかだと、非常に聞きづらいという関係性のなかで支援をしているということがあります。

やはり、少年院の子たちの背景等を我々が聞くと、プライバシー的に問題ですし、そういった話が隣の人に聞こえたりすることも問題なのです。少年たちって、施設の中で、基本的に、そういった個人的なコミュニケーションをしてはいけないことになってるんです。少年院を出たあと、一緒に組んで、また犯罪や非行をしてしまうかもしれないから。

そういう意味で、少年院の中での支援にあたって、信頼関係を築くというのは、なかなか難しい。普通に、社会の中で、塾をやっているよりも難しいな、というところはあります。

■ 求められる発達特性に応じた学習支援

あと、やはり、発達特性に応じた支援というのは、すごく大事になると思います。

□ 個別の学習支援における手法 _3〈発達特性に応じる〉

＊読み書き・計算が極端に苦手、集中が続きにくいなど、発達特性により学力が低下しているケースも多い。例えば、読むことに障害がある場合は、イラストの多い教材を使うなど特性に合わせた指導を実施。

発達障害を抱えた方の学習支援って、どういうことかというと、皆さんは、たとえば、大学受験の時に、英単語を「とにかく、書いて覚えろ」とか言われたと思うんですよね。「読んで覚えろ」でも、「書いて覚えろ」でも、「音読しろ」でも、一つのやり方を言われますよね、こうやれって。

でも、人間って、実は、特性がそれぞれあるわけです。視覚が優位だったり、聴覚が優位だったりとか。たとえば、視覚が優位だというのは、僕自身、小中高、大学と、ほとんど、授業を聞けなかったんです。読むのは得意なんですけど、聞くのはあまり得意じゃないんです。聞くと疲れちゃったり、情報処理が遅くなったりする。でも、読むのは早いんです。それを、視覚優位と言います。

発達障害を抱えていると、そういう特性が、それぞれに、いろいろと出るんですよね。視覚が強くて、聴覚が弱いとか。その逆の方もいます。

普通に、いわゆる障害のない方でも、聴覚が得意とか、視覚が得意とか、人それぞれあるわけですけれど、そういう方は、ある程度、そのやり方に合わせられる。そんなに、偏(かたよ)りがないから。

だけど、障害を抱えている方は、そういう特性がすごく出るので、たとえば、視覚優位の人が、「じゃあ、この授業を、一生懸命に聞きなさい」みたいに言われたとしても、授業を聞くことが、その人にとっては苦痛になるんです。それより、同じ内容が書かれている本を読んだほうが、学習の効率が高いわけです。

効率よく勉強をするというのは、すごく大事なので、そういう意味では、特性に応じた支援をするというのが、こういう発達障害を抱えた少年たち、もちろん、少年院に入っている方のすべてが発達障害を抱えているわけではないですし、半分の方というわけでもないのですが、最近、とても増えているということで、そういった少年たちの支援においては、特に大事かなと思っています。

■ 現場での経験を政策に繋げるには

もう一つお話ししたいのは、現場で見えてきた課題を、どういうふうに政策に繋げていくか、ということです。もともと、僕自身が、友人のNPOと政策をつくって、自治体と制度化をしたのは、４年くらい前に行った、「スタディ・クーポン事業」というものです。渋谷区で実施して、今、東京都全域で、できるようになっています。

□スタディ・クーポン事業

[2018年度]

＊クラウドファンディング方式による寄付を原資とする

＊渋谷区内の中学３年生50名が対象

＊年額20万円のクーポンを配布

[2019年度～]

＊全国の複数の自治体で制度化

この事業のきっかけとしては、東京都だけでなく、全国の低所得者世帯において、子どもが学習塾に行けないという課題がありました。東京都だと、中学３年生で、塾に行ってない子どもは、２割くらい。データ上、８割の子どもが、高校受験のために塾に行っている。高校受験っていったら、公立中学校出身の方だったらわかると思うんですけど、基本、塾に行かないと、受験できない。中学受験だったら、もっと塾に通わないといけません。

ところが、やはり、低所得者世帯は、お金がないから塾代が払えない。それは、もちろん、勉強、学力の格差に繋がる。それに加えて、友だちが塾に行っているのに、自分だけ行けない、みたいな劣等感を与えちゃうんですよね、中学生の子どもに。

そういったことを何とかしたいということで、渋谷区と連携して、寄付を、クラウドファンディングで1400万円くらい集めて、渋谷区の中学３年生に、塾代クーポンを配布しました。

そして、それとともに、クーポン配布後、渋谷区の中学生がどうなったかということを大学の先生に論文にまとめていただき、公開し、効果ありますよね、ということを示しました。

その結果、2019年くらいから、千葉市等でもスタディー・クーポンが導入され、広がり、今は東京都全域で予算を使えるようになりました。

つまり、いわゆる現場で、社会課題が見えている事業者は、現場にとどまるべきではなくて、社会にその事業の意義、意味を伝えて、さらに予算化をしていって、どのように政策にしていくのか、政策に繋げていくのかということが、とても大事だと、私は思っています。

そういう意味で、我々が、2017年くらいからほぼ無償で、多摩少年院、茨城農芸学院みたいな少年院での学習支援をやっていくなかで、だんだん、その重要性みたいなものに気づいていった。そうしたなかで、2017年、18年くらいに、たまたま法務省の方とお会いする機会がありました。

その時に、「こういった支援を、うちはボランティアでやっていますけど、これをちゃんとやるんだったら、予算をつけなければ厳しいです。これ以上は、できないですよ」というような話をして、その法務省の方と、忌憚（きたん）のない意見交換をさせていただきました。

そうしたら、法務省の再犯防止のモデル事業として、牛久市が主導となって、地域の再犯防止事業というかたちで、法務省と牛久市で半々くらいの予算負担で、少年院での学習支援を２年間モデル事業として行うことになりました。

□ 牛久市「地域再犯防止モデル事業」（概要）

＊業務名　地域再犯防止モデル事業 学習支援業務
＊発注機関　牛久市
＊契約金額　1,364,800円（税込）（令和元年度）

＊履行期間　　令和元年８月～現在
＊対象人数　　８名（少年院支援）
＊業務概要
・非行に至ってしまった少年に対して、立ち直り支援を行う。
・発達上の課題を有する子どもが学習に躓き、非行に陥ることを未然に予防する。
①少年院支援：院生を対象に、高卒認定試験合格を目指した学習支援を行う。
②小学生の学習支援：「放課後カッパ塾」において発達上の課題を有する小学生の学習支援を行う。

さらに、少年院出院後の少年たちの支援を、弊社とある企業さんとで、国に共同提案したものが通って、今後、2年半くらいかけて実施していくことにもなっています。

先ほども、PFIのお話がありましたけれども、我々、事業者としては、現場として見えたものを、国や自治体に提案をしていく。でも、国、自治体は、我々が提案したからといって、税金なので、我々に、「この予算をどうぞ」ということはなく、数千万円単位の事業になると、必ず、公募をして、プロポーザル・入札案件になって、フェアな競争となるわけです。

だから、そういった事業の必要性、意義を感じて、提案はするんですが、それが、我々にとって、仕事が確実に取れるかというと、そこは別で、自社の事業に繋がらないみたいなことも、当然、ある。そういった難しさは、もちろんあります。それでも、課題認識を関係先と共有して、「こういったものが、あったらいいですよ」みたいな具体的な政策提案をやっていくというのは、我々、事業者の使命だと考えています。

■ 少年たちを支援するうえで求められること

少年院の子どもたち、不登校の少年たちへの学習支援、勉強を教えるうえで、どういうことが大事かというお話を、もう少ししようと思います。

不登校、引きこもりに限らず、そういう様々な方々を支援する時、我々のこれまでの経験でいうと、様々な観点での力、様々な「支援力」が重要だと考えています。

ここでは、時間の関係で、そのごく一端を紹介させていただきます。

□ 求められる「支援力」（一部抜粋）
＊論理的思考力：「支援に必要なのは論理的思考力」という考え
＊傾聴・共感力：自分が話し過ぎるのではなく、相手の悩みに共感を示せるか
＊見立て力（観察力）：相手の課題を抽出（メンタルヘルスに関する知識）
＊距離の取り方のうまさ：依存関係を作らずに信頼関係を構築できるか

一つ目に挙げた「論理的思考力」、これは、そういう方々、少年たちを支援するうえで重要かどうかって考えた時に、それほど重要じゃなさそうに見えますよね。「論理的思考力、必要あるの」って、思いますよね。

でも、実際、僕の実感では、この論理的思考力が、こういった方々の支援においては一番重要だと思っています。

どういうことかと言うと、「子ども、少年、若者が大好き」みたいな人よりは、論理的に物事を考えて、たとえば、商品を売れる営業担当の人とかのほうが、よほど、支援は上手いなと思っています。

そういった方々を支援する時に、自分の考え方や経験を押し付けるのは、絶対に駄目なんです。まず、やらなければいけないことは、相手の顔色を見ながら、相手が何を望んでいるのかということを考える。嫌われたら、駄目ですよね。まずは、「この人だったら、信頼したい、信頼できる」と思ってもらわなければいけない。

それは、実は、その人のパーソナリティではなく、論理的に物事を考えられる力――「この人は、この発言をした時にちょっと顔が曇った、だからきっと、こういう話が好きじゃないのかもしれない」とか、そういうことを考えて、「じゃあ、こういう話を振ってみたらどうかな」とパッと判断できる、そういう力がすごく大事なんですね。

そのうえで、その場その場で、瞬時に、「この人、顔が曇った。じゃあ、こういう発言をしよう」ということを考えつつ、それと同時に、中長期の目標、たとえば、「この人が、半年後に、ちゃんと高卒認定試験に受かるためには、今後、どういう計画でいけばいいのか」みたいなことを考えられる、そういう力。中長期の課題と、今そこにある事象を、頭の中で行ったり来たりさせながら、「その人にとってベストは何か。そして、今、自分は、何を発言すべきなんだろう」という、論理的な思考を常にしていくことが、すごく大事だと思っています。

もちろん、「傾聴・共感力」というのも大事です。彼ら、彼女らが、何に困ってるかっていう「観察力」みたいなものも大事です。でもなにより、論理的に考えて、支援していくということが、すごく大事だなと思っています。

あと、もちろん、ここに挙げた「支援力」の他にも、科目理解度をはじめとした様々な「指導力」や、いろんな自治体とか国の仕事をする時等における、マナーや責任感等の「社会人力」も求められます。

■「ニーバーの祈り」が教えてくれること

最後に、皆さん、「ニーバーの祈り」って、知っていますか。これは、アメリカで薬物依存の人たちが、みんなで輪になって話す時に使われる言葉なんです。

これは、少年たちだろうが、引きこもりだろうが、何だろうが、すべての人にとって重要、特に支援する人にとっては、すごく、一番大事にしなきゃいけない言葉だと、僕は思っています。最後に、これをご紹介して終わります。
読むとですね——

> 神よ、
> 変えることのできるものについて、
> それを変えるだけの勇気をわれらに与えたまえ。
> 変えることのできないものについては、
> それを受けいれるだけの冷静さを与えたまえ。
> そして、
> 変えることのできるものと、変えることのできないものとを、
> 識別する知恵を与えたまえ。
>
> ラインホールド・ニーバー（大木英夫 訳）

どういうことかと言うと、たとえば、僕が出会ってきた少年院を出たばかりの方々は、「自分は、少年院に入って、もう親もいないし、もうどうにもなりません」みたいな話をするわけですよね。「……なので、自分は、もう何をやっても無駄です」といった話をするわけです。で、そういうことについて、ずっと悩んでるわけです。

「少年院に入った」「親もいない」……それって、はたして、変えられることなのか、っていうと、変えられない、ですよね。過去は変えられないし、現在、その状況は変えられない。

ところが、少年院を出た方でも、引きこもり、不登校の人でも、うつ病で会社を休んだ人でも、みんな、こういった変えられないことに、すごく悩んでるわけですよ。

だから、もし皆さんのまわりで、そういうことに悩んでいる方がいたら、やはり、そういう変えられないことに悩んじゃいけないということを、わかってもらわなければいけない。

そして、何が変えられるのか、ということですよね。少年院を出た方が、「今から高卒認定試験の勉強をする」「高卒の資格を取る」ということは、変えられることですよね。今から努力すれば、実現できることです。そのあと、大学に行くとか、就職活動をするとか、働いていく……そういう、将来のことは、変えられることですよね。

我々、外部の支援者がやるべきことは、そういった、変えられるものと、変えることのできないものを、ちゃんと識別して対応することを手助けすること。

変えることのできないものを、きちんと受け止める。それは、「もう、過去は変えられないよ」っていうような話を、きちんと受け容れてもらえるようなコミュニケーションをしたうえで、変えられるものについて、しっかりと変えていくことのサポートをしていくことが、どんな方でも、困難な状況にある方を支援する際には重要なこ

とだと、僕自身は思って、やっております。
　ちょうど時間になったので、これで、私の話を終わらせていただきます。ありがとうございました。

Discussion

◇小西：　まず、自分のほうからいくつか質問をさせていただきたいと思いますが、まず、歌代さんのご講義をお伺いいたしまして、島根あさひ社会復帰促進センターで新しいことに取り組まれてこられたこと、なかでも、その情熱を強く感じました。
　実際に、今まで、日本の社会の歴史のなかで、民間の企業が、刑務所の運営に携わるということは、まったくなかったわけですけれども、法務省での PFI 方式による刑務所の事業を開始されるにあたって、先ほど、社内を説得されたというお話もあったと思います。会社のなかで、抵抗とか、ご苦労されたことはありませんでしたでしょうか。

■ 会社内での理解、サポートは

◇歌代：　たとえば、皆さん、SDGs（持続可能な開発目標；Sustainable Development Goals）とか、ESG（環境；Environment、社会；Social、ガバナンス；Governance）とかご存知ですよね。この事業が始まった時は、まだ、そういうものが芽生えてもいないし、そういうことを考え、主張する人もいなかった時代です。会社は、利益を出して、株主に配当していればいいんだという時代だったんですね。
　私どもは建設会社ですから、先ほどお話ししたとおり、施設をつくって、利益を出せば、「まあ、それはそれでいい」と。あとは、18 年間、問題なく運営していけば、会社としては、「いいだろう」ということで、この「島根あさひ」に限らず、PFI 事業というものに、取り組んだわけです。
　当時、刑務所事業に取り組むことについての会社からの反対というのは、まったくなかったですね。逆に、PFI 事業には業界のリーダーとして取り組んでいましたので、難易度が高い PFI ほどやりがいがあるだろうということで、取り組み始めました。今まで民間に開放されていなかった事業分野での取り組みであり、日本中の会社を見渡しても、受刑者に矯正教育をし、職業訓練を行っている民間の会社はないわけです。
　そういった未知のことをやっていくということについて、やはり、会社はそれをやれる人間がいるのかということを、まずは、心配はしたようです。けれども、やれる人間は社内どころか、日本中見渡しても、いない。結局、「お前がやるしかないだろう」と言われて、私もひとりではできないですから、同じ部門で仕事がとてもよくできる部下とともに取り組み始めました。

会社内の抵抗はなく、逆に応援勢力は当時の経営者にはたくさんいました。事業会社として、新規事業の分野をやるということは、そういう意味では、刑務所に限らず、継続して経営層に理解を得ていくということが重要だと思ってます。

経営者が変わること、そして、その新しい事業をちゃんと進めていけるか、その事業を継続できるのか、というリスクが、僕は、事業会社にはあると思ってます。そういうリスク、リスクっていうのか、そういう課題がある。

この島根あさひも、あと5年で事業終了となります。果たして、大林組がそのままやれるのか、別の会社がやるのか、ちょっと、今の私にはわからないんだけれども、やっぱり、経営層が変わりましたから、「続けてやりなさい」と言うのか、「いやいや、もうそんなに人の手間をかけてやるより、本業の建設事業のほうが忙しいんだから、そちらに人をさいてやりなさい」と言うのか、どう判断するのか……なかなか今の段階では難しいのかなと。

ただ、当時は抵抗はまったくなかったです。たとえば、この事業に取り組む時に、「ライファーズ」っていう映画、「プリズン・サークル」の元になった、アミティのことを取材した、坂上香【※】さんという映画監督がつくった映画なんですが、その映画の上映会を社内で企画したら、社長以下、担当役員も全員観にきて、社内の300人位の人が参加してくれたんですね。やっぱり、それくらい、まあ、理解のある経営者がいた時は、やりやすかった……そういうことかな。

◇小西：　ありがとうございます。先ほど、SDGsの話もありましたけれども、やはり、近年、このSDGsやCSR（企業の社会的責任；Corporate Social Responsibility）ということで、企業が社会において果たす役割というのも求められている。

ただ、企業というのは、もともと本来は、利潤の最大化をはかっていく、営利というものが求められると思うんですけれど、実際、これまで活動されてこられて、社会において果たす役割についてどのようにお考えでしょうか。

■ 時に、組織をも変えていく熱意を

◇歌代：　そうですね、やはり、そういう意識に会社を持っていくということだと思います。会社というのは、単に、おっしゃるように、収益を最大化して、それを社員なり、株主に還元すれば、それでいいのかといえば、今は必ずしも、そういう時代ではないわけなんですね。

社会のこと、たとえば、二酸化炭素をいかに減らしていくかということであるとか、世の中の貧困に、あるいは苦しんでいる人に、いかに向き合っていくのか、そういう

ことをちゃんと考えられる、そういったことを考えていかないと、社会も、会社も成り立たない。

ですから、やはり、こういう事業に会社が取り組むことによって、本業以外で、今でこそ言えるんですけれども、まあ、経営に対するプラスになる部分ではないんだけれど、社員のマインド、志(こころざし)、そういうものをステップアップしていくためには、いい事業だったというふうに思ってます。

ですから、僕は会社にいた時に、「刑務所の歌代さん」って言われていて、監査役になったら、支店を回って監査をするんですけれども、どこの支店に行っても、「あの刑務所、今どうなっていますか」と訊かれたりしてました。

やはり、大林組が刑務所の事業をやったという、それは大林組に限らないんだけれども、たとえば、セコムさんであれ、綜合警備保障さんであれ、やはり、民間企業が刑務所に関わる、刑務所の事業に関わるということは、非常に大きな一歩でしたよね。

そして、法務省も、その一歩を踏み出した以降は、あとにはもうなかなか戻れないんではないかなというふうに思います。

先ほどたくさんのPFI事業の事例をあげましたけれども、皆さんのなかには大学を卒業して公務員になられる方もいらっしゃると思うんですが、公務員の仕事というのは、進め方は一つではなくて、いろんな進め方が、たぶん、あるはずなんですよ。民間と一緒にやることもあるし、公務員従来のやり方もあると思うんですが、公務員を支える法律の解釈も大事だけれど、やはり法律よりは情熱ですよね。情熱を失ったところには、もう何もないと……単に給料をもらって、親方日の丸でやっていればいい、というもののなかには、何もなくて、やはり、熱い心を持って、その事業にあたっていく、どんな事業であっても。

これから社会に出ていく皆さんは、どんな職業に就くのかわからないですけれども、やはり、熱い気持ちを持って仕事をしないと、やはり、最後に後悔するんじゃないかなと思います。

これは、今日の話とは、あまり関係ないかもしれないんだけれども、周囲にどんな抵抗があっても、やっぱり、正しいことは正しい、これは自分がやる、やるべきだ、と思ったことは、やるべきで、そのためには、会社なり、まわりの組織を説得するなりして、組織を変えていく。

変えられるものと、どうしても変えられないものがあるんだけれど、自分で線引きするって、なかなか難しいんですよね。変えられないものは変えられないかもしれないけれども、努力もここまでで、もう自分としてもこれで終わりだと思ったら、もうそれで終わりなんですよね。もう、それ以上、努力もしない。それで終わりです、どんなことでも。だから、自分を信じて、努力するということ、僕はこの事業をやって、自分自身がそんなことを学ばせてもらったな、という気がしています。

これから社会に出ていく皆さんは、どんな試練に直面するのか、まだまだわからない。このコロナ禍だけではなくて、いろんな試練があると思うんだけれども、やはり、そのなかで、真面目に、見すえるものを見すえて、努力をして、進んでいく、そういう気持ちが大事なんじゃないかなと、僕は思います。
◇小西：ありがとうございます。次の時代を担う学生たちに、熱いエールを、ありがとうございます。
今の点について、安田さんは、株式会社を経営されていらっしゃいますが、自分の理解ですと、いわゆる、「ソーシャルビジネス」とか、「ソーシャルアントレプレナー（社会起業家）」と言われているようなかたちでの企業の運営、経営かなと思うのですけど……。

■ ビジョンの実現のために、会社は手段

◇安田：　でも、普通に、儲からないことは、やらないです。普通に、儲かることをやっていくという考えです。まずは、ミッション、ビジョンがあって、そのうえで、ちゃんと利益が出ることを、ちゃんとやるということをやっていく。一応、従業員が550人くらいいるので（※22.5）。
だから、財務や人事制度を、普通にコントロールしていく――「ソーシャルビジネス」とか、いろいろ、今、流行（はや）っている言葉ってあるのかもしれないですけれど、普通の会社と同じだと思います。
だから、僕のなかでは、自分の達成したいビジョンがあって、会社というのは、手段なんですよね。どうしても、こういう社会をつくりたい、そういったビジョンがあるので、そのために資する事業をやろうと。つまり、不登校と中退の方の塾って、10年くらい前には、あまりなかったので、じゃあ、そこをやろうって。うつ病や発達障害で仕事を失った方が、仕事に復帰する仕組みが欠けている。じゃあ、それをやろう、みたいな。
たまたま、そういうやりたいことがたくさんあるなかで、そのなかでちゃんと売上と利益が立って、やっていけるビジネスモデルはどこかな、ということを考えて、やっていく。その際に、やはり、世の中に欠けていることをやりたいので、そこが「ソーシャルビジネス」って言われる所以かもしれないですけど。
たとえば、牛丼屋さん、既にいくつか大手があって、もう一つ、新たな牛丼屋さんができたとしても、別に社会は変わらないかなと、僕は思うんですね。
この、僕の会社がなければ、僕がやらなければ、何か、困る人がたくさんいるな、みたいなところを探している。で、そういうところって、往々にして、ニーズがあったりするので、ビジネスにちゃんとなる、みたいなところはあります。
一方、自治体とか、こういう国の仕事だったりすると、顧客がいて、顧客からお金

をもらうビジネスモデルではないので、PFIも同じだと思うんですけど、入札だったら、もともとの単価等をみて、「これは、うち、出せないな」とか、「これは出してもいいかな」とか、「これ以下だったら、取れなくてもいいかな」みたいなことを考えてやるという点では、本当に、普通の民間企業と、一緒なのかなと思いますね。
◇小西：　ありがとうございます。お肩書きのところでも、NPO法人と株式会社、二つに分けて運営されていらっしゃいますが、この分かれてる意味というのは、どういうところにあるのですか。

■ NPO法人と株式会社、両方あるのは

◇安田：　今、その形態を変えようと思ってるんですけど、昔は、政策もつくりたくて……政策をつくる時には、寄付を使って、モデル事業みたいなものをやって、たとえば、渋谷区に「スタディ・クーポン」を配るというのも、実費で、1500万円くらいかかっていて、人の稼働も含めると、たぶん、2000万から3000万円くらいかかってるので、そういうのは、寄付を募ってやりたいということです。
　会社にとってはまったく利益にならないので、そういうところは、NPOで。株式会社は、ちゃんと利益が出るものをやるって、やってたんですけれども。ちょっと、たぶん、来年くらいには、その形態は変えようと思っています。
◇小西：　少年院における学習支援も、NPOのほうで入ってらっしゃったというのは、そちらの、政策をつくる的なことで……。
◇安田：　そうです。少年院の学習支援については、当時、法務省から予算をつくってもらってというわけではなかったので……個々の少年院が、個別に持っている予算で、本当にひとり派遣すると交通費いくらみたいなところでやっていました。
　うちにとっては、もし株式会社でやってたら、本当に赤字がすごかったので、寄付を使ってやらないと厳しいところです。
　結構、国や自治体の仕組みって、予算がないところには、当然、お金は出せないので、講師謝礼みたいなかたちで、東京から講師を派遣すると、交通費でなくなります。やはり、NPOで、寄付のなかでやっていくほうが、いいなと。当時はまだ、会社もそこまで大きくなかったので、まったく利益にならないものに、支出する余裕がなかったという点でも、そういうかたちでやっていこうというのもあります。
　あと、やはりもう一つ、NPOがある意味としては、それは、今後も、将来も変わらないんですけれども、こういうソーシャルな、社会的な事業と言えども、僕が、利益にならないことを事業としてやりまくってしまうと、それは、会社にとってマイナスに……大きな痛手ではなくても、社員のマインドとして、やはり、「利益にならないこと、やってもいいんだ」と思えてしまうのは……社員みんな、経営者を見て仕事をするので、そういう意味でも、利益が出ないことを株式会社のなかでやることに、

僕は慎重でいたいなというのがずっとあります。

◇小西：　ありがとうございます。では、学生のほうから質問等いかがでしょうか。
◇中島佑陽（４年）：　４年の中島と申します。本日は貴重なお話ありがとうございます。安田さんに１点、お伺いしたいと思います。私たちは都庁にも協力していただきながら共同研究というものをしていまして、私たちの代は「SNS犯罪への対策」、３年生は「高齢者の防犯」、そういったテーマで行ってきました。
それらの提言のなかで、よく、学生のボランティアの活用ということが出てきます。学習塾のほうで、学生のバイトを雇われて運営されているというところで、引きこもりとか、様々な背景を抱える、対象の子どもと、やはり、年齢が近いからこそ、わかり合えるとか、そういったメリットがあるのかなとも思ったのですが、そういった何か、メリット、良い点等感じられるところがあれば、お伺いしたいと思います。

■ **対象者目線で物事を考える**
◇安田：　ありがとうございます。おそらくそれは、結局、先ほども申しあげたように、相手に目線があるべきだと思うんですね。そうすると、相手、つまり、少年だろうが、引きこもりだろうが、相手がどういう人に習いたいか、ということが一番です。
その観点で言うと、人によってバラバラで、若い人がいいということもあるけれど、そうでない人もいます。若い人だと、コンプレックスを感じちゃう人もいますよね。「自分と同世代で、この人は早稲田大の４年生なのに、自分は、何やってるんだろう」とか、「自分より２歳上なのに、たった２歳で、何でこんなに立派なんだろう」とか、コンプレックスを感じちゃう人もいる。
相手は、そもそも、年齢や性別でのフィルター、若い人は嫌だ、異性は嫌だ、といったフィルターがあるということです。そこはまさに、支援というのは、目線を相手側におかないといけないという点で、人それぞれになるなと思います。でも、早稲田大の人、たくさんいますけれどもね、はい。
で、もう１点は、先ほども触れたように、やっぱり、論理的に、支援って考えていかないといけないので、うちの塾では、実は、４割くらいしか、学生がいないんですね、バイトでも。６割の方は、自営業で、週に１回だけ教えに来たりとか、企業を定年退職した方とか、臨床心理士さんとかで、週１回だけ手が空いてる時間がある方とか、そういう方が多いんです。
なぜかと言うと、そういった、仕事を通じて、相手の目線に合わせて話すにはどうしたらいいのか、みたいなことを考える、そういう人のほうが、すごく上手だなと思います。

◇中島（４年）：　ありがとうございます。参考にさせていただきます。
◇小野百絵子（４年）：　４年の小野と申します。本日は貴重なお話ありがとうございました。おふたりのお話を伺って、とにかく熱意をもってやることが大切だとわかりました。来年から社会人として働くうえでも、今回聞いたことは忘れないようにしようと思いました。

質問ですが、まず、歌代さんにお伺いしたいことが、建設会社である大林組がPFI刑務所事業に「代表企業」として乗り出すためにどのように会社を説得されたのか、その際に何を意識されていたのかをお聞きしたいです。

■ 前例のないことに取り組むうえで

◇歌代：　ありがとうございます。受刑者の教育というのは、一部、ボランティアなどで教科教育みたいなものは、国の方以外の方も刑務所に入ってやっていらっしゃるのですが、たとえば、薬物、アルコールであれ、窃盗であれ、性犯罪であれ、そういう教育について、いちから、民間がプログラムをつくって、刑務所の中で、そのプログラムを実施するというのは、これは、日本の社会では、なかったことなんです。

ですから、どこかの会社に行って、「力を貸してください」って言いたくても、どこにも、そういう会社は、日本には、なかったんですね、当時。ですから、それを、まず、どこかから「持ってこなければ」いけない、わけだったんです。

で、それを、どこから持ってくるか、それは、会社の経営者に聞いてもわからないわけだから、自分たちが、いろいろなものを見て、調べて、効果がありそうなものを、世界から集めて、その刑務所、海外の刑務所を見に行って、それで、会社にレポートを出して、っていうことをやりました。

「担当として、やれ」と言われた以上は、その事業をしっかりと組み立てないといけないわけですから、受けた以上は、それが、自分の責任ですね。

だから、そのためには、矯正教育では一日の長がある海外の事例も参考にしなくてはならないので、海外出張にも行かせてもらったし、国内でもいろんな場所にも行かせてもらった。そして、会社にちゃんとレポートを提出して、こういうことをこのPFI刑務所事業でやりたい、ということを説明したうえで、やったんです。

そのなかで、ちょっと話がずれるかもしれないんだけれども、また、ご存知とは思うけれども「行刑改革会議【※】」というのがあり、当時、名古屋刑務所で、受刑者が刑務官の暴行によって死亡するという事件【※】があり、刑務所の在り方を見直そうという法務省挙げてのプロジェクトがありました。

その会議のなかで、民間でできるものは、民間にやらせたらどうなんだ、ということも話し合われ、行刑改革会議の委員の方が、アメリカ等の海外の刑務所に視察に行って、民間が運営している刑務所を見てきた記録などがありました。

また、法務省がこのPFIの刑務所を導入するきっかけの一つに「過剰収容」という問題があって、それは、西田さんのほうが詳しいんですが、そういった問題も含めて、さまざまな議論がなされた会議の詳細が、行刑改革会議の議事録ということで、今も法務省さんのホームページに、すごいページ数で残っているんです。それが、私にとって、一番の参考書になりましたね。

たとえば、町の本屋さんに行っても、刑務所の本というのは、たくさん出ていると思うんですけど。当時、ああいうものは、ほとんど参考にならなかった記憶があります。まあ、面白おかしく書かれている本が、たくさんあるんですけどね。

そういうものではなくて、やはり、その行刑改革会議の議事録、それも詳細版ですね。それを全部、打ち出しして、分厚い、３冊くらいのファイルになるんですけれども、それが一番参考になりました。

ですから、そのなかで、今、国が一番求めている刑務所というのは、どういうものなんだっていうことも議論されてるし、当時刑務所でやっているいろいろなこと、たとえば隊列行進とか、それがいいのかどうなのか、様々議論されている。あるいはその時の委員の方、たとえば、曾野綾子さんも委員になられていて、「この委員会のなかで愛というものが、全然語られてない」ということをお話しされていたり。そういう、本当に、いろんな気づきのあった議事録だったんですね。

そういうものを、丹念に読み解いて、やはり、いいものをつくっていく、ということで、会社を説得して、「まあ、お前が、そこまで勉強してやってるなら、認めてあげよう」というようなことで、会社を説得していったということです。

そのなかで、周囲を説得して、という意味でも、印象深いのは、特に、「プリズン・サークル」で取材されている、「TC」、アミティですね。これは、アミティの本部があるアメリカ、アリゾナ州に、10日間くらい行って、そこは中間施設ですので、刑事施設から出所した方がたくさんいて、そこで、僕らも、その方々と一緒に、50人くらいのクラスで、授業を受けて。それで、いろいろ話をしたり、通訳は、当然いたんですけれども。そういうことで、この「TC」、セラピューティック・コミュニティをなんとか、日本でもできないかということで、相当苦労をしました。

今、十何年運営してきて、やはり、そこから出所された方々が社会の中に帰って行って、タックス・イーターがタックス・ペイヤーになっているという事実を思えば、法務省の方々に理解していただいて、こういう「TC」を、この島根あさひの刑務所で、たくさんユニットがあるなかの一つのユニットでしか、やっていないですけれども、やってよかったかなというふうに思っています。

ですから、そういう意味では、これから、社会人としては、やはり、まず、現場を自分の目で見て、自分で感じたものを、書くなり話すなりして、何て言うんだろう、咀嚼したうえで、説明していかないと。なかなか難しいところもあるかと思いますけど、そこは、情熱しかないようにも思います。頑張ってください。
◇小野（４年）：　ありがとうございます。頑張ります。あともう１点、安田さんにお伺いしたい質問があります。現在、私はNPOの団体で、不登校などの生きづらさを抱えた子どもたちへ支援を行うNPOに所属しています。

その活動のなかで、わかりやすく利益にならないけれど子どものためになっているような部分はすごく多いと感じています。他の福祉の分野でも、わかりやすく利益にならないことでも行う必要があることがたくさんあるようにも思います。

けれど、本日お話をお伺いして、事業を継続し拡大していくためには、団体の実績を外側から見えるようにすることが、社会福祉の分野でこそ不可欠なのではと思いました。ですので、明確に利益として提示できないような事業の実績を団体の外側から見えるようにするために取り組まれていることがあれば、ご教示いただきたいです。

■ 利益にならない事業でもやりようによっては

◇安田：　でも、何か、利益にならないことって、別にないと思っていて……。たとえば、直接お金をもらうというビジネスモデルでも、いろいろあるわけですよね。お客さんから、直接もらうものもあれば、自治体や国から、政府から、お金をもらうモデルもある。あと、福祉制度等を使ったり。弊社のうつ病と発達障害の人向けの就労支援の事業は、「就労移行支援」という福祉サービスの枠組みを使ってやっています。

もちろん、利益にならないものもたまにあるんですけど、それは、たとえば、少年院の、かつてうちがやっていた、持ち出しでやっていた支援とかになると、当面、利益にならない。でも、最終的には、利益に変えていかないといけない。そのためには、国や自治体に、その重要性を理解してもらう、そういう働きかけが、大事になると思うんですね。

利益にならないものを、会社とか組織としてちゃんとやっていくためには、きちんと政策に落としてもらわなきゃいけないし、予算に落としてもらわないといけない。そして、予算に落ちたあとも、先ほども申しあげたように、自治体とか、国とかは、公平性がすごく大事で、担当者の好みで、「この事業者に」って選べないわけです。企画書やプレゼンテーションを見たりして、内部や外部の審査員がきちんと審査して……入札の価格だけで決まる時もありますけれども。それをどういうふうに、判断していくか。

だから、おそらく、二段階あって……たとえば、利益にならないけど、非常に重要だなと思うことがあったら、その重要性を示さないといけない。そして、結果、その有効性も理解してもらわなければいけない。

そういった事業をつくっていく時に、会社の経営的に考えると、じゃあ、広報効果だったら、あるかな、とか考えるんですね。たとえば、記者会見をやって、うちの会社の名前が出れば、めちゃくちゃ広報効果があるじゃないですか。だから、ここで、ちょっと、赤字……会社としては損を出してるかもしれないけれども、広報効果はかなり大きいんじゃないかなというふうに考えて、じゃあ、これはやろうかな、みたいに考えて、それをやるために必要なデータを、大学の先生たちとかと集めたりする、そんな感じですかね。お答えになってますか、大丈夫ですか。

◇小野（４年）：　とても参考になりました。ありがとうございました。

◇松田ひかる（４年）：　本日は貴重なお話、ありがとうございました。４年の松田と申します。歌代さんに１点ご質問があります。島根あさひ社会復帰促進センターでは、文通のプロジェクトとか、TCとか、あと、盲導犬の育成等、斬新な新しい試みが行われていたのが印象的だったんですけれど。そういった取り組みを考えるうえで、実際に、実現することが難しかったものであったり、こういったことがやってみたかったなみたいなこと等があったら、教えていただきたいです。

■ やりたくても実現できなかったことは

◇歌代：　そうですね……本当は、この「TC」を、島根あさひの全受刑者を対象にやりたかったんです。今は、１ユニットだから、60人ぐらいのユニットでやってるんですけれど、これを、僕は、提案した時は、施設全部を、TCで運営するという提案を法務省にしたんです。

それで、落札して、１年間、準備期間があるんですけれども、法務省の研修所には何度もお邪魔して、TC でどういうことをやりたいのか、お話をしました。

2000 人の施設で TC をやることの大変さを、やはり思い知ったのは、先ほど言った、アミティに行って、いかに手間暇のかかる処遇技法であるかということを初めて知ったんですね。それで、とりあえず、１ユニットからやってみようということで……結局、１ユニット以上、増えなかったんですね。

というのは、この TC の指導員、私たちは支援員と呼んでいるんですけど、その支援員をアミティに１ヶ月ぐらい派遣して、実際に、実地で研修を受けた者が帰ってきて、島根あさひの刑務所のなかで、支援員として TC を行うんですけれども。それが、やはり、生半可ではできないんですね。

支援員に、「あなた、担当しなさい」って言って、アリゾナまで送り込み、１ヶ月間研修してきて、で、島根あさひで１ヶ月やったら「とても大変、ちょっとできません」って言う人も何人かいました。でも、それでも、弱音を吐かずに、やってくれた人が残って、今も、やってるんですけども。だから、やはり、TC を 2000 人規模でやろうというのは、やりたくてもできなかったことでしたね。

あと、盲導犬のパピープログラムのユニットというのがあり、これは、１ユニットで、盲導犬、6頭から8頭を、30人くらいの受刑者で取り組んでいるんです。でも、本当は、盲導犬も、もう少し、多くのユニットでやりたかったなというのはあります。

それ以外では、親子関係修復プログラムっていうのがあるんです。自分は刑務所に入って、社会に、奥さんと子どもがいて、そこに、どうやって帰ったらいいんだっていう、そういうジレンマを抱えている受刑者もたくさんいらっしゃって。そういう、親子関係をどう修復していくかというプログラムを大阪のNPO法人の方と新たにつくって、取り組んだりしてます。

あと、性犯については、島根あさひは、性犯の国の指定教育施設ではないですけれども、大阪大学大学院の藤岡淳子【※】さんという大学の先生方と一緒に性犯のプログラムを独自につくって、実施しています。

それ以外にも、いろんなことをやっていますが、私がやりたいことはほぼやったなという感じはしてます。まあ、その二つ、TCと盲導犬をもう少し多くのユニットでやりたかったなっていうくらいかな。

◇緋田理央名（3年）：　3年の緋田と申します。本日は貴重なお話、ありがとうございました。歌代さんに、1点質問があるんですけど、私も、高齢者と受刑者との文通とか、盲導犬とか、すごく興味深いなと思ったんですが、そういう活動を通じた、地域の方の反応、具体的な反応みたいなものがあれば教えていただきたいです。

■ 地域の方々との関わりのなかで

◇歌代：　文通プログラムに関して言いますと、この事業が始まる前、私どもが落札したあとに、当時の旭町の役場で更生保護団体の方々、あるいは、役場の方々と意見交換をやったんです。

そのなかで、地域も、先ほど申しあげたように、たとえば、地元の音と匂いを受刑者の改善更生に生かしたいなど、そういう気持ちを持っているんです。そういうなかで、「受刑者と地元民が文通はできないものであろうか」と役場の方がおっしゃって、「ああ、それ、いいですねぇ」ということでスタートしたプログラムです。たとえば、旭町にはひとり暮らしの老人の方が多いわけだから、そういう方々の安否確認じゃないですけれども、そういった機能も加えて、文通したらいいのではないかといったことを、地元の方々と一緒に考えて、話をして、とり入れたんですね。

それで、4ヶ月間、月に1回、地域の方から受刑者が手紙をもらって、受刑者が施設からその返事を出すというようなことをやってます。でも、手紙というものの性質上、受刑者は、自分でもらったものは自分で持って出所できるし、地域の方々は、届いた手紙を自分でずっと保管できるんですけれども、それは、いろいろと制約があってなかなか公表はできない。ですが、僕は立場上、その手紙を読みました。本当に、涙なしには読めない。何て言うんですか、「自分は、どうして、こういうところに、今、いるのか……」っていう、そういった心情が吐露されていて。

当然ですが、見も知らぬ文通相手なんですよ、お互いに。ペンネームで、どういった人かわからないながらも、手紙を綴って……本当にいいものだとは思うのですが、なかなか、それは、世には出ないんです。

文通プログラムは、そういうことで、地域からあがった声を施設のなかで実現して、出来上がったものです。

あと、盲導犬パピー育成プログラムは、これはやはり、施設のなかだけでなかなか完結しないんです。というのは、盲導犬ですから、社会性が必要なんですね。信号がある道を歩く、車のある道路を歩く、階段を上ったり下りたりもしないといけない。

そういうことで、刑務所の中だけで、社会性のある盲導犬の子犬を育てることは不可能です。それで、アメリカでもやられている方法なんですけれども、週末は刑務所から犬を外に出して、一般の家庭で育てる、ということで取り組んでいます。

その時に、パピー育成日記、というのがあるんですよ。訓練生は、施設の中で今週このワンちゃんに、こういうことがありましたとか、日記を毎日書いているんですね。それを、犬と一緒に、週末に預かるその地域の方に渡すんです。そうすると、地域の方も、外で写したワンちゃんの写真とかをノートに貼って、それでまた、日記と一緒に犬が施設に帰ってくるんです。

盲導犬のパピーを介した、地元民と受刑者の心の交流ですね。犬を通して、外の人とのふれあいができるということで、受刑者の心情にもいい影響を与えているようです。犬を介して外の人との繋がりができる、それは、お互い、文通プログラムと同じように、匿名ではあるんですけども、地元の方々からの評判が非常にいいと言いますか、大変、いいプログラムであるというふうに言われています。

パピープログラムから盲導犬として活躍している犬も何頭かいます。今、日本盲導犬協会で、全国で働いているんです。そういうプロジェクトです。

◇太田暖子（３年）：　同じく３年の太田と申します。本日は貴重なお話ありがとうございました。おふた方に１点、質問がございます。おふた方は、事業のうえで、当事者の方々、刑事施設に入所されている方々や、地域のニーズを把握するために、どのような工夫をされてきましたか。

■ 当事者、対象者のニーズをどう把握するのか

◇安田：　一つは、僕の場合は、自分が当事者だったので……でも、当事者も様々で、それぞれのケース、引きこもり、少年院、いろんな人がいますよね。だから、ニーズはそれぞれあるけれども、なんとなく、たとえば不登校の子でも、少年院の子でも、一定のニーズみたいな、もちろん違うニーズの人もいるけれども、なんとなく、僕は、感覚値でわかるところが強かったのかなとは思います。

さらに言うと、確かに、そういうニーズを調べるというのはすごく大事で、実際、そういう、「B to C【※1】」のビジネスをやっている人は、とても上手なんですね。結局、マーケティングっていうことですよね。

たとえば、不登校支援等でよくあるのは、支援者がやりたいことをホームページに書くと、実際の当事者の心には、何も響かない。そういうことって、すごくあって。僕が塾をつくった時に、不登校の子は友だちが少ないから、口コミは発生しないので、Webマーケティングをやるんですが、Webでこういう言葉だったらいいのではないか、みたいなものは、徹底してヒアリングをします。

それは、実際に来ている人にもヒアリングするし、自社に来なかった人に、何とかアクセスして、「どうして来ないのか」ってヒアリングするわけですね。それで、とにかく、ヒアリングしていく。

さらに言うと、うちの会社は、デジタル領域が強い会社なので、Webとかで、「ABテスト」っていって、こっちの文言とこっちの文言、どっちが何パーセントクリックされたか、などデジタルで見えるわけですよね。

当事者の方は、たとえば、「不登校」「勉強」でクリックした人は、ここのページだと、次のページに飛んだ人は何パーセントでとか、全部、見えるので、マジョリティのニーズというのは、そういうかたちでも把握できる。ヒアリングもあるし、そういうデジタル上でも、いろんなことをやると、どういったニーズがあるのかを、そのデータをもとに探っていくことができる。

◇歌代：　島根あさひでは、大林組が担当している業務のなかで、教育とともに、分類事務支援業務というのがあるんですね。

分類というのは、刑務所に入ってきた人に試験をして、面接をする。受刑者、彼らには身分帳といって、それまで生きてきた経歴がすべて記載されたノートがあるんですけれども、そういったものを私どもの支援員――臨床心理士、あるいは、社会福祉士、精神保健福祉士ですが、支援員がそのノートを予めよく読み込み、新たに入所して来た人にまずは面接をするわけなんです。

たとえば、犯罪に至った本当の原因というもの、それが何なのか、それを、本人自らが更生のためのニーズとして気づいているかどうかは別にして、犯罪の本当の原因を入所時の面接で、概ねこういうことじゃないかと支援員は探るんです。

たとえば、性犯罪で施設に入ってきたけど、その陰には、アルコールがあるとか、薬物があるとか。あるいは、薬物の陰には、家庭環境があるとか、入所者の生育状況、環境があったりとか。そういった、表面的なニーズだけではなく、その犯罪に至ったバックグラウンドを調査して、それを法務省に報告しなきゃいけないんです。

そういう仕組みになってましたので、「今度、入ってきた彼には、こういう教育をこういう時期に、で、最後にはこういう指導を受けてもらって社会に出てもらいましょう」と。そういう処遇計画を立てて、それに見合った教育を受けてもらうということを、やってました。当然、わからないことは、国に相談しながらやるんですけれども、民間が計画を立てて、国に承認をしてもらってやっていく、そんな仕組みでした。

それを被収容者全員に、千何百人の人たちに、個別にやっていくこと、個別処遇プランに基づいて、適切な教育を施して、再犯を防いでいくこと。当然、そのなかで、効果がないと思えば、そのプランを変えていくわけなんです。個別にやっていくのは、大変な手間ではあるけれども、やはり、そうしていかないと、処遇の効果は上がらないと思います。

それともう一つ、先ほど、安田さんのほうでも、大学の先生と論文を作成してということをおっしゃってましたけれども、私どもも、こういう施設をつくった以上は、やはり、処遇効果を目に見えるかたちで世の中に公表したいと思っており、大阪大学大学院の藤岡淳子先生に、改善指導の処遇効果検証をやってもらってるんです。ですから、この教育プログラムを受けて、受刑者がどう変わったか、あるいは変わってないかということをちゃんと把握しています。

島根あさひの開所10周年の記念フォーラムを平成30年に地元の浜田市で開催したんですが、その時、藤岡先生は、いわゆる再入所率、つまり島根あさひを出て、再び刑務所に入った人をフォローした結果を発表されました。

その内容は、平成20年から平成29年までの9年2ヶ月で、7129名のデータがあり、その方々が島根あさひを出所してからのプログラムごとの再入所率、島根あさひを出て、何人が、どういう理由で、別の刑務所に入ったのか。そういうところまで、調査をしています。

ですので、島根あさひでの処遇がちゃんとできてないところも見えてきているので、それをフィードバックして、そこは変えていく、あるいは、この人には、やっぱり、この教育は向かなかったのかなというようなこと、つまり反省点もあったりして、そこは、軌道修正をしながら、よりいいかたちにしていく、そういうことをやっています。

答えになったかどうか、わからないんだけど、当事者のニーズというのは、多面的でなかなかわからない、難しい課題というところもあるかなと思います。

closing comment

◇西田博（更生支援事業団 代表理事）

今日は本当にありがとうございました。感想ともなりますが、歌代さんのお話、歌代節を久しぶりに聞いて、改めて勉強になりました。PFI刑務所事業を始めた当時のことを思い出すと、始めてすぐに感じたことは、あらゆる処遇技法を、どんどんどんどん、失敗してもいいから、導入していくということが、当時、民間事業者がやったことなんですね。

で、その刺激もあって、国のほうも、すごく、「処遇技法」ということに力を入れるようになりました。その結果、先ほどもお話が出ていましたけれど、「処遇効果検証」ということも、実は、国がすごく大事だと思い始めたきっかけが、PFI事業だったのではないかと、私は思っております。いろんな、特別改善指導をやって、たとえば、性犯なら性犯で、その処遇、改善指導をして、どれだけ処遇効果があったのか、検証しようということも始まりました。

民間の事業者の方が入ってきて、すごく刺激になって、国も、処遇技法、処遇効果検証ということにも、力を入れることになったんだと思います。

もともと、民間事業者からの提案があった、処遇のやり方、技法というのは、国も別にスキルがないわけじゃないんです。けれども、先ほど安田さんが言われたように、国がやる時、公費でやる時には、手間がかかるんです、すごく。まず、予算を取って、アレがどうで、コレがどうでって……。それを民間の方は、パッとやるもんですから、それも非常に刺激になって、国側でも、すすんだのではないかと思っています。

そういう意味では、やはり、処遇効果検証等といった新しい手法、考え方を入れたというのは、民間事業者のおかげかなと思っていて、あまり言いたくはないんですけど、感謝しているんです。

それから、安田さんの話を聞いて思ったんですけれども、実際にやられてることを見て、きちんとされているような気がして、国の、私の後輩にも、「絶対、負けるな」と言いたい気持ちになりました。

やられていること、あるいは、これから少年院のほうでやられること――少年院ですから、個々の少年が持っている処遇目標というものがあって、それに対して、安田さんのほうで、いろいろやってくれることが、どれだけ効果があったのかという検証もして、是非、その有効性を明らかにしてもらいたい、そういったことを後輩にやってもらいたいなと思って、近いうちに、メール等で言ってやろうって思いました。

いずれにしても、民間事業者の方というのは、非常に、公共としては刺激を受ける人たちですので、これからも、こうしたらいいっていうことも、どんどん言っていただいて、また、いい意味で、競争していっていただきたいと、感じました。ありがとうございました。

◇小西暁和（早稲田大学 法学学術院 教授）

ありがとうございます。本日、ご講演いただきました先生方、おふた方は、事業者が、事業活動を通じて、矯正の領域や更生保護の領域に、どのように関わっていくのか、その難しさといったことも、様々感じてこられたのではないかと思います。

とりわけ、犯罪者処遇とか、社会的包摂の分野に関して、いろんなNPO法人や、地方自治体等で取り組んでも、もちろん、国でも取り組んでいますけれども、なかなかお金がないというようなことが、どこの団体でも、今日の質問にもありましたけれども、共通しているところだというように感じています。

そのために、クラウドファンディングを使ったり、日本でも今度、ソーシャル・インパクト・ボンド【※】という、新しい資金調達の仕組みをとり入れて、活動を進めていくということになっています。

団体にお金がないという、こうした一方で、支援のための持続可能性のある組織形態や運営のモデルも必要とされています。やはり、支援が継続的に行われることが必要ですので、時限的に、一時的には、お金が入るけれども、お金がなくなっちゃったら、もう活動ができない、というのでは、困ってしまう。

その両立——特に、NPO 法人等がそうだと思うんですけれども、民間の機動性のある活動と、他方で、持続可能性のある支援モデルをつくっていくという、この両立のなかで、企業の持っている力を、すごく、今日、お話を伺いながら思いました。

ただ、実際に、そのなかでも、安田さんのお話にもあった、一つの手段として行われていると、やはり、重要なのは、その企業の活動をしている人の持っているビジョン、あるいは、情熱ということで、歌代さんからもお話がありましたけれども、その部分が、非常に重要だなと感じました。

そこで、企業という手段を使って、あるべき社会、ないし、社会のビジョン……こうやったほうが、より社会にとっても望ましいという、そういったことを実現していく、そういう活動というのは、今後も、より広く展開していく可能性はあるし、本当に重要な役割を果たしていくだろうなと、つくづく、今日のお話をお聞きしながら感じました。

社会的にも、CSR とか、SDGs とか、ソーシャルビジネスといった言葉が、よく使われていますけれども、矯正や更生保護、この分野においても、そうした企業の役割というのを、あらためて、認識したというところであります。

また、学生の皆さんにとっても、今日の両先生からのお話というのは、非常に熱のこもったお話で、将来、社会人として、社会の中で活躍していくなかでも、すごく学ぶところが大きく、また、エネルギーをもらえたお話だったんじゃないかなと思います。

今日はこれで終わりにしたいと思います。誠にありがとうございました。

（授業実施 2021 年 8 月 20 日）

〈補足解説〉

※PFI 刑務所：40 頁ご参照。
※PFI 事業：40 頁ご参照。

※北海道家庭学校：北海道紋別郡遠軽町にある社会福祉法人による児童自立支援施設。社会事業家の留岡幸助によって 1914（大正 3）年に設立された。

※虞犯少年：〈保護者の正当な監督に服しない性癖がある〉、〈正当な理由がなく家庭に寄り付かない〉、〈犯罪性のある人若しくは不道徳な人と交際し、又はいかがわしい場所に出入りしている〉、あるいは〈自己又は他人の徳性を害する行為をする性癖がある〉といった事由があるとともに、性格又は環境に照らして、将来、罪を犯し、又は刑罰法令に触れる行為をする虞があると認められる少年。少年法上、非行少年の一種とされ、保護処分の対象となる。

※改善指導：40 頁ご参照。

※「プリズン・サークル」（映画）：坂上香監督による 2019 年のドキュメンタリー映画。島根あさひ社会復帰促進センターにおける「治療（回復）共同体（TC：Therapeutic Community)」のプログラムの様子を描いている。

※治療共同体：治療（回復）共同体（TC：Therapeutic Community）とは、個人を取り巻く環境を変化させることを通じて、環境の持つ力とそこで生活する個人の欲求との相互作用を組織的かつ意図的に働かせることにより、個人の行動の変容を促すことを目指す組織体。

※アミティ（Amity）：1981 年にアリゾナ州ツーソンに創設された治療（回復）共同体（TC：Therapeutic Community)。薬物・アルコール等の精神作用物質の依存症者を中心に、他の依存症者や問題を抱えている人達をも広範に受け入れ、刑務所内外の拠点で独自のプログラムを通じて社会復帰を支援している。

※一穂ミチ（いちほ・みち）：小説家。2008 年に『雪よ林檎の香のごとく』（新書館）でデビュー。作品に『イエスかノーか半分か』（新書館）、『スモールワールズ』（講談社）など。

※坂上香（さかがみ・かおり）：ドキュメンタリー映画監督。NPO 法人「out of frame」代表。一橋大学客員准教授。作品に『ライファーズ　終身刑を超えて』(2004 年)、『プリズン・サークル』(2019 年）など。

※行刑改革会議：40 頁ご参照。
※名古屋刑務所事件：40 頁ご参照。

※藤岡淳子（ふじおか・じゅんこ）：大阪大学大学院名誉教授。一般社団法人「もふもふネット」代表理事。臨床心理士・公認心理師。著書に『性暴力の理解と治療教育』（誠信書房）、『非行・犯罪の心理臨床』（日本評論社）など。

※B to C / B2C：Business to Consumer の略。企業（business）が一般消費者（consumer）を対象に行うビジネス形態のこと。

※ソーシャル・インパクト・ボンド：ソーシャル・インパクト・ボンド（SIB：Social Impact Bond）：従来、行政が取り組んできた社会的課題について、民間の資金提供者から調達された資金を民間のサービス提供者が活用しながら解決を図り、効果的なサービス提供による課題解決の成果に応じて行政が資金提供者に対価を支払うという仕組み。

6th viewpoint

【メディアの視点】

社会での理解の必要性とその促進のために

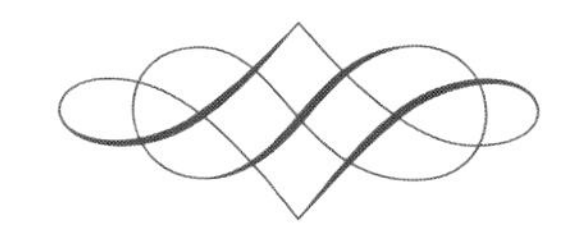

opening comment

◇**小西暁和**（早稲田大学 法学学術院 教授）

更生支援事業団と早稲田大学法学部小西ゼミとの共催プロジェクト、矯正・保護に関わる外部講師を招いての学生向けの特別講義、第６回目を始めたいと思います。

いつものとおり、ご講義をいただいて、そのあと、学生の皆さんとのディスカッションということですすめていきたいと思います。

そこで、おふた方、ご講義順で、まず、松本晃さん。共同通信社の編集局社会部の記者をされておられます。よろしくお願いいたします。

もうおひと方が、巡田忠彦さん。TBS テレビ報道局報道特集解説委員をされておられます。よろしくお願いいたします。

では、早速、松本さんにご講義をお願いいたします。よろしくお願いします。

keynote lecture 6-1

「判決のあと」をどう伝えるか

松本 晃

（一般社団法人共同通信社 編集局 社会部記者）

■ 自己紹介から

皆さん、こんにちは。本日はよろしくお願いいたします。私、共同通信社社会部で、記者をしております、松本と申します。

今日は貴重な機会をいただき、ありがとうございます。こういった場で、自分の取材経験を話すということがあまりないので、お伝えしたいことが全部伝わるか不安ですけれども、後ほど、どんどん質問していただければと思います。

まず、今回、矯正・保護の現場を取材した経験をお話しようと思うんですけれども、せっかくなので、簡単に、自己紹介をさせていただきたいと思います。

あと、うちの共同通信という会社に、アルバイトの学生もいるんですが、彼ら、彼女らに聞いてみると、共同通信って何をしている会社か、わかっている学生は少ない、ということを言われまして、簡単に会社の説明もして、それから本題に入ろうと思います。

まず、経歴ですけど、私は、皆さんと同じように、この早稲田大学法学部で４年間過ごしました。1998年の入学で、ちょうど、当時、学園祭がない４年間という、非常に不幸な４年間だったんですけれども、ダラダラと過ごした学生生活で、４年生になっても、週６で大学に行くという、ギリギリの卒業だったんです。

当時は、３、４年生でゼミに所属するんですけれども、私は、島田征夫先生という、国際法の権威の先生がやっておられる国際機構法ゼミに所属しておりました。今は、おそらく、島田先生のお弟子さんの萬歳寛之先生が、そのゼミをやられておられると思うんですけれども。

そのゼミは、私の世代には、非常に優秀な学生が多くて、卒業後、外交官になったり、国連機関で働いたり、弁護士になった人もいます。そのなかで、私は、非常に底辺のほうでフラフラしていて、必死の思いで、なんとか卒業に漕ぎ着けて、その後、読売新聞に入りました。

読売新聞で、広島、京都、大阪と働いて、縁あって、共同通信の知人から声がかかったので、転職させてもらって、それで、その後、10数年、検察の取材であるとか、裁判の取材、法務省の取材を続けております。

基本的に、これまでの記者経歴が20年弱になるんですけれども、ほとんどが事件の取材で、警察、検察、裁判がメインだったんですけれども、法務省の取材をすることになって、裁判の先、判決後の世界を知ることになったのが、今回、ここで話をさせてもらう経緯の一つであると思います。自己紹介は、以上にしておきます。

■ 共同通信という会社について

で、次に、共同通信という会社がどういう会社か、せっかくなので知ってもらおうと思います。今回、僕も初めて見たんですけど、会社のホームページの会社の説明には——

世界を結ぶニュースセンター

共同通信社は1945年の創立以来、国内、海外のニュースを取材、編集して全国の新聞社、NHK、民間放送局、海外メディアに配信しています。日本語だけでなく英語や中国語などでも配信し、アジアに軸足を置く日本を代表する総合国際通信社です。 (https://www.kyodonews.jp/about/)

非常にわかりづらくて、恥ずかしいんですけれども、簡単に言うと、「世界各地、日本全国に、記者を配置して、あらゆるニュースを配信している」と。

□ 共同通信ってどんな会社？

＊世界各地と日本全国に記者を配置し、あらゆるニュースを配信

＊加盟社（全国の地方紙、日経新聞、毎日新聞、産経新聞、NHK など）はいつでも引用・記事掲載可能

＊参考資料　読売新聞　約716万部
　　　　　　地方紙合計　1000万部以上　（ABC協会の2021年上半期集計）

で、加盟社というのは、全国の地方紙、日経新聞、毎日新聞等々なんですけども、これに対して、ニュースを配信し、その新聞社さんたちが、共同通信のニュースを掲載するという仕組みで成り立っております。

で、よく、共同通信が出している学生向けの売り文句が、「全国紙よりも、地方紙の合計部数のほうが多い」というものがあるらしいんですけれども、一応、直近のABC協会という新聞の発行部数を調べている団体のホームページを見たら、読売新聞の発行部数が716万部、で、地方紙をすべて足すと、途中であきらめちゃったんですけれども、まあ、1100万、1200万部くらいあったんですね。

まあ、一応、共同通信本体が言っている売り文句は、間違ってはいないんですけれども、ただ、すべてのニュースが、すべての地方紙に掲載されるとは、言いがたいので、まあそこは、話半分くらいで聞いてくれたらいいかなと思います。

日常的な業務としましては、新聞社と同じような働き方をしていると思ってもらっていいと思います。よく、官庁等で、レクチャーを受ける時も、「新聞・通信各社、どうですか。民放、テレビ各社、どうですか」というような分け方をされるんですね。基本的に、新聞社と同様だと思っていただいていいと思います。

■ ボランティアで更生支援の活動を

で、ようやく本題ですけども。簡単に私の書いた記事を紹介しようと思います。

□「専門家が女性受刑者にビジネスマナーを指導」
京都新聞　2018 年 1 月 19 日付け記事　（共同通信配信）

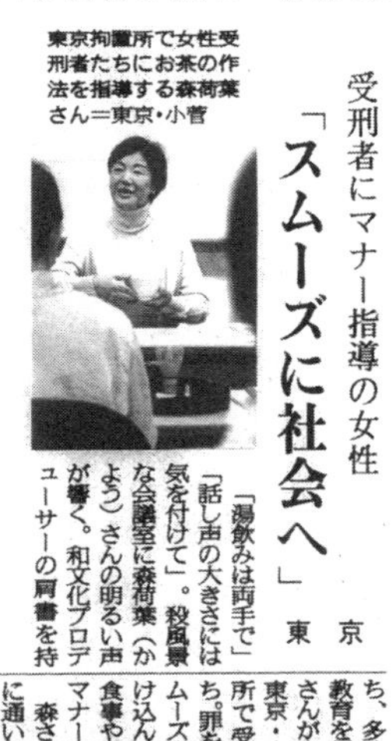

受刑者にマナー指導の女性

「スムーズに社会へ」

東京

「湯飲みは両手で」「話し声の大きさには気を付けて」。殺風景な会議室に森荷葉（かよう）さんの明るい声が響く。和文化プロデューサーの肩書を持ち、多くの企業の社員教育を任されている森さんが向き合うのは、東京・小菅の東京拘置所で受刑中の女性たち。罪を償った後、「スムーズに社会生活に溶け込んでほしい」と、食事やあいさつなどのマナー指導に当たる。

森さんが東京拘置所に通い始めたのは2014年秋。知人で刑務所出所者の就労支援に取り組む一般社団法人「チーム太陽」の北村啓一代表(70)から「マナーや知識を伝授してほしい」と誘われたのがきっかけだ。ボランティアで月1回、1時間の講義をしている。

東京拘置所で17年12月18日にあった講義のテーマは「旅のマナー」。服役中の女性6人が受講した。「室内の大きな物を動かす時は旅館に断ってから」「心付けを渡す際は袋の用意を」。机の上には湯飲みも用意され、森さんが実技を交えて持ち方や飲み方を指導した。

一挙手一投足が厳しく管理される刑務所生活。受講した40代女性は「受刑中はマナーのことなんて忘れがち。有名な先生に教えてもらえて、自信を持って社会に出られそう」とうれしそうだ。

東京拘置所で女性受刑者たちにお茶の作法を指導する森荷葉さん＝東京・小菅

この女性、森荷葉【※】さんという方なんですけれども、和文化プロデューサーといって、着付けですとか、茶道、華道……和のつく文化に関して、エキスパートの方です。

こういう方が、東京拘置所の被収容者、主に女性に対して、マナーの講師をしてる。そういう記事、私の書いたものを、一例として、紹介してみました。

次に、この方、ご存知の人、いますか？……ああ、結構、いますね。よかったです。ちょっと嬉しいですね。割と、僕ら世代の芸人さんなんで、若い人は知らないかなと、不安だったんですけれども。

□「お笑い芸人が少年院で漢字の成り立ちをテーマに講演」
西日本新聞　2014年5月5日付け記事　（共同通信配信）

少年たちに命の大切さを説く、お笑いコンビ「TIM」のゴルゴ松本さん　＝4月28日、神奈川県の小田原少年院

「命」「夢」少年院で語る

ゴルゴ松本さん　慰問3年

生きるヒント 漢字に込め

お笑いコンビ「TIM」のゴルゴ松本さん(47)が3年前からボランティアで少年院への慰問を続けている。「命」の漢字を体で表現するギャグで有名になったゴルゴさんが漢字の"成り立ち"を説明しながら人生を語る姿に、更生を目指す少年少女は目を輝かせている。

「みんな夢はあるか」。4月28日午後、神奈川県小田原市の小田原少年院。ゴルゴさんが講堂に集まった短期の少年約70人に語り掛けた。

「会社経営」「ラーメン屋」…。答える少年に「夢は死ぬまでに絶対かなうから。諦めるなよ」と言いながら、ホワイトボードに「吐」の字を書いた。

「弱音を吐くこともある。でも強い気持ちでいると『吐』からマイナスが取れる。そうすると夢はかなう（叶う）んだよ」

次に書いたのは「謝」。「感謝も謝罪もこの字が使われている。言葉を射る、つまり言葉に出すってことだ。『ありがとう』と『ごめんなさい』はすぐ口に出す。そうすれば人生はうまくいくんだよ」

両腕をハの字に広げて片足を上げ、全身で「命」を表現するおはこのネタも披露。「みんなを産む時、お母さんは命懸けだ。だから絶対に粗末にするな。その命を未来につなげるんだ」と説く。

約1時間半、少年らは爆笑したかと思うと、すぐに真剣な表情で聞き入った。「漢字にこんなにいろんな意味があるなんて」「夢に向かって頑張る」と感動した様子だ。

ゴルゴさんは持ちネタをきっかけに漢字に興味を持ち、意味の深さに感銘を受けた。刑務所を出た人を支援している知人に誘われて慰問を始め、これまでに東京や新潟、静岡など6都県の少年院を計9回訪問した。全国全ての少年院を訪れるのが目標だ。

「子どもの未来は大人次第。人生の先輩として、生きる上で役に立つと思ったことを伝えている。前向きに生きるためのヒントになれば」と願っている。

ワードBOX
少年院　家庭裁判所の決定により送致された少年を収容し、社会への適応を促すために生活指導や職業訓練などを実施する法務省の施設。全国に52カ所あり、年齢や心身の状況に応じて初等、中等、特別、医療の4種類に区別される。2007年の改正少年法施行で、少年院送致の対象年齢が「14歳以上」から「おおむね12歳以上」に引き下げられた。

この人、ゴルゴ松本【※】さんという方が、もともと、持ちネタの「命」で、ブレイクして、漢字の勉強を、ご自身で、独学でやられて、それで、少年院とかで、漢字を題材に、「人生をこうやって切り抜けよう」とか、「こういう気持ちの持ちようで前向きになろう」とか、そういうことを訴えておられる。

一例としては、「辛い」という漢字、これに、ひと文字を足すと「幸せ」になると。なので、「ひと文字、足せるように、毎日頑張っていこうよ」と。そういうようなことを、少年院で語っておられて、こういう活動も非常にユニークだなあと思って、記事にしたわけなんです。

今、このおふた方を紹介しました。非常に、キャッチーで、ちょうどいいかなと思って取り上げたんですけれども、私も驚いたのが、このおふたりとも、ボランティアでやっていらっしゃるんですね。謝礼はいっさい、いただかないと。

犯罪を犯した人の更生ということで、ボランティアでやっておられるというところに、個人的には、尊い活動だなあという印象を受けまして、記事にする意義というものを感じて、取材したわけです。たとえば、このゴルゴ松本さんの授業を受けた少年たちの話も聞いたんですけれども、やっぱり、みんな、非常に前向きになっていて……授業のなかで、ある少年は、「今、少年院で勉強してることを活かして、将来、大工になりたい」と。それで、「誰に、家を建てるんだ？」って訊かれると、「親に建てたい」って。16歳ぐらいの子だったと思うんですけども、自分が16歳の時に、そんなことをみんなの前で言えたかなと思うと、非常に頼もしいなと思いました。

そしてまた、そういう施設の中にいる子というのは、ごくごく普通の若者なんだなっていうところも、感じることができました。

■ 更生に向けて歩む人たち

刑事施設の取材というのは、非常に制限が多いというか、撮影箇所が限定されていたり、時間帯で融通が利かなかったり、少し手続が面倒なところもあったりするんですけれども、それを差し引いても、刑事施設の取材というのは、非常に有意義じゃないかなと考えていて、これまでに、12、3施設くらいの施設に行って、合計20回以上は取材しているんです。割と記者のなかでは、やっているほうだと思います。

事件取材をずっとやってきて、裁判、判決のあとは、あまり見てこなかったですし、皆さんも、あまり記事になっているのを見たことないと思うんですけども、私は、そこになるべく重きを置いてやっていきたいなと思っています。

せっかくなので、記事は持ってこれなかったんですけれども、あと二つほど、取材事例を紹介しますと、2014年に、福島の女子刑務所に行って、万引きで、執行猶予中にもう1回万引きをして、受刑しているという女性にインタビューをしたんです。

そのなかで、非常に印象的だったのが、どうして盗んだかっていうと、「買ったとしても、どうせ吐くんだから、もったいないから盗んだんです」って言ったんです。

まあ、こういう人が、そこの刑務所には非常に多くて、いわゆるクレプトマニア【※】（窃盗症 / 病的窃盗）と言いますか……精神面の不調をきたしてる人が、かなり多くて、そういった人たちへの処遇が、非常に大変だと実感しました。

ご存知の方もいるかもしれませんけど、女子刑務所というのは、非常に、職員の離職率も高くて、職員の確保に苦労しているという面もあるようで、そうしたことも含めて、記事にしたことがあります。

もう一つは、2017年10月、衆議院選挙があったと思うんですけども、そこで、16

年の参院選から18歳選挙権が解禁されて、その翌17年の衆院選は、少年院の入院者にも選挙権があるんですよね。

なので、榛名(はるな)女子学園という、群馬県にある女子少年院に行って、入院者も投票ができるという風景を取材させてもらい、そこにいる18歳の女の子で投票をしたという子にインタビューをしました。その子、家庭環境が複雑で、ストレスとかも抱えて、親戚の人に対する傷害ということで、少年院に入院してるんですけれども。

この子が言っていたのが、「せっかく得た権利なのだから、行使するのは当然だ」と。で、「戦争のない世の中を実現してくれる人を選んだ」と。なかなか立派なことを言うなと思いました。

こうしたことが、あまり世の中的には知られてないと思うんですけれども、なるべく、取材を通じて、また、こういった場でお話しすることも含めて、みんな、意外と普通だし、日々、一生懸命、更生に向けて取り組んでるというところも伝えていきたいなと思っています。

■ 検察の組織改革と再犯防止の流れ

少し話が変わって、このグラフは見たことありますよね。皆さんには、もう、釈迦に説法かもしれないんですけど、「再犯」において、こういう現状がある。

□ 刑法犯 検挙人員中の再犯者人員・再犯者率の推移 （犯罪白書 2020）
〈 減り続ける初犯者数　増え続ける再犯者率 〉

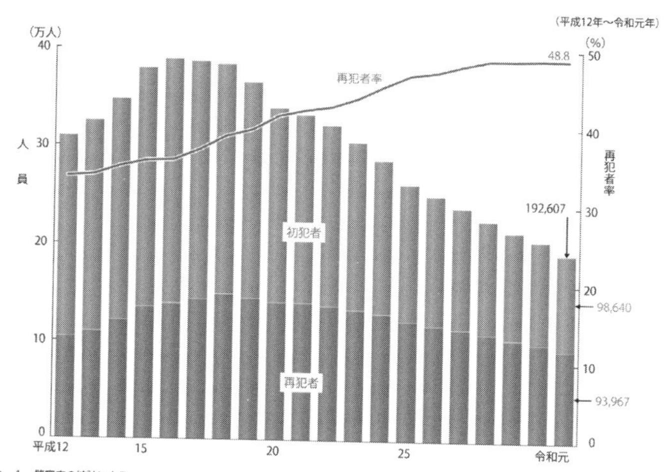

注 1 警察庁の統計による。
2 「再犯者」は，刑法犯により検挙された者のうち，前に道路交通法違反を除く犯罪により検挙されたことがあり，再び検挙された者をいう。
3 「再犯者率」は，刑法犯検挙人員に占める再犯者の人員の比率をいう。

皆さん、2010年9月に発覚した大阪地検特捜部の検事による「証拠改ざん事件」というのはご存知でしょうか？　厚生労働省の村木厚子さんという、当時局長だった方が逮捕された事件で、大阪地検特捜部の検事が、自分の捜査の見立てに合うようにフロッピーディスクを書き換えていた事件です。

村木さんは後に無罪になったのですが、有罪獲得のためのなりふり構わない検事の姿勢などから、検察史上最悪の不祥事とされています。

ちなみに、この件は2010年9月21日に朝日新聞さんが朝刊で、改ざんした疑惑があるという内容でスクープとして報じています。

余談ですけど、こういうスクープ記事があると、私たちは、夜中3時に起こされて、仕事をするんです、呼び出されて。私、当時、事件担当だったんで、この時も呼び出されたんです。

何が言いたいかというと、私の取材の時に、多くの人が認めるんですけれども、この事件によって、検察の姿勢が、大きく変わったということなんです。

2007年版の犯罪白書で、再犯の問題が、初めてクローズアップされました。まあ、厳密に言うと、2003年12月に、山本譲司【※】さんという方が、『獄窓記』という本を出されて、その後、『累犯障害者』……それで、累犯障害者の問題がかなり取り上げられていた。そして、具体的な動きとしては、この2007年版の犯罪白書が、あって、その3年後に、先ほど紹介した検察の不祥事が発覚する。

この不祥事で、組織の改革を迫られた検察は、結果的には、大きくは変わらなかったんですけども、特捜部を潰そうといった、検察の体制を抜本的に改革しようという動きが出てくるんです。

そのさなか、国のほうでは、犯罪対策閣僚会議【※】で、再犯率低減の数値目標を出したんです。この数値目標というのは、何て言うんでしょう、政府として数値目標を出すというのは、それだけ再犯率の問題に重きを置いていることの証左となるものなんです。

それを受けてかどうか、わからないですけれども、当時の検事総長の小津博司さんという方が、刑務所出所者の社会復帰にも目を向けようと、これは、検察幹部の会合、マスコミの入っている会合で、おそらく初めて検事総長が、こうした発言をしたわけなんです。

で、その後、刑事政策推進室という組織が最高検察庁にできたり、政府のほうでも、再犯防止推進計画が立てられるようになったりといった動きとなります。まあ、今の検事総長も、この再犯防止に思い入れが強い方で、引き続き強く推進していくということを、記者会見等で言っているわけなんです。

□ 再犯防止に対する国と検察の姿勢

〈国の動き〉

▽ 2007 年版 犯罪白書
「戦後の 100 万人の犯罪を調査。
6 割が再犯」

▽ 2012 年 7 月　犯罪対策閣僚会議
「再犯者 10 年で 2 割減の数値目標」

▽ 2017 年 12 月　政府閣議決定
「再犯防止推進計画」

〈法務・検察の動き〉

▽ 2010 年 9 月
大阪地検の証拠改ざん事件発覚

▽ 2011 年 4 月〜　検察改革

▽ 2012 年 9 月　小津検事総長発言
「犯罪者の社会復帰にも目を向けよう」

▽ 2016 年 6 月 最高検に刑事政策推進室設置

▽ 2020 年 7 月 林検事総長が、
「再犯防止や社会復帰支援を引き続き強く推進」

こうした歴史を見てもらって、その先ほど申しあげたように、『獄窓記』の出版が2003 年、そして、2007 年にこのような犯罪白書が出て、「再犯防止に目を向けるのは時代の必然だった」と言う検察幹部も多いですけれども、その一方で、「こういう不祥事があったから、組織を抜本的にいじれることになった」とか、「そこで、刑事政策について、もっと目を向けられるような体制にできた」と言う人も、いました。

せっかく検察の取材の経験も長かったんで、こういう見方も……あくまで、これは、私の取材に基づく私見みたいなところもあるので、あまり厳密ではない部分もあるかもしれないんですけども、一つの参考にしてもらいたいなと思っています。

■ なかなかメディアに取りあげられない「判決のあと」

先ほども申しましたように、事件の取材をやっていて、容疑者の逮捕があって、起訴があって、裁判が始まって、判決が出る。まあ、当たり前の流れになっていますけれども、実は、「判決のあと」というのは、割と……これは、我々も悪いんですけれども、まったくと言っていいほど、メディアでは取り上げられないんですね。

逮捕で、バーンってやって、起訴で、チョロっとやって、判決で、またバーンってやって……それで終わり、というのが、一般的なパターンになっている。まあ、事件は、日夜、次々に起こるので、日々の取材に追われているところもあるんですけれども、もう少し、判決後にも目を向けないといけないなと、常々思っている次第です。

最後ですけれども、その一連の検察改革を取材している時に、ある検察幹部に言われた言葉が、すごく強く胸に刺さっているんです。紹介すると——

「検察というのは、捜査・公判が一番大事と言われているけれども、もちろん捜査も公判も大切だけど、時間的には、判決後のほうが圧倒的に長い。刑事政策の大部分は判決後なんだ。ただ、刑罰を科したあとのことを考えている人間は、非常に少ない。

検察は、特捜部がやる目立つ事件であるとか、特捜部以外の事件でも、オウム真理教の事件、そういう、重大、重要事件といわれるものの捜査・公判に、かなりの力、人員をさいてきたけれども、そのあとのことも、ほったらかしにしては、いけない。
それは、世の中にもウケるので、そっちに傾いてきたところはある。ただ、それは、検察だけではなく、マスコミも同様だよね。君たちも、社会的なことをしているんだから、判決後の世界が、どういうものかというのも、もうちょっと伝えたほうがいいんじゃないの」
——この方が、何が言いたかったのか……僕の理解は、こういったことなんです。
なので、今も、この言葉を大事にして、先ほども申しあげたように、刑事施設への取材を続けているわけなんです。そして、今後も刑事施設の取材をしていこうと思っている次第です。以上になります。

keynote lecture 6-2

「塀の中の中学校」と「死刑を免れた男たち」

巡田忠彦

（株式会社 TBS テレビ 報道局 報道特集 解説委員）

■「塀の中の中学校」の世の中の反応

こんにちは、TBS テレビ報道局の巡田と申します。先ほど、大学に、少し早く来すぎて、校舎内を歩いていたら、聞き慣れた声がするなあと思って、教室内を覗いてみたら、私どもの制作した「塀の中の中学校」【※】を、ちょうど4月17日にオンエアしたものですけれども、それを上映してて、少しうしろから見てたんですけれども、上映中、ひとりも学生が教室から出ることもなくて、よかったなと。会社で見る時って、寝てる奴とかもいるもんですから。学生の皆さんは、ひとりも寝ずに、メモを取ったりしていて、いや、ありがたいなと思いました。
「塀の中の中学校」、松本少年刑務所桐分校という、まあ、映像のなかにも古い写真も出てましたけど、終戦直後の混乱期に、主に戦争孤児、戦災孤児だったと思うんですけれども、やはり、闇市から始まったんですねえ、犯罪は。もちろん、みんな、そうなるわけじゃないんですけど、社会からドロップアウトして、塀の中に入ってきた。雑魚寝（ざこね）してましたけれども。
昭和30年代、本当に貧しい、日本全体が貧しい時に、教育県といわれる長野県、松本市の有志が、やはり、貧しいながら、自分たちも食えるかどうかもわからない頃に、少年たちを救う、ということでやったのが、「塀の中の中学校」なんです。教育刑【※】の、僕は、典型だと思ってるんですけれども。

こういう番組を放送すると、そのあと、抗議の電話がくるんです。「なんで、お前ら、税金を、あんなのに使ってどうするんだ。うちの親父なんかも、ほとんど食えなくて、独居老人なんだぞ」と、そういう電話がきます。

社会復帰だとか、いろいろ勉強している方々、ここにいる学生の皆さんたちとは、まったく違う考えです、世の中は。だから、世の中の半分……半分以上はそうです。

それでも、やはり、一部には、「自分たちも戦争孤児だったんだけれども、一歩間違えば、ああいうふうになったんだなと思って、非常に、社会復帰、そういう制度に感謝する」という電話が、まあ、全体の３分の１、４分の１くらいですかね。そういう世の中です。

■ 矯正施設取材の始まり

今、共同通信の松本さんが、大事なお話、ほとんどされたので……やはり、我々メディアは、逮捕、それから起訴をチョロっとっていうお話でしたけど、逮捕は警察、まあ、検察もしますけど、それで、起訴が検察。それから、あとは、判決、裁判所なんですけど、そのあとは、もうほとんどないですよね。あとは、本当、ニュースになるものも、ほとんど、判決で終わり。まあ、あとは、非常に重大犯罪の時は、死刑執行の時とか、ですね。

松本さんが、記者歴 20 年と言われましたけど、僕はもう、39 年ですから、やはり、世代が少し違うんですよね。僕は、会社に入って最初の、事件ではなくて、裁判は、田中角栄のロッキード裁判でした。毎週水曜日、午前 10 時、ロッキード事件丸紅ルートというのが、東京地裁で。これが入社１年生の時から。民放ですから、全然、転勤がないものですから、最初からずっと東京で、裁判所とかを覗けるんですけども、それが、最初でした。

それで、最初、僕が、刑務所に入ったのが、府中刑務所です。で、この時に、日本で初めて、刑務所にテレビカメラを入れました。1981 年の秋かな。これが、もうすごい反響で……ちょうどその時に、国会で、刑事施設２法案というのを審議していたものですから。みんな、刑務所の中は、こんなふうになってるんだって。

それが最初だったんですけれども、それをきっかけに、少年院も含めて、矯正施設を取材するようになりました。いろいろ、施設をまわりましたけれども、この前、脱走事件があった大井造船作業所【※】、開放処遇の最先端ですけれども。それから、先ほど言った、桐分校、等々です。

■「死刑を免れた男たち」無期懲役囚の現実

矯正というのは、教育刑と、それから、もう一方の一番極端なものは、死刑制度というものがあるんですよね。これは、なかなか、相当、幅が広い。両極端ですから。死刑というのは、もうそのままスポンと逝っちゃう刑ですから。

我々も取材していて、非常に迷う……死刑制度というのは賛否両論ありますから。非常に忸怩(じくじ)たる思いというか、いろんな取材の現場でも、いろんな葛藤があるんです。

だから、教育刑、死刑制度、それからもう一つは、無期懲役ですね。あの、ここでも、皆さんに見てもらったという話なんですけれども、無期懲役囚を扱った、「死刑を免れた男たち」【※】という題名で、シリーズで4回くらいやりましたかね。最後は、女子の無期懲役囚ですね。

やはり、矯正施設の取材は、松本さんも言われてましたけど、本当に難しいんですよね、いろんな制限がある。だけどそれを、僕らは、偉そうに言うと、国民の知る権利だと思っていますから、そこをこじ開けて、入っていって、まがりなりにも、こういう世界がありますよ、というふうに、矯正の世界を、世の中の人に見せたいと思うわけです。

その番組で取りあげたのは、19歳の時に犯罪を犯して、無期懲役になって、それでもう30年、刑務所に入ってるという……だからもう50歳ですよね、無期懲役囚の受刑者です。19歳の時の犯罪、なので、これは少年事件で、すごい事件でしたけど。彼のインタビューを撮ると、彼、「生きた実感がしない」って言うんですよね。「30年間刑務所に入ってて、生きた実感がしない」と。

だいたい、無期懲役で、50歳くらい、基本的には、もう社会には出られないですから。だから、やはり、獄死というのはすごく多いですよね。

その彼が、19歳で入ったばかりの時に、集団室、昔は、雑居房って言ってましたけど、雑居房のなかで、年をとった50歳くらいの人から、「もう俺は、ここで死ぬけど、お前なんか、まだ19歳で、50歳過ぎで、社会に出られるからいいじゃないか。それからでも、やり直せるよ」って、そういう何ともいえない、そういう慰めを受けるような、そういうことがあったって言ってました。

まあ、非常に、残酷というか……別に、その彼を擁護するわけじゃないですけれども、相当、その犯罪自体がきついですからね。だけどやはり、初犯、法務省の分類で、「LA」というのは、Lはロング、ロングというのは、長い、10年以上の刑ですね。Aというのは、初犯ですから。LAという分類なんですけど、初犯なんですよね。

だから、人生どこかで……やはり、僕ら、よく間違いをしますけれども、人生を踏み外すというか、人生のなかで1回の失敗という……やはり、そういう結果を招くという、そういう感じですよね。

■ 様々に複雑な矯正の現場

メディアで、社会復帰とか、再犯防止とか言いますけれども、やはり、世の中というのは、みんながみんな……取材をしていて、再犯はするんですよ。無期で社会に出てきてても、また、やはり再犯をして、また、無期で刑務所に戻るというケースもありますから。

だから、世の中というのは、「再犯するな」「社会復帰をうまくやれ」と言う。でも、取材をしていて……やはり、その根っこの、犯罪を、どうにか少なくするっていう、それこそ、刑事政策でしょうけれど、やはり、経済も大事なんじゃないかな、っていう思いをしましたね。

だから、死刑制度で言いますと、一つの例ですけれども、広島の事件で、有名な事件、小学生をソフトボールのコーチが誘って、まあ、コーチだから、ついて行きますよね。それで、身代金目的で誘拐して、殺害したと。僕は、遺族の話を聞きたくて、広島に、被害者の自宅に行ったんですよね。

そしたら、ご遺族の方から、実は、死体を遺棄した場所に、子どもの幽霊が出るって言われて、それで、お地蔵さんを20年前に建てたと。それで、もう、最近は、そういう幽霊が出るという話を聞かないものだから、先週、そのお地蔵さんを撤去したと。そうしたら、今週、あんたが来た。また、思い出させたと。もう、本当に相当な剣幕だったんですけれども。

だけどやはり、その方は、死刑については、自分の子どもが殺害されたということもあって、死刑制度には賛成なんです。だけれども、逆に、他の事件については複雑なようで、死刑制度に反対する嘆願書を集めて回ったり……そういう人がいました。

だから、いろんなケースがあって、死刑については、本当に、国論を二分するような、賛否両論なのだと思いました。

最後に、松本少年刑務所の話で、今、そこにおられる西田元矯正局長のご尽力もあって、「塀の中の中学校」がドラマになりまして。それで、日本で初めて、刑務所の中で、テレビドラマを撮ったのが「塀の中の中学校」【※】で、渡辺謙さんをはじめ、そうそうたるメンバーで撮ったんですけど。いろんな賞をもらって。私がつくったわけではなくて、制作局のプロデューサーがつくったんですけれども。それは、ドキュメンタリーとは別に、非常にいいドラマだったという評価を受けました。

私の話はこのくらいにして、質問を受けたいと思います。

Discussion

◇小西：　本日はご講義いただき、ありがとうございました。今日は、授業前の時間を使いまして、学生の皆さんと巡田さんのつくられた番組の映像も拝見いたしました。まず、お話のなかで、松本さんのほうから、巡田さんも触れられたところなのですが、やはり、報道のなかで、なかなか「判決のあと」というものが取材されないということでした。逮捕、起訴、あるいは、判決という、テレビのニュースでも、裁判所の中のほうから、バーンと飛び出してきて、こうした判決がありました、という、そこまでが、これまでは、比較的、報道ではメインで扱われていて、そのあとは、なかなか、扱われなかった。今後は、そこに目を向けていく必要があるのではないかと、ご指摘があったと思います。

やはり、それは、読者や視聴者が、そこを求めているからということなのでしょうか。逮捕、起訴、判決、そこが求められているところなので、主に報道では、取材のなかで、メイン に置いてきた、そういった面も、あるのでしょうか。

■ 判決以降の動きが報道されにくいのは

◇松本：　おっしゃるとおりでして、読者が求めているのは、そこだろうというふうに、我々も、そう教育されてきましたので。ただ先ほども申しあげたように、検察も変わったように、我々、メディアの側も変わらなきゃいけない部分もあるだろうと、思いながらも、あの……無駄に大きな組織なので、なかなか変われないという部分があるので。

私等は、自分の年齢の近い後輩には、こういう分野も、やったほうがいいよというふうに、まあ、本当に、草の根的に呼びかけて、ちょっとずつ変えていくしかないのかなと思ってやっています。

◇巡田：　たぶん、それ、率直に言って、競争……各社の競争があるからだと思うんですよ。逮捕、誰が容疑者で、誰を逮捕するかという競争、競争の原理がすごく働くので、そこに力点が置かれるということですよね。

それと、やはり、判決後、仮に収監された時が、少し薄いというのは、これはもう法務省の、すごく、むかしでいう、刑の密行主義【※】ですか、やはり、オープンじゃない部分が、非常にきいていると思いますね。

取材しようと思っても、そんなに簡単にできないですから。それは、人権を盾に言われますから。そういった事件の犯人が、どうしているのかというのは、ほとんど世の中に出ないですよね。それこそ、死刑が執行された時ぐらいですよね。

◇小西：　ありがとうございます。普通の生活をしている、国民、市民の側からしたら、やはり、全体を知っておくということは、これからの時代は本当に必要だと思うんです。とりわけ、裁判員制度のように、一般の人たちが、裁判に関わって、刑を科すうえで、その刑の実態がいったいどうなっているのかが、わかっていなければ、刑を科すことって、なかなかできないと思うんですね。本当に、それが、犯罪に見合った刑なのかということを、しっかりと理解して科さないと、実に内容が空疎なものとして、刑を科してしまうということにもなり得ると、それは、自由刑に関しても、死刑に関しても、そうだと思うんです。

なので、やはり、判決後の実態というものも、メディアで報道して、読者、視聴者に広く知ってもらうというのは、「開かれた司法」、あるいは、「市民の参加する司法」というものを考えたうえでも、非常に重要なことではないかなとお話をお伺いしながら感じました。

あと、巡田さんのお話のなかに、犯罪を少なくするという、根っこの部分に取り組んでいく必要があるというお話があったと思います。この点について、もう少し詳しく、お伺いできればと思いますが、いかがでしょうか。

■ 犯罪の根っこの部分に取り組む

◇巡田：　これは、本当に難しいですよね。要するに、再犯を防止する……今、矯正施設に入ると、今、菅政権ですけれども、安倍政権の時に、安倍総理が、「再犯防止～立ち直りを支える地域の力」という書を書かれた、ポスターが貼ってますよ、どこの施設に行っても。

それと、社会復帰ですよね。刑務所から出た出所者に対する、社会復帰をどうしていくのか、そこが力点なんですけど……。

これは、やはり、１回、そういうレッテルを貼られた人間がですね、なかなか、その、簡単に、一般の社会には入れないですよ。やはり、差別があると思うんです。そんな、理解している人ばかりではないですから。そうすると、できるだけ、実刑じゃない、たとえば、少年院の段階で……少年院の教育というのは、刑務所とは全然違いますから、少年院の段階で、本当に、とにかく、実刑にならないうちに、矯正教育をして、立ち直らせる、そういったことが大事ですよね。

それから、これは難しいですけど、犯罪の根っこというものには、やはり、経済的な問題があると思うんですよ。だから、国として、非常に、いろんな対策、経済対策等をやっていったほうが……どんなにやっていっても、犯罪ゼロっていうことにはならない、そんな社会はないと思うんですけども、できるだけ、根っこ、そっちを減らしたほうが、いいのではないかなという気がしますね。

◇小西：　ありがとうございます。松本さん、今の点に関して、どうですか。

◇松本：　今の話の関係で思ったのは、刑務所から出た人たちを支える仕組みのなかで、保護司さんという人がいると思うんですけれども、彼らもまた、ボランティアなんですよね。

まあ、なんて言うか、日本のいいところと言ってしまえば、それまでなんですけれども、善意によって支えられているのを、メインで動かしているうちは、もしかしたら、抜本的な解決には、ならないんじゃないかなと思うんですよね。

せっかく、政府をあげて、再犯防止というのであれば、もう少し、予算措置なりがあってもいいんじゃないかなと……意外と、かけ声だけで終わっている部分がなくはないかなというふうに感じております。

◇小西： ありがとうございます。自分もこれまで、刑事政策、少年法という分野について見ていくなかで、やはり、早い段階での支援といったことが、かなり重要だなと、つくづく感じています。

早い段階で、少年院の段階での矯正教育とか、さらには、その前の段階、たとえば、不適切な養育の家庭であったりといったケース等も、やはり、生育歴を見ていくと、あると思いますので、そのなかで、児童相談所等、児童福祉の領域での支援も重要だと。

さらに、背景的には、貧困や差別……社会問題がかなり、その背景、構造的な要因になっているようなケースというのも見られると思います。その点に関しては、やはり、社会のなかで、そういった構造的な問題を、どう解決していくのかというのも、犯罪を少なくしていくうえでは、かなり重要な問題ではないかなと、つくづく感じております。

もう一つお伺いしたいのが、今日、巡田さんのドキュメンタリーを拝見させていただいたんですけれども……取材をしていくなかで、その語り口が、かなり、取材対象者の方との間で、ソフトって言いますか、そういう印象を受けました。

今年ですか……熊本の刑務所を出所して、かなりの長期受刑者の方で、その当時、最長の方なんですかね、そういった方を取材した番組を、別の局で放送されていたのを、拝見したんですけれども。そちらは、何か、取材対象者との間の距離って言うんでしょうか、ある種、すごく冷めてるなという、別の局の報道に関しては感じて……。その番組で、その方、取材対象者の方は、無期刑の受刑者で、仮釈放されて、それから最後に亡くなるということで、番組が終わるんですけれども。なんて言うか、ある種、突き放した感じの内容で、見ていても、釈然としない感じが残ったんです。

ただ、今日の巡田さんのドキュメンタリーを見ても、ある種、取材対象者の方との間が、同じ地平に立っているような感じがして、語り口等も、そのような関係性で、相手の方の様々なバックグラウンド等も聞いているような、そういう感じがしたんですけれども……。

取材していくなかでの、対象者との関係っていうんですか、何か、そういった点で、気をつけておられること等、ございましたら、お願いします。

■ 取材対象者との距離、関係性について

◇巡田： 今、小西先生の言われた、ドキュメンタリーですけど、僕も見ました。熊本刑務所の、「LB」、L、長期で、無期、B、累犯でしたね。それで、その取材は、

塀の外の取材ですよね。だから、今、桐分校、無期懲役囚の話を、私、ドキュメンタリーでつくりましたけど、それは、塀の中です。もちろん、塀の外のエピソードもあります。保護司さんとのところ、岡山の古松園【※】、みんなで共同生活をしてるところもありますけれども。

あの、先ほど言われた番組は、塀の外だけを撮ってるものなんです。で、何て言うのかな、「油が抜ける」んですよね、塀の中に入っていると。元は、すごい凶暴な事件、凄惨な事件をやった人間なのかなって……取材のあとで、そういうことを聞いて、ああ、そうだったのかって思ったりしますけれども。

やはり、受刑生活をしていくと、いろんな……たぶん、人間って、そんなものだと思いますけれども、欲を断ち切っていった状態でいますから、何かね、油が抜けてるんですよ。だから、言い方は少し不適切かもしれませんけれども、何て言うか、まあ、自由に、結構、話してくれますよね。

だから、特に、無期懲役囚なんて、もう、会話がないですから、普段、施設の中で。それは、まあ、集団室なんかでは、あるとは思いますけど、外との会話は、ほとんど……外から来た人との会話はないですから。なので、すごく飢えてますよね、言葉に。だから、僕らが、質問すること自体が、すごく新鮮に、たぶん思えて、言葉に、相当、刺激を受けて、話してくれているんだと思います。

いろんな受刑者を見てますけれども、僕ら、カメラマンもそうですけれども、僕らのなかには、この人は犯罪者だっていうことは、取材中は、ほとんど消えて、インタビュー等をしています。それで、あとで、ああ、そういう事件を犯した人なんだなって、あとでわかるような感じですね。

◇小西：　ありがとうございます。先ほど、松本さんのお話のなかでも、榛名女子学園での、選挙、投票をする18歳の子の話があったと思うんですけれども、そういう取材のなかで、心がけていること、注意されていること等、お話しいただけたらと思います。

◇松本：　そうですね。あの、先ほど紹介いたしました、ゴルゴ松本さんは、すごく参考になっていて、本当に、みんなのお兄さんみたいな感じで、ただの中高生っていうか、そこらへんにいる中高生と同じように……。私なんか、普段、知らない子に話しかけても、相手にされない、そんな感じなので。いかに砕けた感じで、近寄っていくかみたいな。

まあ、普通な子と接するような感じでいいと思うんですけれども。先ほど、巡田さんがおっしゃったように、本当に、外の人から話かけられるのが、彼らは嬉しいみたいで。一(いち)訊いたら、もう、なんぼでも返ってくるみたいな感じなんです。

そういう意味では、平場で、街の声とか、たまに、取材させられるんですけれども、そういうものよりは、いろいろ反応が面白くて、何て言うんでしょうね、情報を集めるという意味では、あまり困らない。

まあ、当たり前ですけど、見下したりとか、偉そうだったりとかはせずに、友だちなんだよ、という感じで接するようにはしてますね。

◇巡田：　何年前かな……もう20年くらい前から、少し変わったなあと思うんです。「絶対に、罪名は、訊かないでください」って、インタビューの時は、よく言われたんですよ。

だけど、取材の時に、僕は、できるだけ、インタビューを受ける受刑者が萎縮するので、警備上の問題で見てるのはいいんだけど、言葉尻をとらえて、それは言うなとか……職員の人とかに、絶対、介入しないでくれって。

で、むかしは、「罪名は、絶対、訊かないでください」って言われてましたけれども、今はないですね。ただ、「罪名は何ですか」って訊いて、「いや、それは答えたくありません」って、相手が言ったら、もう、それでインタビューはやめます。「罪名は何ですか」「強盗殺人です」「刑期は何年ですか」「無期です」と、こういう流れで、訊いています。

◇小西：　次第に、取材を受ける側の、変化があるということでしょうか。ありがとうございます。

あともう１点、是非お伺いしたいのですが、矯正・保護に関連して、これまで取材をされてきたなかで、一番印象に残っている取材というのは、それぞれ、どのような取材だったのか、是非、エピソード等ご経験をお話いただけたらと思います。いかがでしょうか。

■ これまでの取材で印象に残っているのは

◇松本：　いろいろありますけど、一番インパクトが強く、印象に残っているのは、府中刑務所の取材に行った時に、この取材は、刑務所の中に、お医者さんがいるんですけれども、そのお医者さんが不足しているという、その現場を取材する目的で行ったんです。

その時に、お風呂場に貼り紙がされてるんです。その貼り紙に書かれているのは、英語、中国語、韓国語から、スペイン語……もう、７、８か国語で書かれている。その時、ついでに聞いたのが、今はもう、国際化なので、当たり前かもしれないですけれども、受刑者も多言語化していると。なので、英語、中国語、韓国語だけじゃなくなっているから、その対応が、すごく大変なんですよって。

なるほどなあと思って、あらためて、またいつか取材したいなと思って、後日、１回、アポを入れたんですけども、何か別の件で、飛んでしまって、それきりになっているんですけども。それは、また、取り上げないといけないなと思っています。

◇巡田：　先ほどの桐分校で、授業には、全然関係のなかった受刑者がいて、もう、終戦直後の混乱期で、小学校にも行かなかったっていう方で。その人が、お正月に、本当は、これ、施設の中で、規律違反なんでしょうけれども、独居房、独房同士で、隣の、廊下を隔てた房の人に、初めて覚えた文字で、「あけましておめでとうございます」って書いたものを貼って、相手に、新年の挨拶をしたという……それは、すごく印象に残った映像でしたね。

◇小西：　その映像は、放映はされてはいない。

◇巡田：　それが、規律違反なので……。

◇小西：　なかなか難しいですね。

◇巡田：　「規律違反だ」って、西田さんみたいに厳しい人がいると、「絶対、駄目だ」と。（笑）

◇小西：　お蔵入りになったということですね。ありがとうございます。

◇小西：　では、学生とのディスカッションに進んでいきたいと思います。いかがでしょうか。ああ、次々に、手があがってますね。よろしくお願いします。

◇横溝菜緒（４年）：　法学部４年の横溝です。本日は、お話ありがとうございました。マスコミの方のお話を聞くのは、私自身あまり多いことではないので、ああ、こういうことを考えているんだな、こういうふうに私たちは情報を得ていたんだな、みたいなところをあらためて知ることができました。

質問に関しましては、おふた方に一つと、あと巡田さんに一つあります。おふた方に、まずお聞きしたいのは、私たちに情報を届けられる際に、何か意識されていることとか、こういう切り口で書くようにしている、みたいなことがあれば、お聞きできればと思います。

■ 情報を発信するうえで気をつけていることは

◇松本：　テーマによって、若干異なるところもあるんですけど、でも、どんなテーマでも、基本的には、当たり前のことなのかもしれないですけど、一方の当事者の言うことを、鵜呑（うの）みにしないということ。

とはいえ、事件報道等では、捜査機関の言い分にかなり寄りかかって、記事にしてしまうんですけれども、なるべく、被疑者側の言い分等もとり入れるようにしなければいけないと思っています。

ただ、何て言うんでしょうね、やっぱり限界も少しあって、一次情報に接する機会が、メディア側に極めて限られている場合もあるので、二次情報の積み重ねで、記事にする以上、どこかで、どちらかの当事者の言い分に寄りかかってしまうところもあるんですけど。まあ、そうならないように気をつけるようにはしています。

◇巡田：　矯正の話でいうと、やはり、受刑者の話をしながらも、その受刑者の犯した犯罪には、被害者がいるということですよね。だから、そこのバランスをとって、やるようにしてます。

それと、今、松本さんのほうから出ましたけれども、捜査機関というのは、たとえば、松本サリン事件【※】というものがあったんですけれど、それは、結果的に、オウムが犯した事件だったんですけれども。あの時、河野義行さんという人が、犯人に、ほとんど犯人扱いされて、もう本当に、どこのマスコミも、その後、謝罪したんですけれども。

あの時に、現場の記者に、たとえば、我々がデスクとして言うのは、「ちゃんと裏を取ったのか」って言うんです。裏というのは、捜査機関なんですよ。捜査機関の裏を取ったかっていうことなので、それが、どんどん積み重なっていくと、もし捜査機関が間違うと、我々、非常に、誤報を出しやすい。

そういう体質は、今でもありますよね。捜査機関以外のところからも裏を取るというのは、まず、事件報道ではないですね。まあ、弁護士とかは、また別の話ですけれども。

だから、非常に、そこのところは、メディアが陥りやすい死角かなという気がします。だから、ああいった事件も、また起こるんじゃないかな……くらいは、僕は覚悟してますけれども。まあ、あっては、ならないですけどね。

◇横溝（４年）：ありがとうございます。続いて、巡田さんに、一つ質問があります。先ほど、無期懲役囚についてのテレビ番組を拝見させていただいたんですけれども、そこで、私自身が思ったことが、無期懲役囚で外に出た方のお話で、「気持ちとして、きちんと反省をして、被害者に対する気持ちを持っている人が、１割しかいない」という言葉が、かなり印象に残っていて。

私は、もちろん、再犯を減らしていくっていうところもそうなんですけど、被害者に対する感情も、重要じゃないかと思っていて。その時に、無期懲役という刑罰が、その犯罪を犯した人に、どういう影響を与えるのか、どういう、いい影響を与えるのかというところは、取材をされていて、どのように感じましたか。

■ 刑としての無期懲役の特徴は

◇巡田：　無期懲役という刑罰がということですね。そうですね……あの、すれすれで、一審死刑、控訴審で無期っていう人たちも、結構、いるんですよ。検察内部の言葉では、「マル特無期」っていわれるものですけれども。これはなかなか、仮釈放が認められないケースなんです。で、やはり、死刑にならなくて、よかったって、みんな思っているんですよ、インタビューをすると。一歩間違えれば、あっちでした、っていう感じですよね、無期懲役というのは。

それで、インタビューの最中、ご指摘された言葉は、生活保護を受けて、115,000

円くらいで暮らしている、80いくつの、35年ぐらい入ってた、おじいさんの言葉ですけれども。彼は、塀の中で、たぶん、インタビューをすると、ああいうことは、言わなかったと思いますよ。やはり、外に出て、自由になって、まがりなりにも、ひとり暮らしをして、自由になったうえで、ああいう発言が出てきたんだと思うんですよね。

だから、よく本音を言ったなとは思いますけれども、あの人の想像であって、他の人に聞くと、「いや、当然、私は反省してます」と、塀の中の人は言うかもしれません。その心のなかは、やっぱり、さすがにわからないですね。

◇日野原美緒（４年）：　４年の日野原美緒と申します。本日は、貴重なお話ありがとうございました。おふた方にご質問をさせていただきたいんですけれども、報道番組を一つつくるにあたって、あるいは、記事を書かれるにあたって、取材した、目の当たりにした実態のうち、どれくらい、実際に、世の中に出せるのか、あるいは、報道したくてもできない事実が多いのか、意外とその目の当たりにした現実をそのまま報道できるのか、といったところを、肌感覚でもいいので教えていただきたいです。

■ 取材した内容をどのくらい報道できるのか

◇松本：　そうですね、今日お話したなかで言うと、たとえば、政治家が賄賂をもらっていた、みたいな感じの、典型的な収賄事件があったとします。それにあたっては、おそらく、事件、まあ、大型事件といわれる事件だと、100人以上に話を聞くことになると思うので、そのうち何割が、記事になっているかというと、１割もなってないような気はしますね。

ただ、一方で、判決の記事に関しては、判決を取材して、弁護人の話を聞いて、というのは、だいたいまあ、肌感覚でいいとおっしゃったんで……５割くらいは、記事になっているかなと思います。

で、矯正施設、刑事施設に関しては、先ほどもご説明にもあったように、かなり撮影場所とか、取材場所が限られているところがあるので、これも肌感覚で、だいたい７、８割は、記事にしてるかなと思いながらも、一方で、１回だけ経験したのが、受刑されている方のお話を聞いたあとに、施設の職員の方から、「まあ、彼はこういったけれども、ちょっとこの部分は、申し訳ないが、記事にしないでくれ、彼の更生のために」というようなことを言われたことがあります。

それは、もちろん、基本的に、施設の意向を守るということで取材をさせてもらっているので、のみましたけれども。そういう例外的なこともありますけれども、基本的に、刑事施設に関しては、結構な割合が記事になってるんじゃないかなあと思ってます。

◇巡田：　確かに、取材したものが全部出るわけではないし、で、現場の記者っていうのは、やっぱり、できるだけ取材して、原稿を書いて、それを、テレビでいうと放送するというのが、これはもう鉄則ですから。

ただ、本当に、テレビでいうと、たとえば、今はもう、記録媒体が、カード式になっていて……昔は、テープで、１巻が20分のテープだったんですね。だから、この、無期懲役囚の番組でも、20分テープが130本ぐらいまわっています。130本です。もう全部まわしきって、いろんなカットを撮りました。それから、インタビューも、おそらく、10分の１も出てないんじゃないかな。まあ、50分の１ぐらいしか出てないと思います。まあ、言えば、全部、聞いて、私が、「ここを、こう編集してくれ」って言って、それを切るんですけど。

それくらい、費用対効果が悪いというか、それぐらい、抜粋して出してます。だから、相当、まわった割に、出せるのは、すごく限られている。それはもう、第一には、放送時間の関係ですよね。本、一冊、書けって、言われれば書けますけど、やはりテレビというのは、そういうものですね。

あと、もう一つの質問、気を使ってカットしてる部分でしたっけ……そうですね、ありますね、そういうことも。あの、岡山刑務所の無期懲役囚で、古松園の岩戸さんという園長が面接するところがあるんですね、身元引受で。

あのなかで、実は、死体遺棄、殺人云々で……罪状を読む時に、「ドラム缶に入れたまんま火をつけて」っていうのがあったんですよ。そうすると、もう、バレてしまう、誰かわかっちゃう。それで、もう、あと残りのふたりは、死刑は執行されてますから。

だから、所長に頼まれてですね、「『ドラム缶に入れたまんま火をつけて』っていうのは、ちょっとそこはカットしてくれないか」と言われたんです、実は。だけど、僕は押し切って、「あの、いや、それはもう、本人が……当事者が言ってることだから、出します」って言って、その場は帰ってきたんです。

でも、やっぱり、いろいろ、自分で悩んで、結局、そこの部分はカットしました。カットして、特定できないようにしました。まあ、そういうこともあります。

◇池松彩英（３年）：　貴重なお話ありがとうございました。３年の池松と申します。ドキュメンタリー映像を見させていただいて、巡田さんに一つ質問がございます。

ドキュメンタリーを見て、受刑者の手元の映像が多いなという印象を受けました。その手元の映像で、受刑者のもじもじしている印象を受けた一方で、最後の、桐分校の日系ブラジル人の受刑者の手元を写した時だけ、すごい整っていて、落ち着いているなという印象を受けました。

そこで、その手元を写すということが、視聴者に向けて、どういう意図があるのかということをお聞きしたいです。

■ 映像を切り取る時に意図していること

◇巡田：　別にいつも、手元を意識して写してるんじゃないですけれども、それは、一緒に行くカメラマンも、ベテランを連れて行きますから、すごく上手いカメラマンを。その彼が、やはり、その感性で、手がものを言うと思ったんじゃないんですかね。だから、そういった撮影をしたんだと思います。

あるいは、後ろ姿とか、耳に寄るとか、目に寄るとか……そういう、映像的な技法を使うことがあります。だから、刑務所の取材では、顔を出さないというのが、非常に難しいですよね。あの、先ほどは、インタビューのなかで、内容がわからない、本人が特定できないようにと言いましたけども。顔が出ないようにというのは、テレビ、映像の場合は、非常に難しいですよね。

だから、首から下の表情で、どこか撮れないかなあとか、たとえば、貧乏ゆすりをしてる、なんか焦ってるなあとか、そういうところで、表情を出すようにしていたと思います。

実は、カメラマンというのは、すごく、絵をきれいに撮りたがるんですよ。だから、カメラマンは、事前に、「今日は、何と何を撮れますか」「どういうシチュエーションで、どっから入っていったら撮れますか」って、綺麗な絵を撮りたいですから、いつも言うんですね。

だけど、僕は、たとえば、地検とか、警察で張っていて、落とさないように撮らないといけないので、やはり、時間や、場所、セッティング等を言わないといけないんですけど。こういうドキュメンタリーをつくる時は、それをあまり言うと、サプライズがなくなる、というか、カメラが落ち着いてしまうんですよね。

だから、たとえば、無期懲役囚が大阪医療刑務所に、岡山から運ばれるというシーンがあったんですけど。その時に、救急車の中で、護送ですから、手錠をかけるんですよ。しかも、86歳、もうヨレヨレの、もう寝たきりのじいさんにね。僕は、それを知ってたんですけど、もう、黙って、こう、見てたら、やっぱり、カメラマン、びっくりして、救急車の中にまで、入っていって、アップで撮ってましたよ、手錠を。

だから、もう、それは、カメラマンの感性なんで、僕は、基本的に、もう任すことにしてますけどね。

◇大久保那菜（3年）：　法学部3年の大久保那菜と申します。今日は貴重なお話をしていただき、ありがとうございます。今回のお話を踏まえて、おふた方に質問させていただきます。現在、私たちは、刑務所や更生保護施設【※】などにインタビューをしたり、書面調査を行ったりしているのですが、そのなかで、対象者の方と話す際であったり、刑務官の方と書面でやりとりするなかで、かなり、言葉遣いが難しいなあという部分があるんですが、おふた方のご経験のなかで、言葉遣いや取材の姿勢等について、どのような心がけをされているのか、もしあったら教えていただきたいです。お願いします。

■ 取材する時の言葉遣い等で気をつけていること

◇松本：　そうですね。更生保護施設の話をさせてもらうと、薬物関係の、女性を主に、収容している更生保護施設がありまして。

そこの取材の時に、私が言われたのは、「非常に寂しい女性が多いので、あまり深いことを聞かないで欲しい。まあ、どういう罪を犯して、今後、どうしようとしているかみたいなことは、どんどん聞いてもらってもいいけれども、プライベートなことですとか、言ってしまえば、男女関係の話ですとか、極端なこと言えば、気を持たれるようなことをしないでください」、そういったことは強く言われたことはありました。

あと、施設の職員の方に対しては、すいません、僕の経験上なんですけれども、施設の職員さんって、割とざっくばらんというか……これ、完全に私見ですけれども、日々すごく苦労されて、仕事をしてるので、何か、入所者以外の人が来るのが、すごく嬉しいと感じてくれる人が多いなという印象なので、あまり気を使わなくてもいいような気がします。

◇巡田：　まあ、あれですよね、僕ら、取材してて、刑務官と警察官……警察官は、やはり、市民と交わるじゃないですか、だから、すごく、ざっくばらんですよね。いろんな市民を見て、「こいつは、どういうやつだろうなあ」という目で見てると思うんですよ。

だけど、刑務官の場合は、塀の中で、まあ、言えば、受刑者とばかり接触していますから、逆の意味で言えば、すごく純粋ですよね。だから、「鳩が飛ぶ」って言うんだそうですけど、言葉は悪いですけれども、いろんな、外からの、手だれ、結構、悪い奴に騙されてしまうような印象です。受刑者には、騙されない……騙されることもあるんでしょうけど。やはり、外に出た時に、純粋すぎて、かえって、罠に落ちやすいんじゃないかなっていう印象を持ちましました。警察官とは、違うなと。一般的な良い奴、悪い奴、混ざった市民と、あまり接触してない人種だなと、個人的には思いました。

◇市川莉子（３年）：　本日は、お忙しいところ貴重なお話をいただきありがとうございました。小西ゼミ３年の、市川莉子と申します。

おふた方に質問があるのですが、事件報道について、よくニュース番組などを見ている際に、どんなに凄惨な事件だったとしても、遺族の方の声がかなり詳しく報道されていることを見うけるのですが、おふたりが遺族や被害者の方への取材で、気をつけていること、また、工夫されていることがあったら教えていただきたいです。

■ 被害者側への取材で気をつけていること

◇松本：　これは、ここ10数年でだいぶ変わりましたね、様相が。昔は、もうそれこそ、私が若手の頃なんかは、そういう凄惨な事件があった時に、「とにかく遺族の声を取れ」とですね、上から強く言われました。

まあ、メディアスクラム【※】等の問題もありましたけれども。本当に、ありえないくらいの強い圧力で、各社が遺族の方のもとに押し寄せるというようなことが、当たり前のように行われていた時代があって。

それが、遅ればせではありますけれども、ここ10数年で、やっと、見直そうということになってきて。まあ、少しは、ましになってきてると思うんですけれども。先ほどの話じゃないですけれども、事件の報道というのは、他社よりも先に何を報じるか、みたいなところがあるんですけれども、まあ、これは、遺族関係に関しては、「もう、そういうのはやめようよ」というふうに、特に、申し合わせたわけではないんですけれども、そういう空気が、ようやくできつつあります。

あと、最近の変化としては、犯罪被害者代理人というですね、犯罪被害に遭われた方ですとか、そのご遺族の方には、弁護士がつくようになってまして、基本的に、弁護士さんが対応するようになっています。なので、そこの弁護士を通して、取材をする。弁護士さんが、基本的に、ご遺族の意向等を汲んでやってくださるので、それで、弁護士さんを経由して、詳しい情報をくださったりする、というのは、最近ですね。

ただ、それでも、なお、弁護士さんがついているのに、なお、ご遺族の元に行ってしまって、弁護士さんに怒られる、ということが、未だに散見されるのも事実なので、そこは気をつけながら、やっていかないといけないなと思っています。

◇巡田：　今、松本さんが言われたとおりで、やはり、ご遺族は、我々の言葉で言えば、「触らない」という……触る、というのは、取材するということで、触らない、つまり、できるだけ、直接取材しない方向になっていますよね。

ただ、もう一つ言うと、加害者のご家族ですね、加害者のご家族が、やはり、被害者にもなりうるんですよね、我々が、すごく取材することによって。最近は、そこまで、みんな、気を使っているように思います、流れとしては。

◇上原久実（２年）：　法学部２年の上原と申します。本日はお話ありがとうございました。おふたりに質問したいことが、１点ありまして……死刑制度に対する反対の声が、あまり上がらなかったりとか、あと、最近、凄惨な事件があっても、それに対して、私的に断罪する声がSNSで散見されたりとかして、結構、事件に対して、やはり、被害者に完全に肩入れして見る、そういった見方というのが散見されるなかで、矯正とか保護というワードは、まだ、なかなか広まっていないと思うんです。

そういう、一般大衆に向けて、加害者側の方のことを伝える時に、おふたりが、心持ちとして気をつけていることだったりとか、望んでること等があれば、お聞きしたいです。

■ 被害者側の立場と加害者側の立場、どうバランスを

◇松本：　難しいですよね……被害者側に肩入れする意見が多いのは、確かに、僕らも、記事に対するコメント等を見た時に、多いなと思っていて……ただ、少し的を射た答えではないかもしれないんですけれども、事件には、無罪推定が働いているので、報道も、まずは、そういう目で見てもらったほうがいいのかなというふうに、僕は思っています。それがゆえに、片方の当事者だけではなくて、双方の当事者の意見をなるべくとり入れようという考えが根底にあるんです。

なので、矯正・保護への理解の広がりとの関連で言うと、一方で、これだけ、やり直しのきく社会とか、再犯防止が言われていても、なかなか浸透しないのは、そういう意識によるところもあると思うので、そこを一つ、模様替えするような報道をするためにも、矯正や保護の報道をしないといけないのかなというふうにも思うんです。

◇巡田：　いろいろ、云々、言っても、事件報道は、被害者に引っ張られるというか、同情的になりますよね、なんとなくね。

というのは、加害者に、直接、僕らは取材できないですから。それは、捜査機関から、検事とか、警察から聞くしかないので、そこに、嘘が混じっていたら、大変なんですけれど。だから、それは、紳士協定で、嘘は言わないという暗黙の了解があって。加害者には、直接は……逮捕前はできますよ。ただ、逮捕前も、あまり逮捕が近づいてくると、それはもう、アウトですよね。被疑者に触るっていう感じになりますから。それが現状です。

◇刈田出（２年）：　法学部２年生の刈田と申します。本日は、お話ありがとうございます。おふたりにご質問させていただきます。いろんな報道等を見ていて、実際の受刑者や元受刑者の話とか、映像を見ると、やはり、自分がもともと持っていた、たとえば、「この人は前科持ちだから怖い」「殺人犯らしい」みたいな、そういう地域社会での、家族や本人に対する差別みたいなものが、どうしても、自分のなかでも、正直、感情としてあってしまうんですけれども。

そういう恐怖が元になってしまう、レッテル貼りや差別等に対して、そういうのを直しうる、修正しうる情報には、どういうものがあるとお考えですか、もしくは、ないとお考えでしょうか。

■ 差別、偏見への意識を変えていくには

◇松本：　これはもう、地道な報道、地道な啓発しかないのかなと、我々ができることは。たとえば、５、６年前に、新宿歌舞伎町に、元受刑者、刑務所出所者たちでつくる居酒屋【※】というのができまして。その取材もしたんですけれども。やはり、そ

こで働く人たちは、すごく前向きだし、で、料理も美味しい。

まあ、その後、継続的に行ってないんですけども、おそらく、皆さん順調に……なかには、離脱したという人もいるかもしれないんですけれども、社会復帰しているようなので。

そういう、前向きな報道、ニュースを届けることで、少しは、おっしゃっていた、レッテル貼りといった意識がなくなっていくといいかなと、個人的には思ってます。

◇巡田：　いや、なかなか難しい質問ですけど、先ほど、啓発ということが出ましたけれども、やはり、その出所者の居酒屋みたいな、「私たちは、今、こうしてがんばってますけど、みんな全員、元受刑者です」とか、開き直ったほうが、何か、かえっていいような気もしますよね。

もう、ひとり一人の心の動きというのは、読めませんから、どう思うかっていうのは。それは理屈じゃなくて、やはり、そういう、目に見えるかたちで、開き直って、それで、もう、「ああ、出所者か……」って思って、近寄らない人は、近寄らない人でいいんじゃないでしょうか。そんな、綺麗事じゃないですからね。

ただ、まあ、やっぱり、当然、出所者にも家族がいるということを考えたら、そうそう差別というか、白い目だけでは見れないですよね。子どもがいたり、親がいたり、おじいさんがいたり、その人にも、そうなんだっていうのを考えるとね。そうすると、だんだん、普通の人と同じで、懸命に生きてるんだなっていうのが、わかるんじゃないかなっていう気がしますよね。

◇刈田（２年）：　あと、取材をしていて、制限があったから等々、たとえば、自分自身はこういう報道とか情報提供が必要だと思うけど、それはちょっと、新聞の記事にするのは、やりすぎだとか、必要ないからやめておこうとかの理由で、報道を断念してしまった内容等あれば、是非、教えていただきたいです。

■ 報道を差し控えたようなことは……

◇松本：　そうですね、たとえば、あの先ほどの、再犯防止に関して国が数値目標を立てた、そういうニュースがあったとしますよね。で、５年で２割減らすとなった時に、この５年で２割減らせませんでしたとなった時に、それは、報道しますよね。で、たとえば、６年目で達成した。これも報道するんですけれども、６年目にも達成しなかったっていう時に、実は、これは、あまり報道されなくて……基本的に、政策を継続的にウォッチしたい立場としては、これは記事にしたいと思うんですけれども、「読者にインパクトがないじゃないか」とか言われたら、ボツになったり、そういうことも、それなりにあります。

◇巡田：　これ、現実の問題で……罪を犯した人で、裁判で確定。そして、取材できるのは、これは、無期懲役囚までですよね。で、僕は、死刑囚を取材したいと思ってるんです。だけど、これは、絶対駄目なんですよ。

これは、もうずっと、僕は、死刑囚をインタビューしたいと思ってるんですけれども、これはもう、身柄を持ってる当局、法務省、検察の意思で、駄目ですね。それは残念ですね。

closing comment

◇西田 博（更生支援事業団 代表理事）

今日はどうもありがとうございました。私、法務省の役人をやっている時、矯正局にいて、メディアの方たちというのは、実は、辞める10年ぐらい前までは、あまり好きではなくて、できれば避けようと、ずっとしてたんです。

で、それが、矯正局参事官をやり始めた頃に、どんどんどんどん、もっともっと、メディアの人たちに、刑務所の中に入ってもらって、刑務所のことを報道してもらおうと思い始めたんです。

その理由は何かというと、皆さんとはまったく考えが違っていて、受刑者というよりも、私の場合は、職員が大事だったので、受刑者の取材でいいので、その報道を見てもらって、職員のことも世の中に発信してもらって、知ってほしかったんですね。

で、そうじゃないと、先ほど、巡田さんが言われたように、職員というのは、受刑者と同じで、ずっと塀の中にいて、世間も狭いし、なかなか世の中のことをわからないということもあるかもしれないんですけど、職員、刑務官って、すごく真面目に考えていて、たとえば、受刑者をきちんと健康に生活をさせて、できるだけ健康なかたちで娑婆（しゃば）に出すということを、何よりも考えていたりするんですね。

そんなことで、地味ですから、なかなか世の中の人にわかってもらえないので、是非、そんなことを世の中に出していただきたいということで、それで、マスコミの方と、仲良くするようにしました。

そして、矯正局長になって思ったのは、やはり、メディアというのは、組織にとっては、非常に緊張感のある関係なんですけれども、それでも、とても大事なんだなあと思って……嫌なこともいっぱい書かれて、腹の立つことも多々ありますけれども、今、考えると、いろんなことを言ってもらって、書いてもらって、本当によかったなと思います。

その意味で、今日お話いただいた、おふたりには、非常にお世話になったんですけれども、特に、巡田さんには、もう長いお付き合いで。本当に、おふたりには、刑務所のことをいろいろ発信してもらって、辞めた今でも、非常にありがたく思って、感謝しております。本当に、今日はありがとうございました。

◇小西暁和（早稲田大学 法学学術院 教授）

ありがとうございました。本日は、矯正や保護に対する深いご理解のもとに、取材されてきた貴重なご経験、お考えを拝聴できて、本当にありがとうございました。学生の皆さんも、なかなか、取材の第一線で活躍されておられる方々から、お話を聞く機会は、ないことでしたので、本当に貴重な時間だったと思います。

先ほども、西田さんがお話しされていましたけれども、だんだんと、塀の中の取材というものが広がって、視聴者、読者からしても、メディア情報が増えているように感じています。

前回、島根あさひ社会復帰促進センターに関して大林組の歌代さんのお話にあったような、「プリズン・サークル【※】」という映画、その施設内の撮影の許可が得られたというようなことも、結構、大きな変化ではないかなとも感じています。

やはり、視聴者、読者といった、我々一般の、国民、市民からすると、塀の中で何が行われているのかを知るということが、先ほども触れましたように、裁判員制度のもとで、裁判員として、刑罰というものを目の当たりにする機会があるなかでは、やはり、しっかりと知っておく必要があると思います。

また、刑事司法に関わる行政への評価について、投票をするというような有権者としても、これは当然、きちんと知っておく必要があるというようなことからも、非常に意味があるものだと思います。

また、一般的には、刑務所や犯罪に関して、かなり偏見があると思うんですね。先入見（せんにゅうけん）が非常に大きい。それが、解消される、大きなきっかけにもなっているのではないかなと感じます。

そして、それは、働いている職員の皆さんにとっても、一般の人たちの見方が変わるということによって、その社会的な認知が高まることにもなりますし、職員の方たちにとっても、安心して働けるし、社会的にも信頼されているんだという、自信にもつながっていく、非常に重要なことではないかなと、お話をお伺いしながら感じました。

やはり、今後も、さらなる風通しのよさということが大事であるなというのは、これまで、6回を通じたこの特別連続講義のなかでも感じてきたところですので、このメディア、報道という面に関しても、是非、これからも、私たちに、正確に、施設の中で何が起こっているのかを、お伝えいただければと思います。

本日も長時間にわたりまして、本当にありがとうございました。

（授業実施　2021年9月10日）

〈補足解説〉

※森荷葉（もり・かよう）：和文化プロデューサー。株式会社荷葉亭代表取締役社長。和文化を現代に生かすイベントの企画プロデュースや、和の空間デザインなども手がける。

※ゴルゴ松本（ごるご・まつもと）：お笑いコンビ「TIM」のメンバー。2011（平成23）年から、ボランティアとして少年院の慰問・講演会活動を続けている。

※クレプトマニア：反復的に窃盗行為をしてしまう精神疾患の一種。「窃盗症」や「病的窃盗」とも呼ばれる。

※山本譲司（やまもと・じょうじ）：154頁ご参照。

※犯罪対策閣僚会議：「世界一安全な国、日本」の復活を目指し、関係推進本部及び関係行政機関の緊密な連携を確保するとともに、有効・適切な対策を総合的かつ積極的に推進するために、随時開催される内閣総理大臣主宰の会議。

※「塀の中の中学校」（JNN/TBS テレビ 報道特集）：
「『塀の中の中学校』の今」（2021年4月17日放送）。〈長野県の松本少年刑務所には、「塀の中の中学校」がある。義務教育を受けられなかった受刑者たちへの教育を行ってきたその場所は今、どのような役割を担っているのか？受刑者たちと高校生との野球の交流試合も。〉（TBS「報道特集」HPより）

※教育刑 / 応報刑：教育刑とは、刑罰の本質を、犯罪者の社会復帰のための教育（改善、更生）にあるとする目的刑論（目的刑主義）における刑の考え方の一つ。この目的刑論（目的刑主義）に対して、応報刑論（応報刑主義）においては、応報刑として、刑罰の本質を、犯した罪に対する報いにあるとする。

※大井造船作業所：民間企業である株式会社新来島どっくの敷地内で、外塀や鉄格子もない本格的な開放処遇を日本で初めて実施した松山刑務所の構外泊込作業場。
※「死刑を免れた男たち」（JNN/TBS テレビ 報道の魂 / 報道特集）：
「死刑を免れた男たち～無期懲役囚の実態」（2012年2月20日放送）。
「死刑を免れた男たち～仮釈放後の生活」（2019年5月18日放送）。〈全国で1800人いる無期懲役囚。刑法改正で仮釈放がほとんどなくなり、高齢化が進む。仮釈放で社会に出た無期懲役囚を取材、「死刑を免れた男たち」の素顔に迫る。〉（TBS「報道特集」HPより）
「死刑を免れた男たち～仮釈放の現実」（2020年6月6日放送）。〈死刑に次ぐ重罰を科された無期懲役囚。報道特集は30年以上服役した無期懲役囚の仮釈放直前から社会に出るまでを初めて取材した。高齢化が進む塀の中の現実とは。〉（TBS「報道特集」HPより）
「死刑を免れた者たち」（2021年1月30日放送）。〈1800人に及ぶ無期懲役囚。その実態とは？女子の無期懲役囚も初めて取材。〉（TBS「報道特集」HPより）

※塀の中の中学校（TBS テレビドラマ）：2010年10月11日にTBS系列にて放映された単発のテレビドラマ（脚本:内館牧子、企画協力:巡田忠彦）。長野県松本市にある「松本少年刑務所」の中に実在する「松本市立旭町中学校桐分校」を舞台にした「生徒」と先生との交流を描いた作品。過去にJNN報道特集のシリーズで数回にわたって放映されたルポルタージュがモチーフとされて、日本のテレビドラマ史上初めて実際の刑務所内での撮影が実施された。平成22年度文化庁芸術祭参加作品。2011年モンテカルロ・テレビ祭テレビ・フィルム部門でゴールデンニンフ賞（最優秀作品賞）、モナコ赤十字賞、最優秀男優賞（渡辺謙に対し）を受賞。

〈補足解説〉

※行刑密行主義：刑務所などの刑事施設の運営や刑の執行等に関する情報を社会に公開しないようにするあり方。

※古松園：更生保護法人備作恵済会古松園。岡山県岡山市にある更生保護施設。

※松本サリン事件：1994（平成6）年6月27日に長野県松本市で、オウム真理教教徒らによって神経ガスのサリンが散布され、死者8人にも及んだ無差別殺傷事件。事件後、被害者でもあった河野義行氏が、多くのマスコミにおいて公然と犯人として扱われ、過熱した報道により多大な二次被害を負うこととなった。

※更生保護施設等：71頁ご参照。

※メディア・スクラム：社会的な関心を呼ぶような事件や事故が起こった際に、その関係者等に多数の過熱した取材陣が押し寄せ、強引な取材等を行なうこと。集団的過熱取材ともいう。

※駆け込み居酒屋：出所者を支援する一般社団法人再チャレンジ支援機構と、全国で飲食店等を展開する株式会社セクションエイト系列の企業が連携する形で、東京都新宿区の歌舞伎町に開業された居酒屋。出所者達を積極的に受け入れ、その人生の過去も未来も優しく包み込みたいという思いのもと、出所者の再犯防止と社会復帰を支援することで、新たな被害者を生まない社会づくりへの寄与を目指すということで、話題となった。

※「プリズン・サークル」：197頁ご参照。

future viewpoint

【学生の視点】

新たなる矯正・保護を目指して

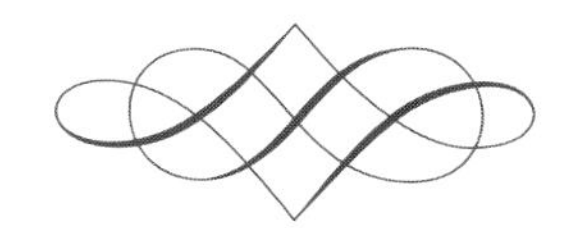

opening comment

◇小西暁和（早稲田大学 法学学術院 教授）

これまで、6回、特別連続講義を行ってきました。様々な先生方にご講義をいただき、それに学生たちの目線から、いろいろな質疑応答、ディスカッションを深めてまいりました。

そこで、最終回となる今回は、「学生の視点」ということで、学生がこれまで学んできたなかで、様々感じたこと、考えたこと等も踏まえ、そして、これまでご登壇いただきました先生方にも再びお越しいただいて、「新たなる矯正・保護を目指して」というテーマでディスカッションを行いたいと考えています。

次世代を担う学生の皆さんのそれぞれの視点で、これまでのご講義を拝聴したなかで、様々、感じたこと、考えたこと、学んだこと……あったかと思います。ついては、今回、最後の回として、これまでのご講義でどういったものが得られたのか、また、今後、新たな矯正・保護の方向性として、どのようなものが考えられるのか、学生の皆さんに発表してもらうということを、行いたいと考えました。

では、本日は、3名の学生に、まず、発表をしてもらいます。4年生の小野百絵子さん、4年生の横溝菜緒さん、そして、3年生の市川莉子さん、この3名の学生たちに発表してもらいたいと思います。

そのあと、これまでご登壇いただきました先生方、西田博元矯正局長、現在、一般社団法人更生支援事業団代表理事をつとめられておられます。また、本学法学部のご出身で、前矯正局長となります大橋哲さん。
そして、新たに、本学法学部のご出身で、現在、法務省矯正局更生支援管理官でいらっしゃる、西岡慎介さん。そして、保護司として長らくご活動され、先日、法務省で瀬戸山賞【※】をご受賞された、中澤照子さんにもお越しいただきまして、コメントをいただくということを考えております。
そして、その後、学生たちを交えながら、議論を深めていくということで本日の構成として予定しております。
ではまず、先ほども紹介させていただきました３名の学生から発表をしてもらいたいと思います。まず、４年生の小野百絵子さん、よろしくお願いいたします。

presentation 1

「地域社会」の視点からみた矯正・保護の姿

小野百絵子

（４年）

小西ゼミ４年生の小野百絵子と申します。本日はお時間をいただき、ありがとうございます。私は、「『地域社会』の視点からみた矯正・保護の姿」について発表させていただきます。どうぞよろしくお願いいたします。
まず、これまでの６回のご講義を踏まえて、「地域社会」と「矯正」との関わりについて、私が学ばせていただいたことを整理したいと思います。
よく、「犯罪は社会を映す鏡だ」と言われています。たとえば、以前は、暴走族による暴走行為が注目されていましたが、現在は、SNS 犯罪や詐欺の受け子等の犯罪が行われるようになっていて、犯罪は時代とともに移（うつ）ろう、地域社会を反映したものになっていると考えています。
そして、ここまでの６回のゼミでは、国、当事者、保護司、医療・福祉、事業者、メディア、という６つの視点から、犯罪をした人への処遇に、様々なかたちで関与されている方々のお話を伺ってきました。それを踏まえて、それぞれの６つの立場から、地域社会や矯正、保護が「どのような姿に見えるのか」、異なってくるのではないかと考えました。

■ 第6回までのゼミについて理解したこと

今回は、6回のゼミを通じて理解した、それぞれの立場から見える「地域社会」の姿、「矯正」の姿について考えたことを述べていきます。

まず、「国の視点」からは、施設内処遇が地域社会と繋がっていくこと、つまり、内から外に開いていくことの大切さと難しさについて知りました。印象に残ったのは、「矯正」の担い手である現場の刑務官の方々等、行刑に携わる方々もまた、地域社会の一員であるということです。

□ 国の視点：「地域社会」の一員である矯正

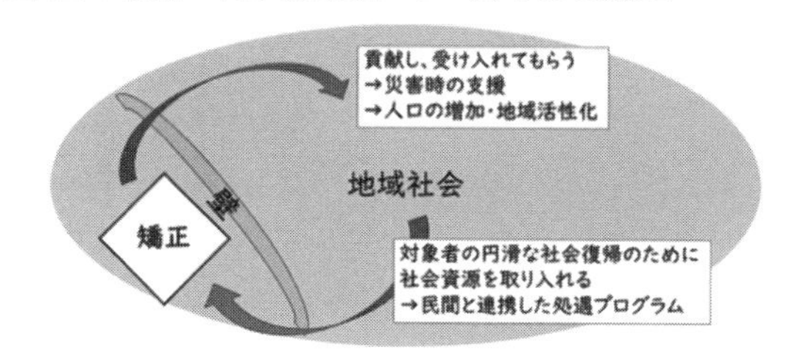

矯正施設は、物理的な「壁」だけでなく、地域社会からの偏見などの「壁」にも囲まれています。ですが、この「壁」を乗り越えるための、「矯正」の側から地域社会に向けた様々な取り組みをご紹介いただきました。たとえば、災害時の備蓄や地域活性化、地域社会の資源と矯正施設とが連携した就労支援等の取り組み等です。

その一方で、「当事者の視点」については、本来ならば地域の医療・福祉の領域で治療されるような人が、犯罪者となってしまっていることもあると感じました。たとえば、薬物の自己使用事犯者等がそうした人々に該当すると考えます。

□ 当事者の視点：「地域社会」からの断絶

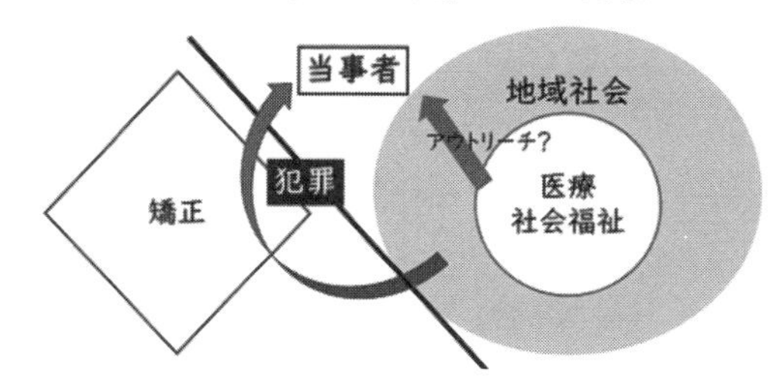

また、刑事司法・行政が、こうした対象者を抱え込みすぎてしまうことへの懸念があることも知りました。それは、矯正や更生保護の段階に至る前に、つまり、犯罪者になってしまう前に、社会の中で生きづらさを抱えた人にアウトリーチしていけな

かったのか、という問題提起につながっています。一度犯罪をすれば、それは対象者にとって強力な負のレッテルとなります。そして、対象者が「矯正」の段階から離れたとしても、依存症や貧困・孤独等の生きづらさは一生涯続きます。

そのため、まず、地域社会の医療・福祉的な支援を、支援を必要とする当事者にうまく届ける必要があると感じました。まとめとして「当事者の視点」からは、「矯正」は、地域社会の一員ではなくて、地域社会からの断絶、そのものであるということに留意しなければならないと理解しました。

第３回目の「保護司の視点」からは、ご紹介いただいたエピソードの一つ一つから、保護司制度の限界を超えて、相手のことを個人的に気にかけ続けるということの重みを知りました。地域社会というよりは、「あなたと私」という、個人的な、顔がわかる関係性のなかで保護司活動が捉えられていると感じました。

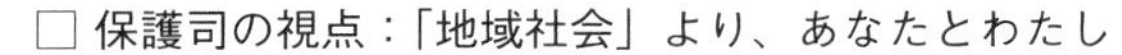

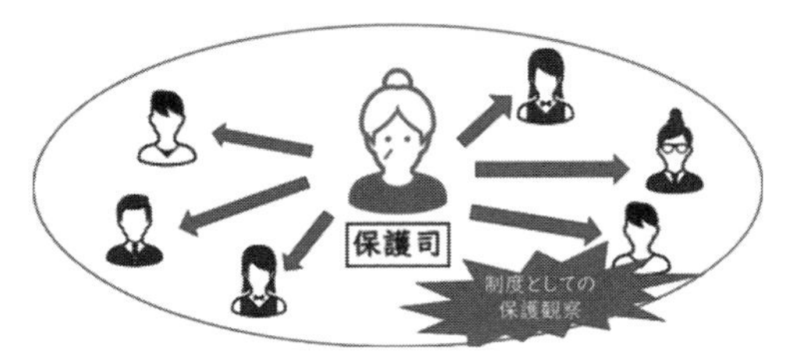

他方で、保護司さんの個人的な善意というものが保護観察【※】という公的な制度のなかでとても大きなウエイトを占めているということへの課題についても痛感しました。

第４回目の「医療･福祉の視点」からは、医療･福祉的なニーズを抱えた人もまた、社会から断絶されているのではないかと感じられました。ここには、問題を抱えて困っている人がいるのに、それに関与することを避け、見て見ぬふりをする「地域社会」の存在があると思います。そうした見て見ぬふりの帰結として、「矯正」には、医療･福祉的ニーズを抱えた人が数多く集まってきている、とも考えました。

□ 医療・福祉の視点：「地域社会」が疎外しているもの

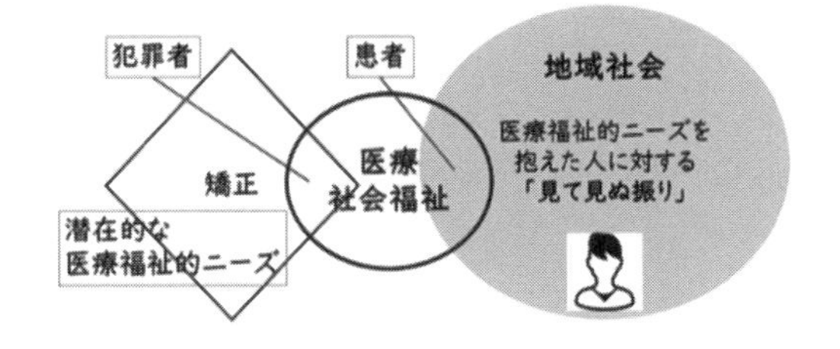

ここから、潜在的な、医療・福祉的なニーズを抱える人を顕在化し、顔がわかる、「あなたと私」の関係性を持って当事者のリアルを知る人を、地域社会のなかで、ひとりでも増やしていくべきだと思います。

第５回目「事業者の視点」からは、取引相手、ビジネスパートナーとしての「矯正」の姿を知ることができました。ここでは、地域社会は、価値を提供して対価を求めることができる顧客というふうにも捉えられます。

□ 事業者の視点：「矯正」というビジネスパートナー

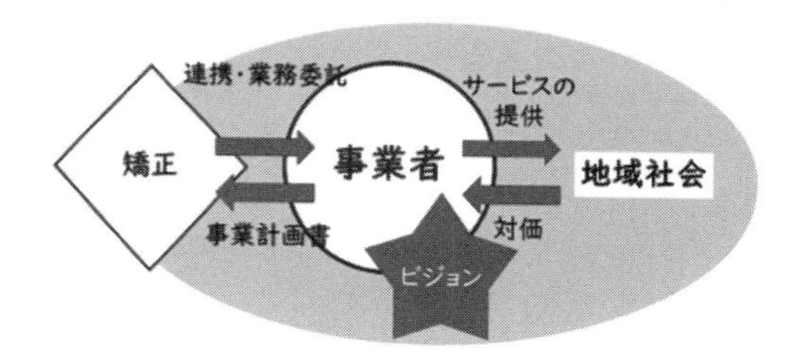

事業を行うということは、あくまでも地域社会において、より良い社会を実現する等のビジョンを実現するための手段の一つであり、利益をあげること、それ自体が目的ではない、と考えました。

ここから、先ほど述べた、顔がわかる、「あなたと私」の関係性の他に、もう一つ、対等な契約関係に基づいた「矯正」と地域社会との関わり方が可能なのではないかというふうにも考えました。

最後に、「メディアの視点」からは、取材対象としての「矯正」と「保護」を知ることができました。

□ メディアの視点：「矯正」という取材対象

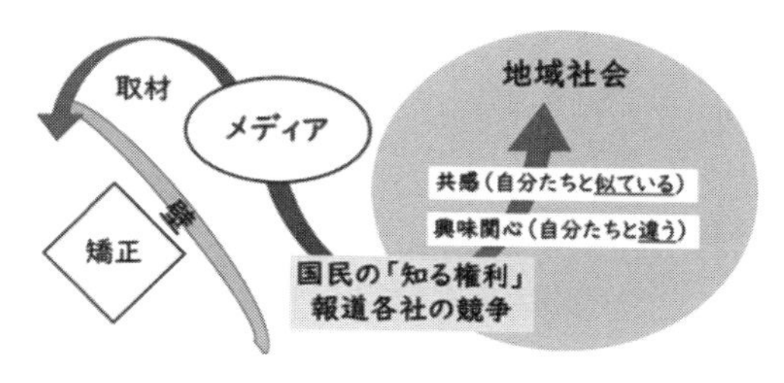

自分たちと似ている、という地域社会からの共感や、自分たちと違う者への興味関心を引き出す題材として、ここでは「矯正」と「保護」が捉えられていると思います。

「矯正」の側から見れば、メディアの報道を受け入れることは、「壁」を越えて地域社会に少しでも近づくための手段の一つになり得るということもわかりました。

■ 今後の矯正･保護にとって大事なポイント

以上を踏まえて、今後の矯正と保護にとって大事だと思うポイントを述べます。

それは、地域社会にとっての共感と当事者性を、矯正と保護に対する共感と当事者性に読み替えることだと思います。

まず、矯正・保護と直接関わりのない地域社会の人々から、矯正や保護に対しての理解や協力を得るためには、その人たちから、矯正と保護がどう見えているのかを知る必要があると思いました。つまり、矯正・保護の担い手の側の人たちと、当事者ではない地域社会の人たちとの間にある、感覚のズレについて把握するべきだと考えました。

矯正と保護については、制度、実務と一般社会との間に、刑罰および処遇に対する認識の差があるかと思います。まず､処遇についてみると､刑事収容施設法第30条に、「対象者の社会復帰に役立つものであるように」と､その理念が掲げられていますし、行刑の目的は改善教育ということになっています。

一方で、日本の刑法学では、刑罰の目的は、「応報」とする見解が多数を占めています。地域社会における刑罰への認識も、応報刑【※】、つまり、悪いことをした報いということだと思います。

□ 制度と実務と一般社会の認識の差

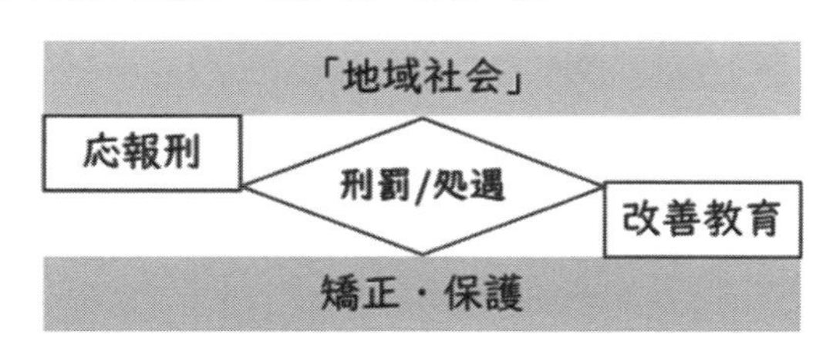

また、2017年の内閣府の「治安に関する世論調査」(次頁)によると、「犯罪に対する刑罰が軽い」と回答した人は、回答者全体の38.4パーセントでした。

厳罰化を望む声は、社会に一定数存在していますし、それは、悪いことをした報いが必要だ、という意識の裏返しなのではないかと考えました。

そこで、こうした意識を変えたり、なくしたりすることよりは、地域社会の側が求めている本質的なものを汲み取り、矯正と保護が、それを提供できる存在となることによって、その必要性を理解してもらうことが大切だと考えました。

□ 治安に関する世論調査：概要（内閣府）

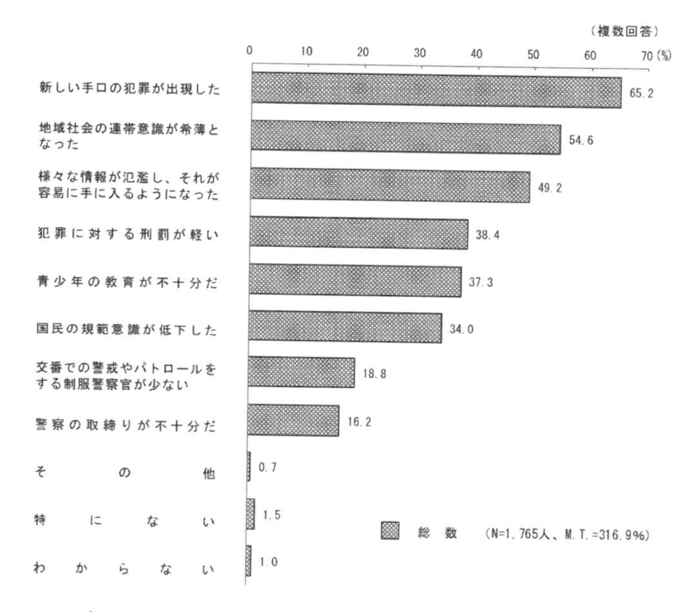

（https://survey.gov-online.go.jp/hutai/h29/h29-chiang.pdf）（2021 年 11 月 27 日閲覧）

ここで再度、グラフをみると、「地域社会の連帯意識が希薄となった」と回答した人は、全体の54.6パーセントでした。この数値は、連帯したいという意識や、連帯によって治安の悪化を防ぐことができるという意識を持つ人が、地域社会のなかでも、過半数を占めているということを表すと思います。

人々が連帯を求める背景には、地域社会の繋がりの希薄さ等に対する孤立感があると思います。この孤立感を埋めるものは、人との関わりのなかで得られる「共感」や「支え」ではないでしょうか。

□ 共感と当事者性の読みかえ

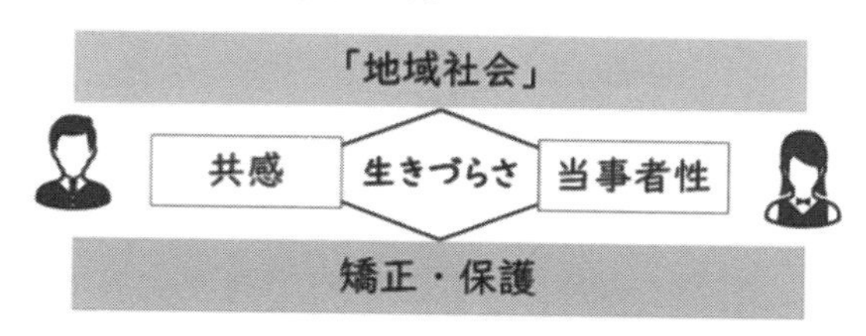

また、孤立感の他にも、地域社会のなかには、多様な生きづらさが存在しています。犯罪をした人がより良い人生を送ることに対して地域社会からの理解や共感を得た

り、矯正や保護それ自体に対して人々に当事者意識を持ってもらうことは難しいとしても、犯罪をした人が抱える根本的な生きづらさとその解消方法に対してであれば、共感や当事者性を、地域社会の方々に抱いてもらえると思います。

■ **矯正・保護における新たな取り組みの提案**

最後に、矯正と保護が、地域社会から、その必要性を認知され、包摂されるための具体的な取り組みについて、私が考えたことを述べさせていただきます。

まず、「矯正」の側から見るよりも物理的・心理的に遠い「地域社会」に対して、矯正や保護の必要性を認知され、包摂されていくために、現状行われている行刑改革をさらに推進していくべきだと思います。

□「地域社会」の視点からみた矯正・保護の姿

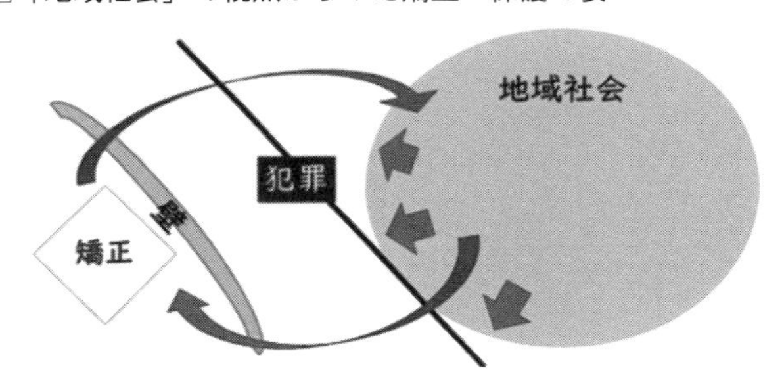

具体的には、以下、それぞれの視点ごとに挙げさせていただきましたが、地域社会における生きづらさ、それ自体にアプローチしていくことが何より必要だと思います。

まず、犯罪と関わりのない医療・福祉の段階、それ自体をもっと充実させ、アウトリーチの幅を増やすことが大切だと考えます。具体的には、障害を有する人や、独居の高齢者、困りごとを抱えやすい人等への声がけが挙げられると思います。

□「地域社会」から必要性を認知され包摂されるには _1
＊医療・福祉それ自体の充実
障害を有する人や独居の高齢者など、困りごとを抱えやすい人への声掛け。

次に、矯正・保護と対等な立場で交渉する民間の事業者を、より一層増やすことが挙げられます。これについては、保護観察や、地域社会と連携した行刑の取り組みにおいて、ボランティアで行われていることについて、事業化できないか等の検討をすべきだと考えました。

□「地域社会」から必要性を認知され包摂されるには _2
＊矯正・保護に携わる民間の事業者をより一層増やす
ボランティアで行っていることについて事業化できないか検討。

３点目に、犯罪の被害者側の人にも、加害者側の人にも、当事者に寄り添った情報提供と情報発信をすすめていくべきだと考えます。

犯罪の被害者の方もまた、被害を受けたために生きづらさを抱えることになる場合が少なくないかと思います。ただし、被害者の方への補償は近年着目され始めたばかりであるために、加害者の社会復帰支援に対してだけでなく、そもそも、被害者支援への地域社会の意識も希薄ではないかと感じています。犯罪の両当事者に対する包括的な支援を行うために、適切な情報提供・情報発信を行っていくべきだと考えました。

□「地域社会」から必要性を認知され包摂されるには _3
＊被害者と加害者、両当事者への情報提供と情報発信（メディア）
加害者の社会復帰支援に対してだけでなく、
そもそも被害者支援への地域社会の意識も希薄ではないか。

４点目に、保護司制度について、必要経費の適正な支給や、交流や活躍の場をもっと増やすことをすべきだと考えます。保護司制度においては、保護観察対象者の本音を保護司が受け止めることが想定されているかと思いますが、それとともに、実際の保護観察の担い手の保護司の本音も、また、制度上聞き取られるべきかと思います。

□「地域社会」から必要性を認知され包摂されるには _4
＊保護司制度など、持続可能なように制度を見直していく
必要経費の支給、他の担い手との交流や活躍の場を増やす。

最後に、地域社会の活性化について、参加者も、その地域社会の活性化の担い手の側も、何らかの楽しさを感じられるような取り組みを推進していくことが必要だと思います。

□「地域社会」から必要性を認知され包摂されるには _5
＊当事者を取り巻く地域社会の活性化に資する矯正・保護
学校現場での教育、お祭りなどの地域住民が集うイベント。
〈担い手と参加者が楽しいことが大事〉

具体的には、学校現場での教育や、お祭りなどの地域住民が集う場において、矯正や保護に対し「必要なものだ」「頼りになる」といったプラスの印象を持ってもらえるようなイベントを開催することが考えられます。こうした取り組みを、今後、より積極的に行っていくことが大切だと思いました。

そうしたことの積み重ねにより、徐々に、地域社会の人々に犯罪という行為の背景にまで目を向けてもらうことができるのではないでしょうか。そして、犯罪行為の背景にある生きづらさについては、「何らかの形で自分も当事者になりうる社会問題のひとつ」として、捉え直してもらうことができると思います。

□「地域社会」から必要性を認知され包摂されるには

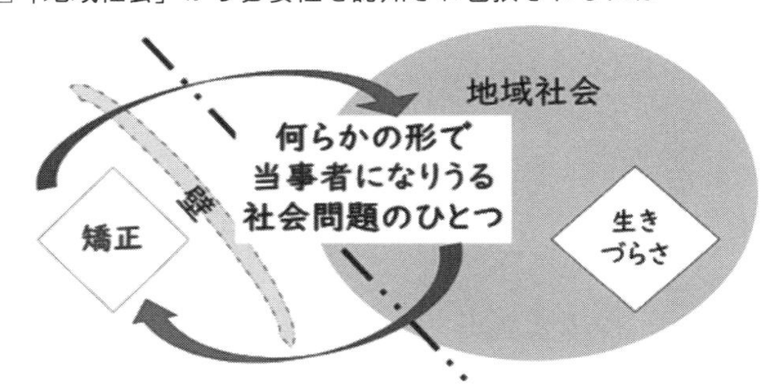

私自身、来春から法務省保護局で保護観察官として働く予定ですが、大学に入学したころは、保護観察という制度自体を知りませんでしたし、犯罪をした人は悪い人である、と素朴に考えていて、興味関心自体も最初はあまり持っていませんでした。

ただ、大学に入学してから、「生きづらさ」については意識することが増えました。そのきっかけの一つは、大学でできた友人がうつ病等の生きづらさを抱えていましたが、私がその友人に上手く寄り添えなかったということです。

その友人の不器用さや生きづらさ自体には私も強く共感していたのですが、ただ友人の傍にいる、ということができず、相手を傷つけてしまったように思います。そのことを長く後悔していました。

そのあとで、生きづらさを抱えた人に寄り添えるようになる方法を真剣に探すようになりました。ボランティアやゼミ活動を通じ、私は、ただ参加をすることと継続するということはまったく違うということや、自分の未熟さや活動の難しさを感じていますが、生きづらさを抱えた人への寄り添い方について、数多く学ばせていただきました。

そうした関わりの入り口は、別に、「再犯防止」でなくてもよく、生きづらさを同じように抱えている者としての共感や挫折の経験でもいいのだと思います。

また、最終的に矯正と保護が目指すべきこととしては、地域社会から、職員や担い手が信頼され、胸を張って、または、何の気がねも衒(てら)いもなく、当たり前のこととして、自分たちのやっていることを、人に紹介できるようになることだと考えます。

□「職員の処遇」とは

〈地域社会から信頼される矯正・保護〉

＊職員が誇りを持てること

胸を張って職業を紹介できること

＊学校の先生、病院のお医者さん、

交番のお巡りさん、

刑務官さんや保護司さん

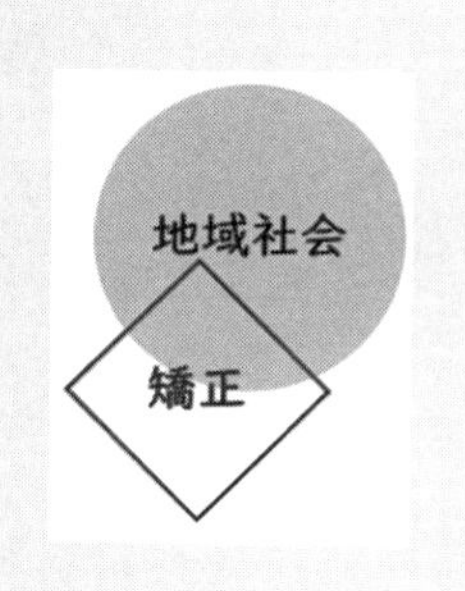

行刑改革を推進するなかで、学校の先生や、お医者さん、おまわりさんと同じように、刑務官さんや保護司さんが認識されるように、地域社会の中におけるこうした人たちの活躍の場をもっと増やしていくべきだと思います。

以上を踏まえた発表のまとめは、このようになっています。

□ 発表のまとめ

〈第6回までのゼミについて理解したこと〉

＊「矯正・保護」から見た様々な「地域社会」

〈今後の矯正・保護にとって大事なポイント〉

＊刑罰に対する認識の差

〈矯正・保護における新たな取り組みの提案〉

＊行刑改革のさらなる推進

まず、処遇を行う側と、そうでない側には「刑罰」に対する認識の差があり、それはなかなか埋めるのが難しいと認めることが大事だと考えました。

それを前提としたうえで、犯罪という特別なものに対してではなく、誰もが抱える生きづらさに対して、自分事として捉えてもらえるような改革を、さらに推進していくべきだと思います。

発表は以上です。ご清聴ありがとうございました。

なお、発表準備にあたり、TA（Teaching Assistant）の吉川優太郎さんにたくさん相談に乗っていただきました。この場を借りて御礼申し上げます。

presentation 2

社会復帰のうえで大切なこと

横溝菜緒

（4年）

こんにちは。小西ゼミ４年生の横溝菜緒です。これから特別連続講義「学生の視点」として、私の意見、考えを発表させていただきます。よろしくお願いいたします。

まずはじめに、これまでお話しいただいた各ご講義を振り返らせていただきます。ここでは、私が感じた、罪を犯した方が社会復帰する際に必要なことをまとめたものを踏まえて、お話をさせていただきます。

そして、次に、ご講義を踏まえて見えてきましたキーワードのほうを紹介させていただき、そちらについて詳しい説明を述べます。

その後、今後の方向性や、そのなかで、私たち学生、特に、大学生がどのようなことができるのかについて述べ、最後のまとめとさせていただきます。よろしくお願いいたします。

■ 各講義の要旨

それでは、まず、各ご講義の振り返りとなります。

まずはじめに、「国の視点」からは、地域社会と社会復帰、社会復帰後まで、連携をとることが重要だというお話がありました。

> □ 各講義の要旨① - 国の視点 -
> 〈社会復帰のうえで大切なこと〉
> ＊地域社会と社会復帰後まで連携をとること

具体的に、私は、罪を犯した人が社会復帰をする時に、実際に頼れる人がいなかったり、頼り方がわからなかったりすることで、再度、罪を犯さないよう、その人が社会のなかで居場所を持っているという状況をつくりだすべきなんだな、と感じました。

続いて、「当事者の視点」においては、社会復帰のうえで大切なこととして、人に寄り添うこと、本人の意思を尊重すること、が挙げられました。

□ 各講義の要旨② - 当事者の視点 -
〈社会復帰のうえで大切なこと〉
＊人に寄り添うこと　＊本人の意思を尊重すること

実際に、社会復帰をするうえでは、その人の、どう生きていきたいかという意思も大切になりますし、ダルクについてご説明いただいたなかにも、その人の嘘にも付き合うことといったお話がありました。

このように、その人自身を受け止めることで、その人の安心感にも繋がり、人を頼りやすくなるため、社会復帰に繋がりやすくなるのかな、と私は考えました。

次は、「保護司の視点」です。こちらの視点において大切だと思った点としては、相手を否定しないことと、存在を認めて向き合うこと、の２点です。

□ 各講義の要旨③ - 保護司の視点 -
〈社会復帰のうえで大切なこと〉
＊相手を否定しない　＊存在を認めて向き合うこと

「中澤さんに心を開いたのは、褒められたから。褒められたからこそ、話を聞いてもらいたくなった」という、十島さんのお話にもあったとおり、当たり前のことを、当たり前にできることとせず、まずは、褒めて、そのことを認めて、相手の存在も認めること、これが大切なのだな、と私自身感じました。

そして次は、「医療・福祉の視点」です。

この回において、私は、想像力を持つことと、支え合うこと、この二つが大切であると感じ取りました。

□ 各講義の要旨④ - 医療・福祉の視点 -
〈社会復帰のうえで大切なこと〉
＊想像力を持つこと（リアルに出会うこと）　＊支え合うこと

想像力を持つということに関しては、しっかりとした制度があっても、運用している側が、その人の持つ悩み等を見落としてしまっているというお話から、でてきた言葉です。これは、相手が、実際に、どんな状況なのかを深く推し量ることができていないことが、理由の一つとして挙げられていました。

この推し量ることができない状態から、できるようになること、これが想像力だというふうに私自身考えました。そして、この想像力を養うためには、「リアルに出会う」

ことが大切だと、ご講義のなかでおっしゃられていました。ただ、表面上や、深く知らずに関わっていくのではなく、実際に、リアルを知り、それを踏まえて、制度を運用していくということが、かなり大きな意味、意義を持つのではないかと感じました。

続いて、「事業者の視点」です。この視点においては、個人の尊重と、心理的なケアを行い、信頼関係を築くことが大切だと、ご指摘されていました。

□ 各講義の要旨⑤ - 事業者の視点 -
〈社会復帰のうえで大切なこと〉
＊個人の尊重　＊心理的なケアを行い、信頼関係を築くこと

犯罪者というようなレッテルを貼るのではなく、その人と向き合って、その人自身を尊重すること。そして、相手の様子を見ながら、話題などを切り替えていき、信頼関係を築くことが、社会復帰のうえで重要だと考えました。

そして最後は、「メディアの視点」です。この視点においては、社会復帰において大切な点として、早い段階での処遇、サポートと、経済面という２点が挙げられていました。

□ 各講義の要旨⑥ - メディアの視点 -
〈社会復帰のうえで大切なこと〉
＊早い段階での処遇、サポート　＊経済面

これは、成人になる前から、社会復帰ができるようなサポートを行い、社会のなかで生活できるような状況を整えておくこと。そして、刑事政策という観点だけではなく、犯罪を社会的な問題として捉え、社会で生活するうえで必要となる経済面、いわゆる金銭面ですね、こちらのほうも補強していく必要があるとお話されていました。

■ そこから見えてきたもの

以上を踏まえまして、見えてきたものは、こちらの二つです。

□ そこから見えてきたもの
〈支え〉　〈偏見〉

まず、「支え」です。「支え」について、私は自分なりに、相手と信頼関係を築いて生きづらさを解消することと、相手を認めること、の２点にまとめてみました。

□〈支え〉

＊相手と信頼関係を築いて生きづらさを解消すること

＊相手を認めること

まず、「相手と信頼関係を築いて生きづらさを解消すること」についてですが、これは、「保護司の視点」や「事業者の視点」においてもご説明いただきましたとおり、信頼関係が一つ、社会に戻るうえで重要であると感じたことからきています。

続いて、「相手を認めること」です。これは一つ目の信頼関係と少し似てはいるのですが、社会における居場所をつくっていくためにも、その人自身をきちんと尊重し、人を頼ってもいいんだ、というような姿勢を見せることが、「支え」に繋がるのではないかと考えました。そして、その人の、社会における居場所をつくることが、社会復帰をするうえで必要なことだと考えたため、社会復帰のうえで一番大切なことと、私のなかで定義しました。

二つ目は、「偏見」です。「偏見」については、犯罪者は恐いというようなもの、もしくは、犯罪を犯す人は悪い人だというようなもので、これは実際に、何か背景があって悩んでいる人が、助けを呼べなくなってしまうという悪影響を持っています。

□〈偏見〉

＊偏見により、助けが呼べなくなってしまう

＊恐怖の対象という偏見

＊社会復帰のための重要な課題

「偏見」により、助けを呼べなくなってしまうことについては、実際に、「当事者の視点」のお話のなかでもあったのですが、たとえば、薬物をやっている方がいたとして、その薬物をやっている背景には、ある物事で思い悩んでいるというような事情があるとします。その悩みが、薬物をやる一つの原因になってしまっているものの、そのような人に対する「偏見」は、今、世の中にすごくあるので、結局、悩み事を相談することがかなり難しくなってしまい、最終的には、誰にも言えず、さらに薬物に依存していってしまう、というようなことです。

そして、「偏見」といったものは、相手を、真の意味で理解し、認めるという「支え」を阻害する要因の一つだと考えたので、入れさせていただきました。

■ 今後

以上を踏まえると、やはり、「偏見」をなくして「支え」に繋げる。つまり、社会

への根本的な理解の促進を進めていくことが必要なのではないかと私自身考えました。

そこで今後としては、「みんなを巻き込んでいく矯正・保護」というものを考えました。みんなを巻き込んでいくというのは、社会全体の「偏見」を払拭し、「支え」を少しでも増やしていくというイメージです。

そこで、そのなかで必要となってくるのが、「大学生が主体的に動く」ということです。大学生を選んだ理由としては、もちろん、今回が「学生の視点」からの発表ということもありますが、大学生は、社会人等と比べて、まず、時間があること、そして、幅広いことができる自由、あるいは、時間があり、役割に縛られることがないこと。また、人脈等を通じて、よりリアルを知りに行きやすいこと。さらに、これが一番、私のなかでは、大きな理由かなと思ったんですけど、学生が行動を起こしているということで、社会人よりも、より注目してもらえる機会が多い、ということが挙げられます。

■ 学生ができること

そして、学生ができることとして、私は、このサイクルを考えました。「リアルを知る」「発信する」「繋がる」のサイクルです。

□ 学生ができること

「リアルを知る」ことと「発信する」ことは、イメージがつきやすいかと思いますが、ここで言う「繋がる」というのは、発信された情報を踏まえて、発信した人と受け取った人、または、情報を受け取った人同士が繋がり、「リアルを知りに行こう」とする姿勢に変わっていくことを指しています。

ここで、「リアルを知りに行く」と関連する、私の経験をお話しします。

私は、実際に、更新会【※】のSST【※】に参加させていただいたことがあるのですが、よく言われている、犯罪を犯した人は恐いというようなものや、悪いといったようなイメージ、また、自分たちとは異なる人々であるという考え方と、実際は、かなり違っているということがわかりました。

□ 学生ができること - 私の経験 -

[こわい] [異なる]

＊すべての人がイメージに当てはまるわけではない。

もちろん、私の感覚が、100パーセントではないことは踏まえたうえで、すべての人が、このようなイメージに当てはまるわけではないということを知りました。

このようなかたちで、リアルを知り、発信していくことが、たくさん増えていったらいいなと思っています。

以上を踏まえて、「リアルを知る」という項目と、「発信する」という項目において、それぞれどのようなことができるのかを、アイデアとしてまとめてみました。

□ 学生ができること

〈リアルを知る〉

・刑務所等への見学 ・実務に携わっている人の話を聞く……etc.

〈発信する〉

・勉強会 ・発表の場を開く ・学生ならではの発信

・リアルを踏まえた展覧会などの開催……etc.

＊そのための手助けをいただければと思います!!

かなり一般的なことにはなっているのですが、「リアルを知る」については、刑務所等への参観、見学、また、実務に携わっている人の話を聞く、といったことです。

そして、「発信する」については、勉強会、発表の場をひらく、学生ならではの発信、リアルを踏まえた展覧会などの開催、となっています。

社会人の方には、このような事柄を踏まえ、学生が行う主体的な社会の理解促進の手助けをいただければと思っております。

ここまでが、私の考え、意見の発表となります。

■ まとめ

それでは、まとめに入らせていただきます。

今回、特別連続講義の各ご講義を踏まえて、私は「支え」と「偏見」というものをキーワードとして取り上げました。

そして、「偏見」をなくし、真の「支え」を促進していくことで、より良いものを目指していけるのではないかと考えました。そこで、まず、「偏見」をなくしていくためには、「リアルを発信していくこと」、それにより「地域社会の理解を得ていくこと」が大切だと思いました。

そのために必要なのが、「大学生の主体性」です。たくさんの機会に恵まれた大学生が、リアルを知り、発信し、人脈を増やしていくことで、全体的な理解に繋がっていくと考えました。

□ まとめ
〈リアルを知る〉 → 〈発信する〉 → 〈繋がる〉
*大学生から社会に発信を

また、より多くの人に関心を持ってもらうための手だてとして、このリアルを知る前は、どうなっているんだと思われる方もいるかもしれませんが、まずは、矯正・保護となると、一般の人々にとっては、あまり知識がない、わからないこととなりかねないので、まずは、法律等、法学部で学んでいるようなことに関心を持ってもらう必要があるのではないかと感じております。

このように、私は、学生の立場から偉そうなことを言ってしまっているのですが、私は、そこまで、このサイクルをうまく回せていた学生ではなくて、今回、このような機会をいただいて、学生の持っている力というのは、かなり大きなものなのではないかなとあらためて感じたひとりです。

今後、私も、少しでも発信をしていって、ひとりでも動く学生が増えたらいいなと思い、この発表をさせていただきました。学生から、社会に発信する機会が、これから多くなっていけばと思います。

以上です。ご清聴ありがとうございました。

presentation 3

社会復帰しやすい世の中に向けて

市川莉子

（3年）

早稲田大学法学部小西ゼミ 13 期の市川莉子です。よろしくお願いします。4月から始まった特別連続講義として、これまでお話しいただいたテーマをもとに、「学生の視点」から考えたことを発表させていただきます。

■ 各テーマのまとめ　～印象に残った点と気づいた点

まずはじめに、これまでの全6回のテーマを振り返ります。各テーマにおいて、印象に残った点と、そこから私が気づいた点について、お話しします。流れとしては、各講義の内容を、ひと言で表してから、まとめに入らせていただきます。

第1回目の「国の視点」では、刑務所のなかの力のみでは、完結させず、外の力と連携する矯正について学びました。

□ 国の視点
　＊刑務所の中の力のみでは完結させず 外の力とも連携する矯正
　--
　「閉鎖的」な刑務所
　　　　↓
　・自治体や農業組合、民間企業などと連携した職業訓練や作業
　・自治体との防災協定で、災害時に矯正施設を避難所として使用 など
　　　　↓
　「地域と共生する」刑務所
　〈出所者が地域に帰る基盤へ〉

行刑改革がなされる前までは、刑務所の職員の方で、様々な教育を担うなど、塀の外と言われる、刑務所外とのやり取りがされにくかったため、刑務所はかなり閉鎖的と言われていました。

しかし、行刑改革により、刑務所が所在する自治体や、その地域の農業組合、民間企業等、刑務所外の機関と連携をした職業訓練や作業を行ったり、地震や水害などの災害時にその地域の矯正施設を避難所として利用する等、地域と共生する刑務所へと変化していきました。

これらの動きから、地域と矯正施設の関係性を構築することで、地域で罪を犯した受刑者が、出所後に地域に帰ることができるようにするための、きっかけや基盤づくりに繋がることに気づきました。

そして、第2回目の「当事者の視点」では、罰則や禁止をすることではなく、当事者に寄り添い、向き合うことによる支援について学びました。

□ 当事者の視点
　＊罰則や禁止ではなく 当事者に寄り添い向き合う支援
　--

薬物依存症を抱える人の居場所づくり
・クスリをやめたくてもやめられない人
　　→ 使用することを否定はしない
・やめるには「正直さ」「心を開くこと」「やる気」
　　→ 当事者に寄り添い、受け入れ、話を聞く
〈些細なことでも回復のきっかけに繋がる可能性〉

このテーマでは、薬物依存症を抱える人の居場所づくりにおいて、まず最も驚いたことは、薬物使用をやめたくてもやめられない人に対し、使用することについて、否定はしないということです。

この理由として挙げられるのが、ご講義のなかにもあったように、薬物使用をやめるためには、「正直さ」「心を開くこと」「やる気」の三つが必要となるからです。厳しく罰することよりも、当事者に寄り添い、受け容れて、話を聞くことで、小さなことでも、薬物依存からの回復に繋がるきっかけをつくることができるかもしれないという可能性に気づかされました。

第３回目の「保護司の視点」では、相手を受け容れ、相手に一番近い存在について学びました。

□ 保護司の視点
＊相手を受け容れ、相手に一番近い存在になる

対象者に寄り添い続ける存在
・相手を理解する
・相手を褒めることを通して存在を認める
・言葉をかけ続ける
〈一番の味方として見守ってくれる存在がいること〉

保護司の方々は、対象者に寄り添い続ける存在として、特に、実際の活動についてお話しいただいたなかでも、相手を理解することや、相手の良い部分を褒めることを通して、その存在を認めること、そして、言葉をかけ続ける、声をかけ続けることの大切さに気づきました。

これらの行動が、対象者にとっては、一番の味方として、近くで見守ってくれる存在を実感できることで、更生にも繋がるのではないかと感じました。

そして、第４回目の「医療・福祉の視点」では、ひとり一人に合わせた、切れ目のない福祉支援に繋げる重要性について学びました。

□ 医療・福祉の視点

＊ひとり一人に合わせた 切れ目のない福祉支援に繋げる重要性

期限が来れば終わってしまう保護

・それぞれが異なる状況や課題がある

・当事者の状況と社会をリンクさせる

・必要な支援を伝えるだけではなく繋げる

〈医療や福祉との連携による継続的な支援から社会復帰へ〉

保護観察の対象になる人と、観察期間の終了等、期限が来れば終わってしまう保護や支援ではなく、対象者にはそれぞれに異なる状況や課題があるため、それを社会の現状とリンクさせ、対象者に必要な支援を本人に伝えて、終了させるのではなく、実際に、支援に繋げるまでが、意味のある支援であるということに気づきました。

そして、その支援を、医療や福祉と連携することで、継続的な支援となり、社会復帰へと繋げることができます。

第５回目の「事業者の視点」では、外の力を発揮することで、やり直しが可能な社会にするということを学びました。

□ 事業者の視点

＊外の力を発揮し やり直しが可能な社会に

〜大林組〜（島根あさひ社会復帰促進センター）

・地域の高齢者施設のお手伝い

・地域の高齢者との文通

・耕作放棄地での構外作業 など

→ 地域 × 矯正施設 再入率の低下へ

〜キズキ〜

・自分の考えではなく相手を主体にする

・特性に応じた学習支援

→ 信頼関係の構築から 学び直しへ

〈“再出発”のためのチャンスを誰にでも〉

この講義では、外の力の例として、島根あさひ社会復帰促進センターを受注事業として運営する大林組、そして、学習、授業等の支援を行う、キズキの方にお話をしていただきました。
　まず、島根あさひ社会復帰促進センターでは、受刑者の教育プログラムとして、施設のなかで介護資格を取った受刑者が、地域の高齢者施設に出向いて、介護の手伝いをしたり、地域の高齢者と受刑者との間で文通プログラムを行ったり、さらに、地域で耕作放棄地となっている土地で農業する構外作業など、地域と矯正施設をかけ合わせた処遇プログラムを行うことで、受刑者が出所後に社会復帰しやすくするだけではなく、再入率の低下への効果も期待できます。
　そして、キズキの学習支援については、自分の考えを押し付けるのではなく、相手が望んでいることを考えることで、相手主体に行動することを重視し、そして、ひとり一人の特性に応じた学習支援を行っています。つまり、これは、信頼関係を構築することから、学び直しに繋げているのではないかと感じました。
　この二つの事例から、刑務所の外の力を発揮して、再出発のためのチャンスを誰にでも、という流れに気づくことができました。
　第６回目の「メディアの視点」では、社会に伝えることで、より多くの人からの理解を獲得するということを学びました。

□ メディアの視点
　＊伝えることで より多くの人からの理解を

　刑事施設の取材＝事件判決後の取材
　　→ あまり取り上げられず、知らない人が多い
　記事や映像で報道することで……
　・施設内で更生に向けて取り組む様子を知ってもらう
　・犯罪が起きる背景（貧困や差別などの社会問題）が明らかになる
　〈刑務所や受刑者、犯罪に対する先入観をなくし社会的認識を高める〉

　この講義では、刑事施設の取材や報道が与える社会的な影響について理解を深めることができました。
　刑事施設の取材とは、事件の判決が出されたあとの取材となります。しかし、私たちが普段目にする報道番組では、事件が発生したことや、その内容についてのみ報道されることが、ほとんどのため、判決後については、あまり取り上げられず、知らない人が多いのが現状です。
　そこで、刑事施設について取材し、記事や映像で報道することで、施設内で更生に向けて取り組んでいる受刑者の様子を知ってもらえるだけではなく、犯罪が起きる背景ともなる、貧困や差別などの社会問題についても、明らかになることが期待できま

す。

この講義を通して、メディアの力があることで、刑務所や犯罪に対する世の中の先入観を撤廃し、矯正や更生保護について、社会的認識を高められることに気づきました。

■ 社会復帰に関する世の中の声

次に、社会復帰に対する世の中の声についてです。私たちは、ゼミでの活動や、今回の特別連続講義で、矯正や更生保護について学んでいますが、世の中では、罪を犯した人が立ち直りすることについて、どのように捉えられているのかについて、見ていきたいと思います。

以下のデータは、平成30年に内閣府が行った調査の資料です。

□「犯罪をした人の立ち直りへの協力意向」（平成30年 内閣府）

*思う　53.5%
*思わない　40.8%
*分からない　5.7%

（https://survey.gov-online.go.jp/h30/h30-saihan/gairyaku.pdf）

まず、犯罪をした人の立ち直りへの協力意向について、協力をしたいと思う人が、53.6パーセント、思わない人は、40.8パーセントでした。

ここで協力をしたいと思うと答えた人の協力形態としての回答は、ボランティア等、実際の活動に参加することを選んだ人が最も多い結果となっています。

□「犯罪をした人の立ち直りへの協力意向」（平成30年 内閣府）

*思う　53.5%

・ボランティア活動に参加＿ 41.0%
・広報啓発活動に参加＿ 27.5%
・更生保護施設に寄付＿ 26.9%
・協力雇用主となる＿ 17.7%
・情報発信をする＿ 17.7%
・直接会い、助言や援助＿ 13.1%
・その他＿ 1.8%
・わからない＿ 7.0%

その一方で、協力をしたいと思わないと回答した人の理由としては、「接し方がわからない」が最も多く、続いて、「犯罪をした人と関わることで、自分や家族の身に何か起きないか不安」、それと、「そもそも関わりを持ちたくない」という回答が目立ちました。

□「犯罪をした人の立ち直りへの協力意向」（平成 30 年 内閣府）

＊思わない　40.8%

「協力をしたいと思わない理由」

・犯罪をした人とどのように接すればよいかわからないから＿ 44.9%

・自分や家族の身に何か起きないか不安だから＿ 43.0%

・犯罪をした人と、かかわりを持ちたくないから＿ 35.5%

・具体的なイメージがわかないから＿ 24.7%

・時間的余裕がないから＿ 24.4%

この調査からわかるとおり､社会復帰について､あまり良くない感情を持つ人には、罪を犯した人は、恐ろしい人、関わってはいけない人と思い込む、固定概念があるほか、さらに様々な調査から、犯罪者は非難されてしかるべき人だから、協力する必要はない等の差別があるということも実感しました。

■ 社会復帰しやすい世の中に向けて

では、罪を犯した人が社会復帰しやすい世の中にするために、私たちができることは何があるのか、次に考えていきたいと思います。

私が考えたなかで、まず、刑務所内での作業や地域での取り組みなど、更生のために行われている事業を、まず知ることから始め、次に、「社会を明るくする運動【※】」、これは、すべての国民が犯罪や非行の防止と罪を犯した人たちの更生について理解を深め、それぞれの立場において力を合わせ、犯罪や非行のない明るい地域社会を築こうとする法務省の取り組みです。

このような立ち直りを支援する活動に、実際に参加してみることも効果的ではないかと考えました。

そして、何よりも、刑務所等で更生に取り組む人の存在に対し、偏見を持たずに受け容れることが重要です。

私たちの行動や意識によって、やり直しが可能な社会にする。そうして、社会復帰がしやすい社会となり、さらに、再犯防止にも効果を出せるのではないかと考えました。

□ まとめ

＊刑務所内での作業や地域での取り組みについて知る
≒“社会を明るくする運動”に参加してみる

＊刑務所で更生をしている人の存在を受け入れる
＝偏見を持たない

〈「やり直し」が可能な社会にすることで再犯防止にも効果〉

最後になりますが、コロナ禍で、なかなか、実際に、現場の見学に行けないなか、ゼミの教室にお越しいただき、そして、矯正や保護の現場の生の声を聞かせていただいた講演者の先生方に、あらためて感謝を申し上げます。本当にありがとうございました。

これで、私の発表を終わります。ご清聴ありがとうございました。

Discussion

◇小西：　３名の学生から、これまでの６回にわたる特別連続講義を拝聴したうえで、考えたことなどについて発表してもらいました。これを踏まえまして、ご登壇いただいております先生方からコメントを、まず頂戴してまいりたいと思います。

■ ご登壇いただいた先生方の感想

◇西田博：　本当に、いい話をありがとうございました。あの、本当に、こんなに真面目に人の話を聞いたのは、久しぶりでした。一生懸命に聞きました。

それで、三人のお話を通じて感じたことは、やはり、これから実際に、ひとりの方は法務省保護局で仕事をされるということだったんですけれども、これからいろんな、現場等々に接するわけですね。そうした時に、今、思われてることを、絶対、ぶれないように、やっていただきたいな、というようなことを感じました。

ただ、もう、とにかく、私が、現職の時も、これほど真面目に考えていたかなというくらい、きちんと整理されていることに、非常に、感心いたしました。

◇大橋哲：　私は、連続講義の最初だけ参加して後は出ていませんでしたので、３名の方の発表でその間のまとめをきちんとしていただいてありがとうございました。私も頭の整理ができました。

皆さんの基本的な認識は、私の思っている認識とほぼ同じであると思いました。生きづらさを抱えている人たちに対する共感であるとか、それに対する支えであるとか、これをどうするかが、やはり中心になるのだと思います。

ずっと刑務所の仕事をしてきましたけれども、そういう生きづらさを抱えている人をもっと社会で早く見つけて支えてあげる、あるいは、一緒に伴走する、そういう人が現れることが、もっとあったらいいなとずっと感じていました。刑務所に来てしまった人たちを見て、誰かもっと早く手を差し伸べてあげていたらとか、もっと早く誰か助けてくれる人を見つけられていたらとずっと感じていました。そういったことを、今日、あらめて感じました。

刑務所の役割の一つに、発見の場であるということがあって、そういう生きづらさを抱えている人を発見する、見出す場であるということ、あるいは、自分がずっと抱えてきた生きづらさを自分自身が気づく場だということがあります。

特に、薬物依存の人がそうですが、薬物依存であることを否定して、あるいは気がつかずに刑務所まで来てしまって、「ああ、自分は依存症だったんだ」と気がつく人がいます。

それまで誰の支援も受けずに刑務所まで来てしまって、「この人をきちんと福祉や医療に繋げてあげないといけない」ということを我々が気づき、刑務所の在所中から出所後の福祉や医療に繋ぐ努力をするということです。特に、この10年間は、そういった努力をずっと続けてきました。

刑務所で働きながら、本当は刑務所がないほうがいいと思っていました。皆さんのまとめを聞いて、刑務所に来る前にもっと早くそういう生きづらさを抱えた人を見つけてあげて、社会で支援等をしたほうがいいとあらためて感じました。

◇西岡慎介：　法務省矯正局で更生支援管理官をしております西岡と申します。更生支援管理官というのは、再犯防止等を目的に新しくつくられた組織です。

今日は、本当に貴重な話をいただいて、お疲れ様でした。ありがとうございました。実は、突っ込むところがないかと思って、メモを取りながら確認していたのですけど、非常にバランスの取れた観点でお話ししていただいて、突っ込みどころがないくらいよくできているな、本当によく勉強されてるなと思いました。

私が採用になった時は、矯正施設、特に、刑務所は、ある意味、暴力団との戦いというふうに教わった気がしています。ですので、中で求められている総合職、私は、当時、国家一種という試験で入ったんですけれども、指揮官みたいな人が欲しいというようなイメージで採用されたような認識でいました。

それが、時代が変わって、こんなふうになるとは、全然、想像もしていませんでした。

私は、こういう勉強もしていなくて、官庁訪問のなかで、法務省に、たまたま拾っていただいた……もともと治安の関係の仕事をしたいなとは思っていたんですが、結果として、刑務所も見たこともないままに、この業界に入ってきました。
そういうことから考えると、皆さんは、今の段階から勉強されていて、もう現時点で矯正職員として採用しても即戦力になるんじゃないかと思います。
法務省は、昔から刑務官として働いている人たちが、今の流れに、なかなか着いて来れなくて、相手が暴力団だとか、そういう認識のままで、社会的に生きづらさを抱えて入ってきた人に接してしまっているところが、ないんだろうか、そういったことも自省しながら、聞いていました。
皆さんのような方々が、入ってくることによって、ますます、矯正・保護の世界というのが変わっていくのかなというふうに思ったりしています。矯正・保護に直接携わらないとしても、先ほど、大橋前局長からも少しお話があったように、本当は、犯罪に至る前、その前の段階で食い止めるのが、その人にとっても、社会にとっても、被害者になる人が出ないということなので、一番いいことだと思うんですね。
それは、矯正・保護に携わる人だけではなくて、社会全体で、やっていかないといけないと、いろんな場面、たとえば教育のところでは、そういう人が出ないように、何らか、くい止めていただくとか、社会に出て一般企業で働く場合にも、障害をもつ方を雇用する、障害者雇用みたいな制度もありますし、社会貢献的なことはできると思うんです。また、ボランティアというかたちででも、働くこととはまた別に活躍する場等もあるんだと思うんです。
そういう、皆さんが、少しずつ少しずつ、ドラゴンボールの元気玉ではないですけど、力を、元気を与えていただければ、そのことによって、日本が犯罪のない国に近づいていくんだろうなというように思いますので、こういう勉強をしていただいたことを、是非、今後の生活に活かしていっていただきたいなと思います。
◇中澤照子：　こんばんは、中澤でございます。もう、私が、19、20、21歳の頃って、何をしてたんだろうって……本当に、皆さんが、熱心に、こうしてお話してくださると、「う～ん」って、すごい反省してしまいます。
でも、反省するのは、私だけではなくて、今の法務大臣、古川禎久法務大臣が……ちょっとしたきっかけがありまして、先日、私、大臣室に呼ばれて、「中澤さんの更生カレーを食べたい」というお話が出て、あっという間に、うちの店に、法務大臣が、更生カレーを食べにみえたんです。それも、公務でみえましたので、セキュリティのことも心配しながら。法務省の人たちもワサワサ来る。それも朝カレーが食べたいって、10時半ですから、もう前日から地域の保護司の女性総出で仕込みをやりまして。
もう大騒ぎで、大臣を迎えたんですけれども、その時に、BBS【※】の前会長さんや、近くのお世話になっている児童館の館長さん、それと、子ども食堂をやってらっしゃる責任者、それと、元対象者で、今はきちっと社会人になっている男の子……7、8人で、車座対話をやったんですね、カレーを食べたあとに。その時に、BBSの前会長さんが、早稲田大学のBBSがどういうことをやっているかということを、きちんと大臣に伝えたわけです。

そしたら、法務大臣のコメントが、今の私と同じなんです。「自分が、学生の時に、何をしてたんだろう。自分は、ただただ、自分のことしか考えてなかった……」って、大臣がおっしゃったんで、「だから、今、更生カレーを食べに来たんですか」って、私が言ったら、「いや、そうかもしれません」なんて……。

そのくらいにね、この学生さんの、この雰囲気の真剣さには、本当に驚かされます。

まあ、私は現場でやっておりますので、「大事なことは、寄り添うこと」とかって、いろいろ、皆さんの発表なさっていること、全部、当たりです。それと、やはり、息の長いつきあい方をする、べったりじゃなくても。

この前ね、ある女の子から、LINEが来ました。「中澤先生、あれから、20年経ちました」って。「私も、37になりました」って、女の子から、LINEが来たんですね。

その子は、本当に、16、17歳の時に、最悪な子ども時代を過ごして、体罰……いや、虐待みたいなことを受けながら、風俗に落ちていった女の子だったんですけど。その風俗も、なんだか、とてつもなく悪い、どん底みたいな風俗で、落ちてたんですが、20年経って、「私も、元気です。近いうちに、会いに行きたい」って。

ああ、その子、生きてるだけで、儲けもんだって……どこか、闇に葬られて、どこかに埋められててもおかしくないような、一時期、人生を送ってましたから。だけど、その女の子と、どうして、LINEができてるかっていうと、それを、途切らせないように、その子と会えないけれども、どうにか、メールがあって、そして、LINEになって……誕生日というと、私は、必ず、その子にLINEを入れてるんです。そうすると、その子の状態が、幸せかどうかわからない、だけど、一応、「元気ですよ」って便りが来る。

で、「近いうちに、会いに行きたい」って、実際、来るか、来ないか、わからないけれども、とりあえず、伴走してくれている人がいるという安心感を、彼女には持っててもらえてるんじゃないかな。

皆さんにも、どこかで出会ったり、何かご縁があった人には、少しずつ少しずつ、繋がりをつけて、心を運んであげていってほしいなと思っております。

みんな、今日、お勉強したことを、社会で実現してくださったら、本当に、より良い社会になりますね。よろしくお願いいたします。

◇小西：　ありがとうございました。先生方からお話をお伺いして、この発表の時に考えたこと、感じたことを、是非、今後も、大事にしていってもらいたいというような、ありがたいエールをいただいたんじゃないかなと思います。

この、先生方のお話を、ご感想をお伺いしたうえで、いかがでしょうか、今回、発表された皆さんから、ひと言ずつコメントをもらえればと思います。

■ 発表した学生の感想

◇小野百絵子（４年）：　今、お話をあらためてお伺いして、すごく、何でしょう、恐縮なお言葉をいただいたなあ、というふうに思うんですけれども。

現場でそれぞれ、本当にたくさんの実際の経験をされて、働かれている方々に、自分が、学生として、まだまだ知らないことがすごく多いですし、ただ、座学で勉強したことと、教えていただいたことで、自分で学んだことというよりは、やはり、人から教えてもらったことについて、今回はまとめて、発表させていただいたということでもありましたので。

すごく緊張していた部分もあったんですけれども、この先も、今回、発表にあたって考えたことを忘れないで、社会に出て、働いていこうという気持ちを新たにすることができました。

また、お話を伺っていて、もっと早く生きづらさを抱えた人を見つけられていたら、ということであったり、昔から働かれている方は、犯罪自体が、時代が変わって変化していくということに対して、着いて行けるのか、ということに対して、私自身は、もうまったく無知な状態で、若者として、社会に出ていくんですけど、また、違う観点で、私も、変化に対応できるのかということであったり、息の長い付き合いをすることを、べったりじゃなくてもいいので、とにかく途絶えないようにするということであったり、本当に、すごく勉強になりました。これから、ご指摘いただいた点、自分自身も意識していきたいな、と思っています。

◇横溝菜緒（４年）：　ご感想をいただき、ありがとうございます。私、壇上に立った途端、頭が真っ白になって、全部、言葉が飛ぶというくらい緊張していたんですけれども。

ご感想も踏まえて、また、私自身の発表も踏まえて、やはり、人と関わるうえで大事なことが、全部、ここに入っているんじゃないかなあ、と思って、矯正・保護だけではなくて、単純に、友だちとか、社会に出てから関わる他の社会人とか……同じように関わって、人を人として尊重していくということが、社会人として、今も、もちろん、学生としてもそうなんですけど、大事なんだなあ、ということをあらためて感じました。

私は、一般企業に就職するので、矯正・保護に直接的に関わるという機会は減るんですけど、自分の実生活とか、またもし、矯正・保護に関わる機会があれば、人を尊重して、相手のことを大切にしていくという姿勢を大事にしていきたいなとあらためて思いました。ありがとうございました。

◇市川莉子（３年）：　本日はありがとうございました。ゼミの偉大な先輩方のあとでの発表で、とても緊張していて、話す内容を用意していたのにもかかわらず、ちょっとお聞き苦しい点もあったかと思いますが、貴重な体験をさせていただくことができました。

小西ゼミに入ってからは、矯正・保護だったり、更生の観点について、少し自分のなかでも、知るようになったなという感想を持っていたのですが、今回の発表準備であったり、この特別連続講義を通して、まだまだ知らないことが多すぎる自分に気づくことができました。

たぶん、矯正・保護の領域は、私たちは、刑事政策を学んでいるから、触れる機会があるけれど、他の大学生とか、社会にいる人にとっては、触れる機会が少ない分野なのではないかなと考えています。

で、先輩方の就職はもう決まっていますが、私は、まだ就職活動をしていないのですが、実は、私、伝える部分での仕事をしたいなと考えているので、矯正とか更生保護、施設内処遇等についても、世の中の人に伝える仕事をしてみたいなと考えるようになりました。本日は、ありがとうございました。

◇小西：　ありがとうございます。では、他に、今日、参加している皆さんから、これまでの６回の講義、また、今日の発表を聞いて、いろいろ考えたこと、感じたことがあると思いますので、是非、ひと言ずつ、感想をもらえればと思います。いかがでしょうか。

■ 参加学生の感想

◇日野原美緒（４年）：　日野原と申します。三人とも発表、お疲れ様でした。聞いていて、ああ、こういう講義があったなって、自分でも振り返るいい機会になりました。

もう、三人の個性が出てるなと……小野さんは、結構、巨視的な感じでまとめていて、あと、横溝さんと市川さんは、更生保護等を勉強してきている個人として、こういうふうにしていったらいいんじゃないか、みたいな感じで、それぞれ個性があって、それも聞いていて面白かったです。

私自身は、どちらかというと、巨視的というよりは、更生保護に関わっている個人として考えているので、横溝さんが言っていた、「大学生として主体的に動く」というのが、すごく共感できて、また、市川さんも今おっしゃってたんですけど、私たちは、今、聞いてきたことは、スッと受け入れられるけど、他の大学生とかは、そういうふうに受け入れられないと思うので……こういう、刑事政策みたいな授業は、意外と、みんな、心に残っているものなので、より多くの人が受講をするようになったら、少しは、みんなの意識も変わっていくんじゃないかな、というふうに思いました。

三人に共通していたのが、偏見、対象者に対する偏見というところが、三人の発表のなかに、それぞれあったと思うんですけども、私も、まがりなりにも、更生保護を勉強していくなかで、そこは一番課題だなというふうに感じていたところです。

そこの、社会と、自分の勉強してきたこととの隔たり、そういったジレンマを抱えつつも、これから生活していくというのが、一生、更生保護のことを考えていくということに繋がるのかなと。

私も、更生保護に関わる職に就くわけじゃないんですけど、その、周りの人と自分の考えとの違いを埋めていくなかで、更生保護というものと、これからも付き合っていきたいなって思いました。以上です。お疲れ様でした。

◇成川遥（４年）：　４年の成川と申します。お話ありがとうございました。まず、１点目に、自分が聞いていて思った、感想っていうか、意見なんですけれども。市川さんが紹介してくれていた、立ち直りに関わりたい、協力意向の調査があったと思うんですけれども、立ち直りに関わりたくない人が４割くらいいるということについてなんですけど、確かに、家族の命とか、もしものことを考えて、犯罪者、加害者等に関わる、そういうことに抵抗がある人は、やはり、一定数いるなと、個人的にも、自分も少しそういうところあるなと思ってしまいました。

で、そういう人を、どう取り込んでいけばいいかと思った時に、たとえば、被害者を、新しい被害者を増やさない社会をつくる、みんなでつくる……そういうふうに、いろんな視点で、被害者等も、矯正の観点に含めていけたら、そういうちょっと抵抗がある人も、平和な社会をつくるために、取り込むことができるのかなと、自分の経験からも、考えました。

次に、疑問なんですけれども、たとえば、生きづらさを持った人について、地域において、協力ができる、たとえば、薬物事犯の人とかに……そういう話が出てきていたんですけど、地域で包括していくということは、凶悪犯、いわゆる、凶悪犯罪をしたと言われる人にも、共通して応用できるのか。たとえば、性犯罪者や強盗とか、そういうことをした人に対しても、同じように、そういう取り組みを行うことができるのか、という疑問が生じたので、どなたか、お考えがある方、ご意見がある方は、学生の方でも、いらっしゃる方でもいいので、お伺いしたいなということなんですけれども。どなたか、お伺いしたいです。

◇小西：　ありがとうございます。いかがでしょうか、今の点に関して。小野さん、発表者の側から、まず、いかがですか。

■ 社会的な包摂はどこまで可能なのか

◇小野（４年）：　犯罪者といっても、凶悪な性犯罪や強盗殺人などの犯罪をした人から、知的な障害があって僅かな額の万引き等で累犯をする人まで含むので、地域における協力を得られる程度も違うと思います。

少し話がずれてしまいますが、地域社会の人たちの理解の促進について、犯罪をした個人の「生きづらさ」に対する理解の促進という部分と、社会防衛や治安維持の観点からの「矯正・保護の必要性」についての理解の促進とは異なるものだと思います。

なので、凶悪な犯罪をした個人が更生するためのハードルが高いものであることは、凶悪とまでは言えない他の犯罪と同じように対応するのは難しい気がします。

まとめると、社会的な包摂は犯罪自体を個別具体的に見ることで、違う形である程度までは可能になるように思います。凶悪犯罪に関しては、犯罪をした個人の「生きづらさ」に対する理解は非常に得づらいですが、「矯正・保護の必要性」については理解を得られる可能性があるのかなと考えます。

◇小西：　先生方からは、いかがでしょうか。

◇西田：　少しさめたことを言いますけれども、やはり、犯罪者には、そのもう一方に、必ず、被害者がいるわけで、そういった意味から言うと、やはり、社会の害悪だと思うんですね。

だから、再び、被害者をつくらないということは、とても大事なことで、そういった目で、出所者、受刑者を見るということは、私は、今までも、そうだったし、これからも必要なことだろうと思います。

ただし、現実の問題としては、実際に、刑務所のなかには、１割から、２割の受刑者というのは、決して処遇に馴染めないで、独居、単独室で過ごす者もいます。で、言われたように、性犯や強盗犯、あるいは、再犯性の高いような犯罪を犯した受刑者も、もちろんいます。

だから、私が思うのは、やはり、そういった人たちと、適度な距離を保って、どうやって接していくかということだと思うんですね。「偏見」という言葉がよく出て……私、言っちゃいけないと思いながら、とうとう、言う羽目になりますけど、別に、偏見ではないと思うんですね。やはり、受刑者、出所者を見る時に、重大なことを犯した者を見る時というのは、恐いのは当たり前だし、別にそれを頑張って、恐くないと思う必要もないわけです。それから、再犯を犯す可能性があるかもしれないと思うのは、冷静に、そういったことは、しっかりと見るべきだと思うんです。

そういった意味で、適度な距離を取って、できるだけ、彼らに寄り添うというのは、必要なことだろうと思うんです。で、やはり、繰り返しになりますけど、刑務所の中にも、満期釈放者がいて、仮釈放者がいて、執行猶予の者もいてというのが、あるわけですから。

なので、私は、偏見、偏見って、あまり思わなくて、いいと思います。きちんと、彼らが、どういった者で、どんなふうに世の中の人は受け止めるのかということは、冷静に考えないといけないと思うんです。で、そのなかで、皆さんは、できることをやっていただいて、そういったことを理解したうえで、そういったことをすることのほうが、私は大事だと思うんです。

だから、あまり答えになってないかもしれないんですけれども、やはり、きちんと適度な距離をもって、できることをしてあげる、というのが、まあ、一番大事じゃないかと、私は個人的には思っています。
◇大橋：　先ほど、ご指摘のあった被害者を新たに生まないという視点は、非常に重要ですし、私も、そういう観点で、働いてきました。

重大な罪を犯した人たちが立ち直るというのは、非常に難しいというのは、当然であろうと思います。しかし、その人たちが抱えている生きづらさとか、そういうところを、理解して、話を聞き、一緒に寄り添うということは、重要だと思います。なかなか、近づきたくないということもあるので、難しいとは思いますけども、保護観察官とか保護司さんもいますので、そういう人たちを介して、少しずつ話を聞いてあげて、共感を呼び起こしてあげることが必要だと思います。中澤先生からお話がありましたけれども、きちんと自分の状況をわかって、しっかりと生活をしていくようにしていくということを、地道に、長い時間、息を長く付き合っていくということが重要だと思います。

私は、現場で働いていた時に、そういう難しい人たちを見ていた時もあって、そういう人たちも人生でいろいろな苦労を重ねていて、悲しみだとか、生きづらさとか、そういうところをポロッと話す時がありました。話をただ聞いてあげるだけですぐに何ができるわけではないのですけれど。そういう時に「自分は、ここに、何回も来てしまった。酷いことをしてしまったけども、今回で、なんとなく気づきました。もう戻ってこないようにします」と言う時があります。社会に出ると、なかなか社会の風は冷たいのでまた戻ってきてしまう人も多いのですけれども、少しでも、心が触れ合うようなことを続けてやっていけば、変わることができる人もいると思います。

その人その人によって、その心に響くところが違うという感覚もあって、ふとした瞬間に心に響くことがあると感じます。たとえば、「昨日、テレビ見てたんですよ。何かの番組で、子どもたちが立っていて。それで、小さい時のことを思い出しました。母にあまり相手にされずに、他の家の楽しげなことを聞いて、寂しかったなあと感じたことを思い出しました」と言うようなことがありました。少しずつ、自分の境遇を振り返るとか、そういう瞬間があったりします。そういう何気ない会話を重ねながら、息長く、付き合って、支えていってあげるというのが、必要なのだろうなと思います。
◇西岡：　ほとんど、おふたりに言われてしまったというところがあるんですけども……凶悪犯や性犯を、評価として考えると、確かに、そういう人って恐いと思うんですね。これは当然だと思います、感情的な面から、ですね。

ただ、物事を考える時に、感情的な面からだけではなくて、きちんと、データみたいなものも参考にして、理論的、理性的に考えるということも必要だと思うんです。

そういう時に、私は、今、手元に数字を持っていないので、うろ覚えの数値なんですけれども、今、２年以内再入率を、全体的に下げていくという目標があるんですけれども、その最新のデータが、16パーセントを切るぐらいなんですね。で、罪名別に見た時に、一番高いのは、窃盗なんです。これは、30パーセントを超えている。だから、全体の倍ぐらいなんです。

一方、性犯とか凶悪犯はどうかというと、たとえば性犯は、６パーセントか、７パーセントだったような気がするんですね。かなり低いんです。だから、２年以内再入率では、少なくとも、そんなに高くないんですね。

実は、刑務所の中で、性犯罪者は仲間内からも嫌われるんですね。刑務所の中に、いじめはあってはいけないんですけれど、性犯罪者は、いじめの対象になりやすい犯罪なんですよ。なので、刑務所にもう入りたくないなって思うのかもしれません。

あと、凶悪犯罪でも、殺人とかは、やはり、怨恨、人間関係のもつれで、男女のもつれとか、そういうことから犯罪を犯すので、これは、再犯しにくいんですよね。そういうことが、何回も何回も起きるということが、あまりないので。

そういう意味では、凶悪犯だ、性犯だ、といって、再犯率が高いというイメージがあるんですけど、必ずしもデータ上はそうじゃなかったりする。なので、そういうことも、一応、頭のなかに、きちんとおいてあげて、考えておく必要があります。

あと、これ、あまりいい例なのかどうかわかりませんけど、少し前に、虐待の事件で、新聞等で大きく取りあげられましたけれど、「パパ、ごめんなさい。もう二度としません」といった、ひらがなの手紙を書いた子どもがいて、親から虐待されて死んでしまったという事件があったんですが、覚えていらっしゃいますかね。

その時、お父さんが、すごい暴力を振るって死んじゃったんですけど、お母さんが、それをずっと、何もせずに見てたということで、「鬼母」とか言われて、マスコミでかなり叩かれたんですけど、その後、このお母さんは、お父さんからすごいDVを受けていて、しかも、それは、暴力的っていうよりは、精神的な、マインドコントロールというようなことをされていたということなんですね。

結局、そのお母さんは、刑は受けたんですけれども、その背景には、父親のやっていることに逆らえない、というか、感情が麻痺してしまっているような、心理学的、ソーシャルワーク的には、そういうふうな状態にあったということなんです。要は、お母さんは、「鬼母」じゃないんじゃないか、そういう見方もあるんですよね。

だから、マスコミに取り上げられる事件というのは、どうしても、センセーショナルに書き立てられてしまう、そういった面もあるので、正確な情報に基づいて、理性的に判断するということは、必要なんだろうなって思います。感情の問題とは、別に、ですね。

◇中澤：　息の長い支援ということもありますけれども、やはり、縦割りの、矯正局の中と外との垣根ですよね、これは、あの、「塀」だけではなくて、人との交流、流れの悪さって言ったら申し訳ないんですけれども。

この間、増上寺で、お坊さんの、保護司と教誨師の方々の研修会で講演をさせていただいたんです。で、保護司の方は、外の活動がわかるんですが、教誨師の方は、施設の中で、どんなに対象者と向き合っても、一旦「塀」の外に出たら、なんの手助けもしてあげられない、出たあと、彼らたちが、どうなっているのかという情報を追跡してはいけないという約束事もあるらしいので。

あの、せっかく教誨師の方たちが、一生懸命、本人と向き合っても、外へ出たら、外の世界に入っちゃうわけですから、そこで、たとえば、うまく保護司が……私は、対象者を預かった時に、「どこどこの少年院の教官、すげぇー良かったんですよ」とかっていう時には、ハガキを書かせるんですよ。どこどこ少年院の誰々様っていうかたちで。自分が、外で、元気にしてるっていうことを、中に伝える手段として。

反対に、中の人たち、教官の人や、教誨師さんたちは、自分が関わった人たちが、外で元気でやっているかなんてことは、確認できないわけですから。外側にいる人間が、中に、指導してくださった方たちに、感謝の手紙を一枚出すだけで、中の人にとっては、すごい嬉しいと思うんですね。

本人が、あるいは、保護司の側が書いてあげてもいい。何かね、施設へハガキの一枚も出して、自分が孤独だった時に、中で、どれだけのことをしてくれたかっていう思い、感謝の気持ちを呼び起こさせて、あらためて感じて……。

対象者を更生させる、その更生のなかの一環としてね、繋がりを、「塀」の外から、中とつけられると、そうすると、教誨師の方にでも、手紙が出せるわけじゃないですか。中で、いい相談役をしてくれた人がいたら、自分が元気ですよ、というようなことで。

だから、私、この垣根とか、そういうのを取っ払うのが好きなんですよ。だから、良い子も悪い子も、普通の子も、みんな一緒にご飯を食べるっていうようなことが好きだったりしますので。

だから、地域と中とのラインを消すのもね、今は、中に入っている人たちが、地域で農作物をつくったりとか……素晴らしいことだと思うんですね。そうして、地域社会に自然に溶け込んでいけるようなかたちでね。

なので、どんどんどんどん、矯正局の中の人たちも、今、全然、信じられないくらい、外との交流があるんですね、それをもっともっと。

むかし、女子刑務所に行った時に、中に、女子だけの美容院があって、外の人たちの申し込みがあると、中の受刑者、人たちがカットしてくれる。そういうのは、本当に素晴らしい取り組みだなって……。今は、もっと進歩してるんですね。素晴らしいですね。

ごめんなさい、そちらの質問と関係ないことで、長くなってしまって。

■ 参加学生の感想

◇秋田康貴（4年）：　今回は貴重なお話、ありがとうございました。学生の三人からの発表を全部、聞いて、あらためて、第1回から第6回までのそれぞれの視点について知ることができて、そして、それぞれ、とても興味深い時間だったなあと思い返していたところです。

で、思ったことなんですけれども、こういった授業を受けないと、こういうことって絶対に知れないよなっていうことがあって……少し話変わっちゃうかもしれないんですけど、たとえば、最近の犯罪に関わるニュースとかを聞いていると、特に、SNS上とかでは、「一生、刑務所にぶち込んでいろ」とか、そういう人が少なからずいて。こういう授業でやったこと等を聞けば、もしかしたら、そういった視点も、考えも、変わるのかなっていうふうに思っています。

ただ、逆に、そういった、いろんな人のコメントを聞ける、いろんな情報を得られる、今の世の中だからこそ、「それって、どうなのかなあ」といった違和感、あるいは、刑務所の中に入ったあとの人のことを想像できる、きっかけというのも、特に、ネットの普及で、すごくチャンスが増えてきているのではないかなとも思います。

今、横溝さんの発表で、やっぱり、きっかけを掴んでいくことが大切だという話だったと思うんですけれども、それを、大学生だけじゃなくて、今、世の中で暮らしている人にも言えることだと思いますし、特に、「メディアの視点」のところで、刑務所の中の映像等も見る機会があったんですけれども、そういった映像を見るだけでも、また、考えるきっかけができると思いますし、そこから、自分でその人のあとのことを想像していくチャンスも掴めていけると思いますので、これからも、そういった流れができていくといいなと思いました。

で、その流れの先には、やはり、地域社会ということがあると思うんですけれども、僕も就職先としては、地域社会と向き合う、地方と向き合う仕事に就く予定なので、そういった視点を忘れずに、自分の体験、学んできたことを、次は、社会で、働く時に、少しずつ気に留めていければなとも思いました。今まで、本当にありがとうございました。以上になります。

◇佐藤匠（4年）：　まずは、三人、発表、お疲れ様でした。そして、今まで6回にわたって、連続講義を開いていただいて、先生方、ありがとうございました。

今日の三人の発表を聞いていて、今までの復習というかたちにもなりましたし、少し日野原さんと被るところがあると思うんですけれども、小野さんが、制度を、これからつくっていく側の視点が入ったような発表で。で、横溝さん、市川さんが、そういった側ではないけれども、それでも、自分ができることを考えていくみたいなかたちで。それぞれ、方向性があって、面白いなと思いました。

で、犯罪とか非行をしてしまった人が、社会に復帰していくためにも、理解を促進したうえで、地域社会の協力が必要不可欠になってくるというのは、本当に、よく感じているところではあります。

ただ、小野さんも言ってたと思うんですけれども、地域の人の側から見ても、被害者側に共感してしまう、共感するということも、あると思っていて、そういった被害者側への共感というのが、「被害者は、どうするの？」っていう……犯罪には、被害者がほぼ確実に発生するものであって、「被害者側は、どうするの？」っていう意見というものも、決して無視できないところだと思うので、そういった被害者側への、より一層のアプローチというのも、確実に必要になってくるのではないかなと感じております。

最後に、連続講義、全体の感想ですが、今回、学んできたなかで、「生きづらさ」というものについて考えていきたいと……これが、自分のなかでも大きかったなと感じております。

本当に、「生きづらさ」というのは、普遍的なもの、いろんなところ、いろんな場面で、生じてくるものであると思いますので、これからどういうかたちであったとしても、自分としては、その「生きづらさ」への共感というものを大切にして、生きてまいりたいと考えております。今までありがとうございました。

◇藤川百佳（３年）：　発表いただき、ありがとうございました。今回、この特別連続講義を通して、矯正・保護について、ある一つの視点だけではなくて、様々な立場の方からのお話を聞くことができて、多面的に、学んだり、考えたりすることができる機会というのは、なかなかないものであると思うので、今回はこのような機会をいただけたことは、大変貴重な経験になりました。ありがとうございました。

この連続講義に参加するまでは、社会復帰のためには、積極的に何かをしてあげるとか、与えてあげるとか、そういうことが重要で、「誰かが手を引っ張っていってあげるもの」というイメージを持ってしまっていたんですが、この講義を通して、誰かが引っ張っていくものではなくて、「いろんな立場の人が手を取り合って、本人と一緒に進めていくもの」なのだというふうに感じました。

私は、この刑事政策のゼミに参加していて、他の人よりも、矯正だったり、保護というものを学ぶ機会が多くあったはずなんですが、今回、参加するまでは、実際とは違ったイメージを持っていたので、やはり、本当に、生の声を聞かないと、なかなかわからないこともあると思ったので、今後、何か、こういう機会の充実であったり、あるいは、大学生として発信していくことが、必要不可欠だと感じました。

まず今は、大学生として、そして今後、ひとりの社会人として、社会とのズレのなかで、自分が何をしていけるのかということを、学びながら、模索していきたいと思っています。

◇森下維友（３年）：　発表をありがとうございました。私は、今回の特別連続講義と、早稲田矯正保護展【※】の発表を行っていたので、その二つを通して、犯罪者を更生させる、社会復帰させるうえで、やはり、息の長い支援と、しっかり話を聞いて、犯罪者の方との信頼関係をつくるということ、あと、肯定することで、生きがいであったり、自己肯定感みたいなことを与えてあげる、そういうところも含めて、いろんなことが必要なんだなと、あらためて実感することができました。

あと、横溝さんがおっしゃってたんですけれども、大学生が、大きなことをやると、注目度が上がるということで、大学生が主体となって、こういうプロジェクトみたいなことをしていくと、社会がもっと注目してくれるんじゃないか、みたいなところは、非常に納得した、というか、共感できる部分があったなと感じました。

でも、やはり、私は、こういうゼミに入っているので、少し知ってる部分もあると思うんですけれども、他の違う学部の方とか、中高生とか、小学生のうちに、こういうものをしっかり見て、記憶のかたすみに残しておくだけでも、少しずつ、社会も変わっていくんじゃないかなと感じました。

あと、小野さんに、質問というか、自分でも疑問に思っていることなんですけれども、やはり、地域の方々が感じているのは、刑罰は、応報刑というところで、本来、少年法でもそうなんですけれども、更生して社会復帰を目指すというところが、本来の法律のあり方みたいなところだと思うんですけれども、そこの、なんて言うんですかね、差異みたいなところを、どうしたら改善していけるのか、何か考えみたいなところがあったら、お聞きしたいと思います。

■ 刑罰の目的をどう捉えるのか

◇小野：　ありがとうございます。私自身は、社会一般における応報刑という認識と、処遇の現場では教育刑という認識であり、処遇の目的が対象者の改善教育であるということとの差異は、埋める必要はないと思っています。

それから、被害者がいるものなので、犯罪をした者にはその報い、罰が必要だと考えています。そして、まずは、被害者の方を社会全体が支援し、その回復を支えるような仕組みが必要だと思っています。

一方、それとは別の部分で、やはり、改善教育というのは、犯罪をした人自身の生きづらさを解消したり、その人自身の人生において何か助けになったりするためにも必要だと思います。

制度としての矛盾というか、処遇の現場における運用と、社会的には応報刑というように認識されていることの差異というのは、それがあることを前提に実務を進めなければならないような、埋められないものなのかなと思っています。

確かに、加害者処遇における実務と一般社会との認識の差を埋められないことこそが、加害者処遇に対する社会からの理解を促進するうえで障壁になっていると思うんです。ただ、認識の差異といった障壁は受け入れつつ、そのうえで、どうやって加害者の立ち直りを支援するか、加害者処遇について地域社会の人に理解してもらうか、また、矯正・保護の必要性を理解してもらうか。

以上３点を、私自身が今後よく考えていきたいです。

◇山田恵利花（３年）：　発表ありがとうございました。私も、６回、これまでご講演と、今日の学生三人の発表を聞いて、やはり、切れ目のない支援の必要性を感じました。いろんな多方面での支援が必要だと感じまして、でもやはり一貫しているものは、どれだけ社会と隔絶させないか、ということだと思いました。

で、これはたぶん、刑務所に入ってしまってからだけではなくて、犯罪を犯すまでに、その人が、どういう問題を抱えていて、どうやって犯罪を犯してしまったのかというところを分析したうえで、予備軍みたいな感じになる人に対して、相談窓口だったり等が、足りていないのかなというように感じます。

なので、やはり、行政としては、そういう相談窓口の拡充と、あと、今、SNSだったり、そういう、簡単に、匿名でも相談できるような、IT等を駆使して、できるだけ刑務所に入れない、というふうにしていく必要があるのではないかと感じました。

あと、支援の手を広げるという観点からお話しさせていただきたいんですけれども、私も、実際、このゼミに入るまでは、法学部にいながらも、矯正･保護について、その言葉さえも知らなかった人間のひとりなので､小学校だったり､中学校だったり、そういう、若い時から、まだ、そういう偏見というものができる前に、教育として、何か、出前授業であったり、そういう犯罪を犯してしまった人の話を、あるいは、保護司の方からのお話を聞ける機会等、そういったことがもっと増えれば、いいのではないかなと感じました。

◇渡邊柊（３年）：　発表、お疲れ様です。３年の渡邊と申します。小野さん、横溝さん、市川さん、それぞれ、別の着眼点から、第１回から第６回までを振り返っていて面白いなと思いました。なかでも、皆さんが、偏見や認識の差というところに触れていたのが、特に面白いなと。

個人的にも、そのあたりは、思うところがあって――たとえば、矯正の場面だと、刑罰は、社会復帰とか、改善更生のためという認識で、矯正処遇を行っているのに対して、その一方で、地域社会では、刑罰は、応報のためだという認識があったりということ。それから、受刑者側、罪を犯してしまった側にも、生きづらさや生きがいの喪失等の原因があって、社会復帰にネガティブになってしまう、悲観的になってしまうっていう現状がある。そういう認識の差というのが、本当に、払拭するのは難しいんですけど、払拭できればなと。

で、そういった偏見だったり、認識の差というのは、たぶん、完全に払拭することって、きっと不可能だと思うんですけれども、その、事実に対する誤解であったり、無知であったりというのが、その根底にあると思っています。

そして、そういう誤解等を払拭するという面では、横溝さんが、学生ができること、まずは、現状を知って、発信をすること、それから、市川さんも、事実、リアルを知ることを挙げていたと思うんですけれども、そういうことを少しずつやっていくことが、本当に大事だと思います。

そういう、認識の差、偏見が、いつ形成されていくのかなということを考えて、もっと、大学ではなくて、普通教育の場面でも、矯正や更生保護に関することを、いろいろ考えていけるように、なったらいいんじゃないかなと思いました。

なので、私も大学生の身として、これから、いかにリアルを知るチャンスを掴むか、あるいは、それをどのように発信していくかっていうことを、もっと積極的に考えていきたいなと、あらためて感じることができました。

◇刈田出（２年）：　２年の刈田と申します。感想になってしまうんですけれども、偏見をなくすことというのは、大事だと、何回もお聞きしたんですけれども、犯罪者とか、出所した方々とか、そういう人たちが、危ない、危険だというイメージが偏見であるのと同様に、普通の人と何ら変わるところがないとか、安全な人々だ、悪い人ではもうない、というのも、偏見になり得るものだと、僕は、個人的に考えているんですけれども。

そういう、ジレンマ、どっちの見方でも、偏見になってしまう可能性があるというジレンマを、信念を持って乗り越えていらっしゃる、実際に、現場で取り組んでらっしゃる方々は、本当にすごいなあと思いました。

あと、僕たちは、今、ひとりの学生、個人の学生として、あとは、ゼミという集団として、この矯正・保護という問題に向き合って、いろいろ価値観を形成していると思うんですけれども、たとえば、将来的に、父親だとか、母親になった時に、その住む地域が、たとえば、出所者、それも窃盗犯の出所者が多い、あるいは、学校で恐喝とかカツアゲみたいなものが多い、あと、それこそ、性犯罪の出所者が多い、みたいなことを小耳に挟んだ時に、今と同じ価値観で、守るべきものがある状態で、今と同じような考え方で、それぞれ事情があるからと、フラットな目で、同じ人間なんだからという考え方で、接することができるようになるのかということを、自身の命題として、考えるべき内容だなというふうに感じました。

まあ、親としても、そうですし、たとえば、高齢の両親を持つ時に、あるいは、自分自身が高齢者とか、経済的な弱者になった時、もしくは、もっと言うと、犯罪におよびそうなほどの状況に、それほどの生きづらさを抱えた時も、同じような考え方、取るべき考え方、価値観をブレずに持てるのか、ということを、これからの僕は、共同研究とか、個人研究とかで、常に意識していかないといけないと思いました。
◇山田康平（２年）：　発表、お疲れ様でした。小野さんの発表で、うつ病のご友人を例に挙げられて、生きづらさという点では、誰でも何らかのかたちで、矯正・保護の当事者になり得るというようなことをおっしゃっていましたけど、そのことがすごく印象的でした。横溝さんは、支えと偏見という、二つの相反するキーワードで、ご自身の意見をまとめられていましたが、非常に説得力のある意見だなと感じました。市川さんは、「社会を明るくする運動」という、実際の行われている活動を提言に組み込まれていましたけれども、すごく具体性、実効性のある提言だなと感じました。ありがとうございました。
◇佐藤英恵（２年）：　２年の佐藤と申します。私はこのゼミに入って、このような貴重な機会をいただいて、６つの視点を学ぶまで、矯正・保護、更生という言葉、概念が、あまり、自分のなかになかったので、その知識がない故の、浅い考えだったりといったものがあったということに気づきました。

そういう、私みたいな、当事者の方々との関わりがなかったり、あまり考えたことがないような人がいる一方で、当時者の方々と、制度的であったり、実務的であったり、心の距離的にも近い方々がいるっていうことを知りました。

そのなかで、自分が今、どんな立場なのかなと考えた時に、一番は、やはり、自分は地域社会の一員であると思うんですけれども、その、小野さんの発表にもあったように、いつ、誰が、当事者になり得るか、誰でも当事者になり得るっていうのは、非常に大きなことだと思っていて、それを踏まえると、地域社会の一員として受け入れるという、受動的なスタンスだけではなくて、むしろ、自分もいつでもなり得るからという、能動的な考え方を持たないといけないかなと思いました。

その能動的な考えというのは、横溝さんの発表にあったように、自分が発信するということは、一つの行動なのかなと思って、矯正・保護について少し学びを深められた身として、今後、知ることと、自ら動くことを念頭において、社会への発信だったりをしていければいいなと思いました。
◇小西：　ありがとうございました。本当に、連続講義、これで最後となります。登壇いただきました先生方にも、ひと言ずつ、いただければと思います。西田さん、お願いいたします。

■ ご登壇いただいた先生方のまとめ

◇西田：　私が、長年こういった職に就いて、今、こんなふうに、若い学生の皆さんが、学問として接してくれていることを、非常に嬉しく思います。で、今後も、解決すべきことは、たくさんあると思いますから、是非、これからも興味を持って、あたっていただければと思います。

それと、もう一つ。受刑者の平均刑期というのは、実は、3年ないくらいだと思います。今も、おそらく、そのくらいだと思います。これは、どういうことかというと、犯罪者というのは、刑務所や少年院の中にいる期間よりも、はるかに、一般社会、地域社会にいるほうが、長いわけです。

だから、再犯防止とか、矯正・保護の仕事というのは、一般社会が、いかに大事かということを、もう1回考えていただいて、社会に出ても、ここで学んだことを、ふと思い出してもらって、何かできることがあった時には、是非、皆さんなりに、皆さんのできることで、適当な距離をちゃんと保って、やっていただきたいなというふうに思いました。

法務省で仕事をする人はもちろんですけれども、民間会社、あるいは、地域で仕事される方も、ここで学んだことが、きっと役立つ時が来ると思います。

本当に、これだけ一生懸命に勉強してくださって、そういった職業にいた人間としては、非常にありがたいと思います。どうもありがとうございました。

◇大橋：　ありがとうございました。皆さんからのいろいろなご意見をいただいて、この問題について良く考えられているという感想を持ちました。私自身も勉強になりました。

応報刑のご指摘がありましたけれども、ご承知のとおり、通説は相対的応報刑論ということで、応報刑を中心としつつも、目的刑の一般予防、特別予防の考えも入れるということとなっています[脚注1]。

私としては、やはり、悪いことをした、社会の秩序を乱した、あるいは、社会規範に違反した、ということについて、その行為に対する非難として罰を与えるということは必要であると思います。

しかし、罰を与えて、刑務所に入れっぱなしということでは、やはり、出所後、再び罪を犯して社会秩序を乱すことになるし、また新たな被害者を生むことになります。

それをきちんと、改善更生させ、社会復帰をさせるということも必要であると思います。そういうことで、私の中では、応報刑と目的刑は、矛盾しないと考えています。

[脚注1] 人を罰する理由として、罪を犯した行為に対する応報であるとする応報刑の考えと行為をした人を罰することにより人が罪を犯さないようにすることを目的とする目的刑の考えがある。目的刑の考えには、将来一般国民が罪を犯さないようにする一般予防の考えと行為をした人が今後罪を犯さないようにする特別予防の考えがある。応報刑の考えを中心としながら、一般予防や特別予防の効果も認める相対的応報刑論が通説であるとされる。

[脚注2] 令和2年10月に法務大臣の諮問機関である法制審議会は、懲役と禁錮を新自由刑（仮称）として単一化することなどの事項を法務大臣に答申することを決定している。この法制審議会の答申に基づいて第208回国会に刑法等の一部改正案が上程された。改正案では、懲役と禁錮を一本化して「拘禁刑」としている。拘禁刑は、刑事施設に拘置するとし、拘禁刑に処せられた者には、改善更生を図るため、必要な作業を行わせ、又は必要な指導を行うことができるとされている。この改正案は、令和4年6月に国会で可決され、公布された。刑法改正に合わせて刑事収容施設法等の関連した法律についても改正された。（改正法の施行は、公布の日から起算して3年を超えない範囲内において政令で定める日とされている）。

法制審議会の答申で、懲役刑と禁錮刑の単一化が答申されています［脚注2］。それに基づいて、刑法の改正の検討が進んでいます。その答申の中でも、単一化された自由刑は、刑事施設に拘置する、そして必要な矯正処遇を行うというようにされています。

そういう点でも、まず、悪いことをすれば、それに対する非難として社会規範を維持するために刑務所に入れる。しかし、入れっぱなしでは駄目なので、必要な処遇をするというところが、答申に現われているのだと思っています。

今後、これが、刑法になって、どういう形で現れてくるか、また、矯正・保護にどういう影響を与えるのかということに注目をしたいと思います。皆さんも関心を持っていただければと思います。

◇西岡：　もう、いろんなことを先に言われてしまって、すごく不利なんですけれども……その、刑罰については、いろんな生きづらさを抱えて、施設に来る人が、ほとんどなんですけれども、その生きづらさだとか、本来、社会で手当されるべきものについて、「あなたに、その手当がなかったことについては、あなたの責任じゃないんだよ」ということはあると思うけど、「ただ、そうやって、あなたが起こした犯罪という行為は、これは、あなたの責任だからね」って……それは、別に、切り離して考えることは、可能だと思うんですね。

つまり、あなたの行為については、ちゃんと、刑罰として、償う必要があるんだよと。で、外に出て行く時に、必要な支援等がないと、やはり、地域社会で、生活ができないので、さらには、新たな被害者が出てしまう可能性もあるので、そこは、ちゃんと手当てしましょうね、というようなことだと思うんですね。

そういう意味では、私は、やはり、先ほど、ジレンマのなかで、よくやってますねって言われたんですけど、私のなかで、釈然としないままに、やってる自分というのは感じているんですよ。こういう犯罪、ああ、こんなことをやってる人間を、何で支援しなきゃいけないんだろうって、やはり、思うことはあるんですけれども。まあそれで、自分としても、保護に携わる方とは違うかもしれませんが、私の、自分のなかの折り合いとしては、その、新たな被害者を生まないために、何の責めもない、新たな被害者を生まないために、この人に頑張ってもらう必要があるので、というようなところを見て、実は、折り合いをつけているんですよね。

それが、正解なのか、どうかというのは、個人個人の価値観だとか、いろんな考え方があると思うんです。それは、もう、私はそう考えている、そうやって、自分を納得させているというだけ。まあ、また、今後、これが変わるかもしれません、これから仕事していくうえでですね。

◇中澤：　つい最近、私、早稲田大学の広域BBS【※】もそうでしょうけど、瀬戸山賞っていう賞をいただいたんです。その意味合いもあまりわからずにいただいてるんです。ただ、記念にいただいた銅板に、「光は己にあり」という、瀬戸山三男さんの言葉が書いてあるんです。

「光は己にあり」、これは、皆さん、どなたも、光を持っていると、その光をどういうふうに役立てるか、町のなかで、この学校で。一緒に学んだ、皆さんの得た知識が、頭のなかにしっかりとあるわけですから、それを、その光を、町のなかに、持って行ってほしい。どこかで、その光を求めてる人が、必ず、いるんですよ。

それは、なかなか気がつかない。だから、先ほどもあった、想像力、アンテナを磨いてください。そうすると、必ず引っかかってくるんですね、困ってる人とか、悩んでる人とか、落ち込んでいる人とか、すみっこに行っちゃってる人だとかを、見つけることができるんです。

その時に、自分の光を、ちょっと渡してあげるだけで、そんなに奥深く付き合わなくても、一瞬でもね、ホッとする人がいますので。皆さんの光、もったいない、しっかりと活用してね。頭脳明晰な皆さんですから、そこに、光を、もっと温かい光を持ったらね、もう無敵ですから。どうぞ、社会に役立たせるように頑張ってください。

closing comment

◇小西暁和（早稲田大学 法学学術院 教授）

ありがとうございました。これまで、本日も含めて、7回にわたって特別連続講義を行ってきました。そのなかで、矯正・保護の領域での様々な取り組み、課題といったことについて、生の声、リアルな声を聞くというかたちで、本当に貴重なお話をお伺いすることができたと思います。

早稲田大学において、ボランティア活動は、かなり積極的に大学としても推進しております。大学の機関としても、平山郁夫記念ボランティアセンターという、ボランティア活動を幅広く行うセンターもございます。東日本大震災の被災者の支援や、海外での様々な支援活動など、幅広く行っています。その活動のなかで、大学としても、是非、学生の皆さんには、「社会問題の自己文脈化」というような言い方ができると思いますが、他人事として終わらせるのではなくて、その社会問題を、自分たちがボランティア活動をするなかで直面する様々な問題というものを、社会人として、社会に巣立っていくなかでも、心の中に留めてもらって、他人事ではない、自分たちの住む社会における問題として捉えていく、そして、場合によっては、いずれ地域のリーダー的な役割をする学生もいるかもしれません、あるいは、いずれ会社でリーダー的な役割を担う学生もいるかもしれません、そういう社会の様々な場面で、こうした社会問題を自分事として捉えられる視点を大事にして、学んだことを、是非、今後に活かしていってもらいたい、そういう思いが、大学としてもあります。

矯正・保護の領域に関して、この特別連続講義を通じて学んだことを、是非、皆さんも、自己文脈化しつつ、活かしていってもらいたいです。先生方からもお話があったかと思いますが、自分たちにできることは、様々、あると思います。刑務所に行く前段階で、できるだけ早い段階で、食い止めることの必要性といった話もありました。子どもたちのなかでも、いろいろなトラブルがあったりする、そういったところで、大人として、親として接するなかでも、何か声を、ひとこと声をかけてあげるとか、何かできるんじゃないかと。また、地方公務員として、国家公務員として、そして、企業のなかで、これからの皆さんの将来において、様々、活動をするなかでも、いろいろと関連することに直面する機会があるかと思います。そのなかで、是非、学んだことを活かしていただく、そして、それが、いずれ広く、矯正・保護に繋がっていく場面があると思うんですよね。是非、そういう意識を持って、これからも、この問題に関心を持ち続けていってもらいたいと、私のほうからも願っております。

これまでの特別連続講義では、次世代を担う学生の皆さんに向けてのエールをたくさんいただいたと思います。また、今後も、こうした対話の場が実現できればと、個人的にも思っております。

では、これをもちまして、全7回となります、特別連続講義を終わりにしたいと思います。誠にありがとうございました。

（授業実施　2021年12月10日）

〈補足解説〉

※瀬戸山賞：更生保護制度施行50周年に当たり、法務大臣、文部大臣、建設大臣等を務めた瀬戸山三男元日本更生保護協会理事長・全国保護司連盟会長・全国更生保護法人連盟理事長の遺徳を偲び、日本更生保護協会に創設された賞。毎年、個人・団体が顕彰される。

※保護観察：40頁ご参照。
※教育刑 / 応報刑：228頁ご参照。
※更新会：71頁ご参照。

※SST（ソーシャル・スキルズ・トレーニング）："Social Skills Training" の略で、「（社会）生活技能訓練」とも呼ばれる。

※社会を明るくする運動：105頁ご参照。
※BBS会：105頁ご参照。
※早稲田矯正保護展：40頁ご参照。
※早稲田大学広域BBS会：105頁ご参照。

epilogue

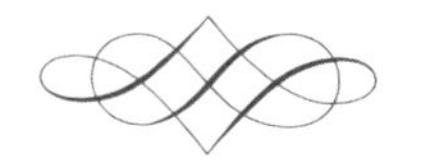

何が日本の刑事政策を動かしていくのか

小西暁和
（早稲田大学 法学学術院 教授）

◆ 行刑の変革期における塀の「外」との関係性

わが国では、平成 13（2001）年及び 14（2002）年に起きたいわゆる名古屋刑務所事件を契機として平成 15（2003）年に行刑改革会議が設置され、その提言に基づき行刑改革が推進されることとなった。その結果、施設内処遇の基本法として、100 年近く運用されてきた監獄法は廃止され、平成 18（2006）年の改正によって「刑事収容施設及び被収容者等の処遇に関する法律」（刑事収容施設法）として一新されることになった。また、同時期となる平成 19（2007）年に、社会内処遇の基本法である更生保護法も、従来の犯罪者予防更生法・執行猶予者保護観察法などを基に新たに制定された。このように、平成期の中頃に刑事政策上の大変革が見られた。

なお、令和期に入った後、令和 2（2020）年に法制審議会によって少年法と共に刑法及び犯罪者処遇法（刑事収容施設法・更生保護法等）の改正の方向性が答申された。この答申を受けて、令和 4（2022）年 6 月に、懲役及び禁錮の刑種を廃止し代わりに「拘禁刑」を創設するとともに、施設内処遇及び社会内処遇の充実化を図るものとされる諸制度を導入する法改正が行われた。こうして現在、施設内処遇及び社会内処遇も再び大きく変化していくことが予定されている、そうした真っ只中にある。

このような変化も行刑改革からの大きな流れの中に位置づけることができるだろう。行刑改革は、かように時代を画する大きな転換点であったように思える。行刑改革以前では、社会の側から「塀」の中の状況が、ほとんど見えなかったと言われる。刑事施設と地域社会（もっと広くは、日本社会）との間に隔絶が見られた。しかし、行刑改革の流れの中で、「塀」の外から中へ、また逆に「塀」の中から外へと、「塀」

も透過性の高い壁へと変化していっている。「塀」の中の処遇に外部の専門家が大きく関わるようになってきたし、「塀」の中の処遇がより広く外の社会で活かされるなどしている。こうした変化の下、地域社会との共生が各地の刑事施設で図られるようになっている。刑事施設が「NIMBY（Not In My Back Yard）施設」（迷惑施設）として認知される場合が見られる状況からの転換も期待されるだろう。また、「塀」の外のマスメディアが、「塀」の中の状況を報道する機会も増えていったように思われる。更生保護に関しても同様であろう。社会の人々に、より正確に矯正や更生保護の現状を知ってもらい、刑務所や保護観察に関する紋切り型の通念が刷新されることも期待されている。

◆ 様々なアクターの登場とその役割

こうして現在、矯正・更生保護においては、社会の側の多様なアクターの参画が必要とされている。地方自治体、自助グループを始めとする民間団体、更には企業も重要な役割を果たし得る。

まず、刑事政策上、地方自治体が果たす役割に変化をもたらしたのは、とりわけ、平成28(2016)年に制定された「再犯の防止等の推進に関する法律」(再犯防止推進法)であろう。従来は専ら国が担ってきた再犯防止の取組に関して、地方自治体にも責務があるものと明記した。これにより、地方自治体も、再犯防止（あるいは更生支援）の担い手として主体的に関与することとなった。

また、民間団体も、矯正・更生保護において様々な形で関わりを有している。DARCなど自助グループも施設内処遇や社会内処遇の各場面に関与する機会が見られる。特に今後は、犯罪者処遇において、「当事者性」が重要な意味を持つのではないだろうか。処遇のあり方を問い直す新たな犯罪者処遇の基盤づくりとして、当事者の視点から自らを、また処遇を捉え直す当事者研究の展開が期待される。

そして、企業も、CSR（Corporate Social Responsibility（企業の社会的責任））・SDGs（Sustainable Development Goals（持続可能な開発目標））などの社会の改善を図る理念のもとに関わる場合も見られるし、ソーシャル・ファーム（social firm）やソーシャル・エンタープライズ（social enterprise）と呼ばれる社会問題の解決を試みる企業体として関与する場合もまた見られる。いずれにしても、「自由競争」や「利潤最大化」などの企業における従来の価値基準とは異なる基準をも持ち込んでいる。

◆ 犯罪者処遇の新たな潮流

それでは、こうした矯正や更生保護の根底には、どのような犯罪者処遇のあり方が必要なのだろうか。

日本社会では（また、どうやら他の国々の社会でも）、多くの人は、自己決定／自己責任の論理の中へ組み込まれることに疲れてきているようだ。確かに我々はリベラル・デモクラシーの社会に生きている。こうした社会では、独立した判断主体である個人の自由が尊重されるが、我々が生きていくためには、それだけでは充たされず十分とは言えない。補完するような形で我々の間にはケアの関係といえるようなものが必要であろう。それは、他者を頼みにし、配慮･援助を受けるような関係である。我々の社会では、ケアを基底とする互いに支え合うような社会関係の構築が更に求められているのかもしれない。

犯罪者処遇においても、重要なのは人と人とのつながりであろう。寄り添い型支援という言葉もあるが、誰かが寄り添ってくれることは生きていく上での安心感をもたらしてくれる。それは、誰もが求めていることなのではないだろうか。犯罪者処遇においても、人間にとってごくごく基本的な関係性が極めて大切であることがわかる。人間はそもそも社会性を持った動物でもあるからかもしれない。

そう考えると、「孤独」や「孤立」というのは、犯罪の根源的な要因にもなり得るものと言えるだろう。時代を経る中で家族関係の基本構造、地域社会の紐帯、就労上の雇用関係などが変容し続けており、昨今では人が孤独や孤立へと陥りやすくなっているように見える。高齢者は、特にその問題が注目されておりしばしば採り上げられている。保護司のように、罪を犯した人や非行少年が地域社会で孤独や孤立から抜け出すきっかけとなってくれる人物がまさに必要とされている。医療や福祉からのサポートも、つながりを作る上でも重要であろう。

信頼できる他者の存在を我々は必要としている。それは、側にいてくれて見守ってくれる存在である。それが、刑務官、法務教官、保護観察官、あるいは保護司かもしれない。「見守」るというのは、「看守」るとも書ける訳で、実は犯罪者処遇の本質を突いているように思われる。あるいは、「看護」るとも書けるし、ケアの関係とも結び付く［＊注1］。そうした他者との関係性の中から、当事者のアイデンティティーの変容が起こり得る。結果現象として、再犯や再非行の防止につながり得ることにもなるだろう。

◆ 社会とともにある刑事政策

その上で、矯正・更生保護が大きく変化していったのは、どのような力によってなのだろうか。

そもそも刑事政策の主体は公権力の所在であり、三権分立に基づく統治機構の構造に従って、刑事政策は、立法機関による刑事立法政策と、司法機関及び行政機関による刑事法運用政策とに区分できる。平成期には、こうした刑事政策を構成する刑事立法政策も刑事法運用政策も大きく変化した［＊注2］。それぞれ、刑事立法が活発に行われる〈刑事立法の積極化〉及び多様な担い手が刑事法の運用に関与する〈刑事法運用における多極化〉が見られたと言えよう。刑事収容施設法や更生保護法の制定も〈刑事立法の積極化〉の一つの現れである。また、地方自治体、民間団体、企業が矯正・更生保護において役割を果たしていることも〈刑事法運用における多極化〉の一例である。

こうした平成期の刑事政策に見られた変化については、社会システムの変容が背景にあった。政治システム、経済システム、情報通信システム、家族システムなど多様なシステムが、社会システムを形作っている。法と社会は相互に作用している。社会システムが変容することで法も変わらざるを得ない。たとえば、情報通信システムに関して言えば、インターネットやSNS（Social Networking Service）などのソーシャルメディアの発展に伴い、サイバー犯罪への対策が急務となった。その結果、平成11（1999）年の「不正アクセス行為の禁止等に関する法律」や平成26（2014）年の「私事性的画像記録の提供等による被害の防止に関する法律」など、サイバー空間で実行される加害行為に対応するための刑事立法が行われることになった。

上述の行刑改革は名古屋刑務所事件のような社会的に耳目を集める出来事を契機として動き出したと言えるが、行刑改革を動かした力は、それだけではない。明治期以降（とりわけ第二次世界大戦終結後）の社会システムの変容に応じて監獄法を始めとする従来の行刑・矯正のあり方から転換していく必要性が蓄積されていたものと言える。昭和57（1982）年以来３度にわたり国会に提出された刑事施設法案も、そうした必要性の現れであったのだろう。刑事政策は、たとえ急激には変わらなくとも、徐々に変化し得る。我々が形作る社会の変容が、刑事政策を動かしていく力となるのである。

以上、本書の最後のパートとして、私なりに特別連続講義のそれぞれのテーマの背景にある問題状況を整理し、全体像を描いてみた。読者の皆さんが本書を通読した上で考える際の一補助線としてもらえれば幸いである。

本書で紹介した全７回にわたる特別連続講義では、ゼミの学生諸君と共に多様な視点から矯正・更生保護を検討した。今までにない組み合わせの講師や学生の出会いにより、毎回、講義内での「化学反応」も見られ、議論も大いに盛り上がったことが、本書を通じて感じられたかと思う。

また、この特別連続講義において、学生諸君は、人生の先輩方とも言えるそれぞれの講師から毎回力強いエールをいただき、各講義を通じてエンパワメントされたようであった。

とりわけ、特別連続講義では、次世代を担う若者であるゼミの学生諸君が毎回ディスカッションに加わり、また最終回にそれまでの講義への応答となる発表を行った。学生諸君が育んできた社会の課題に対する真摯で純粋な気持ちが、そうした発表の中にも表れていた。是非、そうした気持ちはこれからも持ち続けていってほしいと思う。

読者の皆さんは、こうしたゼミの学生諸君と共に講義に参加された感覚で本書を読み進めていただけたのではないかと思われる。各講義を通じて、わが国の矯正・更生保護の変化がどのように社会との関わりで生じているのかが十分理解していただけたのではないだろうか。また、各講義におけるディスカッションを通して矯正・更生保護の今後の方向性が探究されており、読者の皆さんにとっても何らかの示唆が得られるものになっていたことを願っている。

最後となるが、コロナ禍の中、我々の思い・企画にご賛同いただき、手弁当にて教室で対面の講義をしていただいた講師の皆様に心より厚く御礼申し上げたい。また、講師の皆様には、特別連続講義の書籍化においても、多大なご理解・ご快諾をいただき、確認作業でお手を煩わせながらも、無事に刊行まで漕ぎつけることができたことについて、深甚なる謝意を表する次第である。そして、学生諸君（また私）にとっても、さらに読者の皆さんにとっても、このような大変貴重な学びの機会を設けていただいたことにつき、西田博代表理事及び川谷直大参与を始めとする一般社団法人更生支援事業団の皆様にも心より感謝申し上げる所存である。

＊注1：この点、スウェーデンでは、刑務官を指して「受刑者をケアする者」(fångvårdare)という言葉でも表記している。（拙稿「『ケア』と『制裁』―北欧の犯罪者処遇に関する一試論―」吉開多一＝小西暁和編『刑事政策の新たな潮流―石川正興先生古稀祝賀論文集―』（成文堂、2019年）194頁参照）。

＊注2：拙稿「平成の刑事政策」刑事法ジャーナル61号（2019年）43-49頁参照。

講　師　大橋 哲（おおはし・さとる）
1960年生まれ。公益財団法人矯正協会理事長。元法務省矯正局長。

岡崎 重人（おかざき・しげと）
1980年生まれ。NPO法人川崎ダルク支援会理事長。

古藤 吾郎（ことう・ごろう）
ハームリダクション東京共同代表。

十嶋 和也（としま・かずや）
1982年生まれ。保護司。プロレスラー（リングネーム：十嶋くにお）。

中澤 照子（なかざわ・てるこ）
1941年生まれ。元保護司。喫茶店 café LaLaLa 店主。

福田 祐典（ふくだ・ゆうすけ）
1959年生まれ。医師。元厚生労働省健康局長。元法務省矯正局医療管理官。

伊豆丸 剛史（いずまる・たかし）
1975年生まれ。厚生労働省社会・援護局総務課矯正施設退所者地域支援対策官。

歌代 正（うたしろ・ただし）
1955年生まれ。株式会社大林組顧問。

安田 祐輔（やすだ・ゆうすけ）
1983年生まれ。キズキグループ代表(株式会社キズキ代表取締役社長／NPO法人キズキ理事長)。

松本 晃（まつもと・あきら）
1979年生まれ。一般社団法人共同通信社編集局社会部記者。

巡田 忠彦（じゅんた・ただひこ）
1955年生まれ。株式会社TBSテレビ報道局報道特集解説委員。

西岡 慎介（にしおか・しんすけ）
1970年生まれ。法務省矯正局参事官。前同局更生支援管理官。

発表者　小野 百絵子（おの・もえこ）
2000年生まれ。早稲田大学法学部卒業生(発表時4年生)。

横溝 菜緒（よこみぞ・なお）
1999年生まれ。早稲田大学法学部卒業生(発表時4年生)。

市川 莉子（いちかわ・りこ）
2000年生まれ。早稲田大学法学部学生(発表時3年生)。

※ご登壇順。お肩書は初版発行時のものです。

参加学生（発表者以外）　《小西ゼミ》　◇早稲田大学法学部卒業生（参加時4年生）；青木 美月／秋田 康貴／佐藤 匠／田中 遼／中島 佑陽／成川 遥／日野原 美緒／松田 ひかる　◇早稲田大学法学部学生（参加時3年生）；緋田 理央名／池松 彩英／大久保 那菜／太田 暖子／中川 結葉／藤川 百佳／森下 維友／山田 恵利花／渡邊 柊　（参加時2年生）；秋山 龍／岩﨑 莉奈／上原 久実／刄田 出／紀洲 彩希／小島 有理沙／佐藤 英恵／髙橋 さくら／安居 一輝／山田 康平

《早稲田大学広域BBS会》　◇早稲田大学法学部学生（参加時3年生）；佐藤 太一

編著者　西田 博（にしだ・ひろし）
1954年生まれ。一般社団法人更生支援事業団代表理事。元法務省矯正局長。

小西 暁和（こにし・ときかず）
1975年生まれ。早稲田大学法学学術院教授。

〈共催団体〉

一般社団法人 更生支援事業団

一般社団法人更生支援事業団は、2015年7月に設立しました。刑務所や少年院からの出所者や出院者の社会復帰支援、様々な事情で就労や自立に難しさを感じている人への自立支援など、社会の中で様々な理由により支援を必要とする人たちへの支援活動を通じて、国民の誰もが生き生きと暮らせる、安心安全な社会の実現を目指します。

【事業内容】

1. 雇用創出及び就労支援
   - 刑務作業／職業訓練の支援及び協力　・刑務作業製品の流通及び販売促進
   - 矯正施設出所者及び出院者等の就労機会創出
2. 社会復帰支援のための国民の理解創出
   - 講演会、研修会などの企画及び実施　・広報活動
3. 犯罪被害者支援団体等に対する協力

〈企画・構成〉 谷川 良

〈編集協力〉 株式会社PICTIVE（ピクティブ）

［特別連続講義 全六講と学生の視点］
日本の矯正・保護を動かす「外の力」とは

2022年10月10日　第1版第1刷発行

編著者　西田　博
　　　　小西暁和
発行者　阿部成一

〒162-0041　東京都新宿区早稲田鶴巻町514番地
発行所　株式会社　成文堂
電話 03(3203)9201(代)　Fax 03(3203)9206
http://www.seibundoh.co.jp

製版・印刷・製本　恵友印刷　検印省略
© 2022 KOUSEISIEN JIGYOUDAN　Printed in Japan
☆乱丁・落丁本はおとりかえいたします☆
ISBN978-4-7923-5372-8　C3032
定価（本体2,300円＋税）